ALLES WAR FÜLLE

Renate Loebner
geb. Lust - Heidenhain

Ein Rückblick auf mein Leben
1925 bis 2011

Bibliografische Information der Deutschen Nationalbibliothek
Die Deutsche Nationalbibliothek verzeichnet diese Publikation in der
Deutschen Nationalbibliografie; detaillierte bibliografische Daten
sind im Internet über http://dnb.d-nb.de abrufbar.

Renate Loebner
Alles war Fülle
Ein Rückblick auf mein Leben – 1925 bis 2o11

Porträtfoto: Michaela Schulte, Künstlerin, Reichertsheim
Coverbild: Renate Loebner

Berlin: Pro BUSINESS 2012

ISBN 978-3-86386-262-6

1. Auflage 2012

© 2012 by Pro BUSINESS GmbH
Schwedenstraße 14, 13357 Berlin
Alle Rechte vorbehalten.
Produktion und Herstellung: Pro BUSINESS GmbH
Gedruckt auf alterungsbeständigem Papier
Printed in Germany
www.book-on-demand.de

INHALT

IX.

VOM HERBST MEINES LEBENS   285

1997 - 2011

Ein Wort voraus

Immer wieder zu Neuem erweckt zu werden, das zeichnete meinen Weg bis ins hohe Alter. So wünschte ich mir seit meinem 80. Lebensjahr einen Lebensrückblick aufzuzeichnen und mich meinem Werden noch einmal zu stellen. Hier in einem Altenheim konnte ich diesen, meinen Wunsch verwirklichen. Die Erinnerungen und Betrachtungen, die ich in jeweils neun Jahren umfassenden Kapiteln festhielt, sind nicht nur für meine Familie gedacht. Ich stelle sie für Jedermann in den Raum, besonders für Jene, die meine Texte und Gedichte schätzen, die mir in den letzten fast drei Jahrzehnten zukamen. Auch aus diesem Grunde ist es mir ein Anliegen, mich erkennbar zu machen, wo ich herkomme, wer ich war und bin.

In diesem Sinn lade ich meine Leser ein, mich auf dieser Reise zu begleiten und sich überraschen zu lassen. Habe ich doch fast ein ganzes Jahrhundert miterlebt. Was das Meine und meine Lebensspanne betrifft, bin ich selbst darüber erstaunt, wie so manche Neigung oder mancher Antrieb mein Leben bis heute mitbestimmend zeichnete und wie sich in der zweiten Lebenshälfte „Musik und Bewegung" und „Sprache und Klang" das Ihre eroberten. Vielleicht konnte auch deshalb der Wunsch in mir erwachen, dass auf meinem Grabstein einmal zu lesen sein möge: *„Renate Loebner. . . Lehrerin, Landfrau, Lyrikerin".* Damit ist im Voraus schon Wesentliches von meinem Daseinsgefüge umrissen.

Lenke ich den Blick auf den Titel meines Buches, möchte ich beteuern, dass für mich nicht nur das Strahlende und Ausgereifte zu des Lebens Fülle gehört. Auch in der Mühe um unser Leben, in Wende und Wandlung, durch Überschattendes oder zu Entwirrendem bis hin zu mancher

Schwernis offenbart sich Fülle. Geht des Lebens Sinn für uns erst einmal auf, bahnt sich innere Gelassenheit und Einverständnis an.

Erleichtert sehe ich auf mein Bemühen um den Lebensrückblick zurück und möchte allen danken, die zu dessen Verwirklichung beigetragen haben. An erster Stelle ist es die Abiturientin Jenni Weiss, die mich mit beachtlicher Gewandtheit in den Umgang mit dem Computer einführte, und das Werk bis zur Druckreife mit Spürsinn und Umsicht begleitete. Mein Freund Professor Dr. Hans Gärtner nahm sich der ersten für mich ganz wichtigen Korrektur und Durchsicht an. Es gab Freunde, die sich dann und wann gern ein Kapitel vorlesen ließen, um mich zu beraten und zu weisen. Michael Tress, ein Altenbeauftragter und meine Freundin Heike Reitzlein lasen das ganze Skriptum. Ihr Echo war für mich sehr wichtig. Der Seelsorger Hubert Gallenberger, verhalf mir für so manches seelisch-geistliche Anliegen zu einem erlösenden und geweiteten Blick. Schritt für Schritt nahm meine Tochter Irene, wie eh und je beim Erstellen meiner verschiedenen Gedichtsammlungen, Anteil am Schreiben und der Gesamtgestaltung.

Möge der Leser meinem vielfarbigen Zeitzeugnis seine Sympathie schenken und bedenken, dass mein Erleben nur ein persönlicher Abglanz von der Fülle des letzten Jahrhunderts ist, das, von Umbrüchen und raschen Entwicklungen gezeichnet, das Sternzeitalter des Wassermanns eingeläutet hat.

Kursana Domizil, Haus Felizitas
in Ampfing, Oberbayern, Frühjahr 2012   Renate Loebner

I
DIE FRÜHEN JAHRE

1925 - 1934

Auch das ist schon Fülle
was wir auf diese Erde mitbringen

Vom Herkommen meines Vaters

Denke ich an meinen Vater, so sehe ich innerlich die Reihe seiner Namensträger bis zu meinem dreimal Urahn. Ich habe eine Freude daran, zu wissen, wo diese Vorfahren gelebt, gewirkt und sicher auch gelitten haben. Ich fühle mich zu dem Einen oder Anderen, von dem mir erzählt wurde, besonders hingezogen oder entdeckte sogar da und dort eine meiner Veranlagungen. So ist es mir ein Bedürfnis vom Herkommen der Eltern zu berichten, bevor ich mit *meiner* Geschichte beginne.

Jeder, der mein Buch lesen wird, kann dann das, was mich betrifft, meiner Zeit und meinen Antrieben damit besser zuordnen. Meine Vorfahren sind für mich, ohne damit eine Wertung abzugeben, wie *Vorbilder* im wörtlichsten Sinn. Damit sind und bleiben sie mir wichtig. Ich will trotz der vielen Namen, die zu nennen sein werden, versuchen, das ganze durchsichtig und hoffentlich auch kurzweilig aufzuzeichnen. (Die jeweils neuen Namen erscheinen, zur Erleichterung des Aufnehmens, kursiv.)

Die Personen sind:

> Mein Ur Ur Ur Großvater Jakob Joachim Heidenhain, Kaufmann in
> Graudenz, Westpreußen
> Mein Ur Ur Grossvater Jakob Heinrich Heidenhain, Arzt in
> Marienwerder mit seiner Frau Marie Luise geb. Brandt
> Mein Urgrossvater Rudolf Heidenhain, Physiologe in Breslau
> mit seiner Frau Fanny, geb. Volkmann
> Mein Grossvater Martin Heidenhain, Anatom in Tübingen mit
> seiner Frau Anna geb. Hesse und ihren Söhnen
> Adolf, Willy (mein Vater), Lothar und Tochter Fanny

Hochgewachsen und strahlend war mein Vater, *Willy Sigismund Heidenhain*. Er war Soldat gewesen, hatte Ypern überlebt und danach in Breslau studiert. Er wurde ein Ingenieur des Eisenhüttenwesens und das mit einem Doktorexamen. Seine Familie kam aus Westpreußen. Mein dreimal Urahn, *Jakob Joachim Heinrich Heidenhain*, war Jude und lebte als Kaufmann für Weißwaren und Bekleidung in Graudenz,Westpreußen. Er ließ sich dort taufen und wählte für sich den Namen *Heidenhain*. Auf viele Nachfahren sollte dieser Name übergehen, und so auch, als Mädchenname, auf mich.

Sein Sohn *Jakob Heinrich Heidenhain* wurde Arzt in Marienwerder. Seine Frau, *Marie Luise geb. Brandt*, soll einundzwanzig Geburten gehabt haben. Elf Kinder nahmen ihren Weg durchs Leben. So auch mein Urgroßvater *Rudolf Heidenhain*. Er wurde Physiologe in Breslau und heiratete *Fanny Volkmann*, die Tochter seines Lehrers, des Anatomen und Physiologen Alfred Wilhelm Volkmann in Halle.
Einer ihrer Brüder war der Arzt Richard von Volkmann Leander, der durch das Buch „Träumereien an französischen Kaminen" bekannt wurde.

Fanny Heidenhain brachte ein zeichnerisch - malerisches Talent in die Familie, das sich bei etlichen ihrer Kinder, Enkel und Urenkel melden sollte. Fanny starb in jungen Jahren bei der Geburt ihres sechsten Kindes. Die Trauer war und blieb unendlich. Ihr dritter Sohn ist mein Großvater *Martin Heidenhain*. Er wurde Anatom in Tübingen. Ich habe ihn bis zu meinem 24. Lebensjahr immer wieder sehen und erleben dürfen. Liebevoll und sanftmütig kam er mir stets entgegen. Er hatte Hände wie Seide.
Martin Heidenhains berufliches Werk genoss hohe Anerkennung. Er war der erste, der die menschliche Niere in feinsten Schnitten mikroskopisch darstellte. Er forschte auch als Biologe. Alle Zeichnungen und Darstellungen, die für seine Bücher und Schriften notwendig waren, fertigte er eigenhändig.

Er war nicht nur Lehrer und Wissenschaftler, er war auch ein Sammler. Er hatte Interesse und Freude an Fayencen und edlem alten Porzellan. Aus dieser Sammlung erhielten seine zwölf Enkelkinder manch erlesenes Stück.

Martins Frau, meine *Großmutter Anna*, war eine geborene *Hesse*. Ihr Vater war Amtsgerichtsrat in Breslau. Das „Annchen" soll die Schönste unter den sechs Hesse Schwestern gewesen sein.

Sie war klug, fleißig und gebildet. Sie hatte Geschick mit Geld umzugehen und verstand es, ihrem gelehrten Ehemann auch darin alles zu ebnen. Die Geburt *unseres Sohnes Andreas* im Jahr 1950 hat sie noch miterlebt. Sie strickte ihm einen praktischen Anzug und schenkte ihm zur Taufe aus der Sammlung des Großvaters eine Krippenfigur, eine geschnitzte Kuh. Die Großmutter Anna war für ihren Mann in jeder Weise unentbehrlich. Jedes Jahr fuhr das Paar für vier Wochen in Ferien. In Selin auf Rügen und 1934 in Oberstdorf waren sie mit uns am gleichen Ort. Ihre Goldene Hochzeit feierten wir in kleinem Kreis in Bad Kreuznach. Es war Krieg, und es gab schon viele Fliegerangriffe. Dennoch nahmen meine Eltern und ich an diesem wichtigen Tag teil. Durch ein besonders schönes Foto von dem Jubelpaar ist die Erinnerung an sie in eindrücklicher Weise für die Nachfahren festgehalten.

Mein Vater wuchs unter vier Geschwistern heran. Sein jüngster Bruder *Lothar* ist im ersten Weltkrieg gefallen. Sein älterer Bruder *Adolf* ist mit 44 Jahren in wenigen Tagen einer Lungenentzündung erlegen. Viel zu früh musste er seine Frau *Margarete* und seine vier noch jungen Kinder verlassen. *Fanny*, die einzige Schwester meines Vaters hat einen Juden geheiratet. Nachdem sie durch die Lektüre von Hitlers „Mein Kampf" jegliches Vertrauen in Deutschland verloren hatte, wanderte das Paar in die vereinigten Staaten aus.

Die mütterliche Seite

Die Personen:

Mein Urgrossvater Heinrich Otto, Fabrikant in Nürtingen
Meine Großmutter Marie geb. Otto und
    ihr Mann Ludwig Lust, Landgerichtsdirektor in Tübingen
    mit den Töchern: Cornelie, verheiratete Sarvey
                Irene, verheiratete Walther
                Ruth, verheiratete Heidenhain
    und ihren Kindern Lothar, Renate (ich), Brigitte und Gabriele

Die Eltern meiner Mutter lebten ebenfalls in Tübingen und zwar in einem traumhaften Anwesen in der Neckarhalde 56. Hier wuchs die kleine *Marie Ruth Lust* heran. Dies muss für sie eine Kraftquelle gewesen sein, angesichts der vielen Herausforderungen und Schwernisse, die sie in ihrem Leben zu tragen und zu bewältigen hatte.

Meine Mutter hatte noch zwei um je sieben Jahre ältere Schwestern: *Nelly* und *Irene*. Nelly, um 15 Jahre älter, heiratete Dr. *Otto Sarvey*, Professor für Frauenheilkunde in Rostock. Irene, um sieben Jahre älter als meine Mutter, heiratete Dr. med. vet. et phil. *Adolf Richard Walther*, Professor für Tierzucht in Hohenheim.

Neues ersehnend gehörte meine Mutter Ruth zu jenen Mädchen, die schon im zweiten Jahrzehnt des 20. Jahrhunderts ein Abitur machten. Meine Mutter erreichte dies auf der Oberrealschule für Jungen in Tübingen. Daneben zog es meine Mutter zu den Wandervögeln. Unter ihnen lernte sie meinen Vater kennen.

Meine Großmutter *Marie, geborene Otto*, entstammte einer Unternehmer-familie. Ihr ältester nachweisbarer Vorfahre war um das Jahr 1500 aus dem fränkischen Raum zugewandert. An der Dombauhütte zu Ulm fand er Arbeit. Nachweislich fertigte er für das Münster ein Tor an.

Das Elternhaus meiner Großmutter *Marie Otto* in Nürtingen steht noch. Auch die Gräber dieser für die Stadt so besonderen Familie sind noch erhalten, gründete und betrieb doch mein *Urgroßvater Heinrich Otto* im Neckartal sieben Spinnereien und Webereien. Er hatte aus zwei Ehen zwölf Kinder. Meine Großmutter war das neunte Kind und meine Mutter, Marie Ruth, war sein zweiundvierzigstes Enkelkind.

Die neun Töchter machten gute Partien im Württembergischen Raum. Alle erhielten eine gediegene Aussteuer und Mitgift. Sicher war es erstrebenswert, eine Tochter aus dem Hause Otto als Frau zu bekommen. Wir kennen kein Vorspiel, wie sich meine Großelter letztlich kennen gelernt haben, doch damit verbindet sich für mich dennoch eine liebenswerte kleine Geschichte: Als mein Großvater, der soeben fertig gewordene Jurist *Ludwig Lust*, beim Herrn „Commerzienrat" *Heinrich Otto* vorsprach, um die Hand seiner *Tochter Marie* anzuhalten, entließ dieser den jungen Kandidaten mit den Worten, er möge sich dies doch noch einmal überlegen und in einem Jahr wiederkommen.

Er kam wieder, mein Großvater. Ich bin mir sicher, dass die beiden jungen Leute genau spürten, dass es sich lohnen würde, aufeinander zu warten.

Dieser Großvater Ludwig Lust hatte wiederum eine ganz andere Vorfahrenschaft als seine junge Frau. Im Stammbaum liest man von Schreibern, Lehrern und Pfarrern, aber auch von „Becken und Metzgen allhier", was meine Mutter sehr gern zitierte.

Meine Großeltern Marie, geborene Otto und Ludwig Lust bauten mit großer Freude, das Haus in der Neckarhalde 56 in Tübingen, ein herrschaftliches Haus, das heute unter Denkmalschutz steht.

Sie legten dazu einen reizvollen großen Garten an. Er erstreckte sich vom Ufer des Neckars bis auf die Höhe des Schlossbergs mit einem Blick auf die Alb. In diesem Haus verbrachte meine Mutter Kindheit und Jugend, und auch ich habe noch ein paar eindrückliche Erinnerungen daran. 1934 wurde das Haus an die Stadt verkauft.

Mit der Mitgift meiner Großmutter ging man wohl sehr sorgsam um. Für laufende Bequemlichkeiten wurden nur die Zinsen ausgegeben. Letztlich wurde es meinem Großvater sehr zugute gehalten, dass er, als meine Großmutter 1918 schon mit 57 Jahren an einem Gallenleiden starb, auf jegliches Erbe verzichtete.

Die Schwester meiner Mutter Ruth Lust, *meine Patin Irene Lust*, die spätere Hofbesitzerin des Baihofs, *Irene Walther*, brachte es fertig, viele Sachwerte aus dem Hause Lust für uns zu erhalten. Sie brachte auch ihr geerbtes Vermögen durch die Inflation. Die vom Wertverlust gefährdeten „Papiere" nähte sie in ihren Skianzug ein, um sie, als Sportlerin gekleidet, diese in der Schweiz anzulegen. Das imponiert meiner Tochter Irene bis heute. Meine Großmutter Marie soll eine sehr gütige Frau gewesen sein. Sprachen meine Mutter oder meine Tante von ihr, so war sie stets *„ihre gute Mutter".* So lebt sie unter uns fort. Ich erbte ihr Brautbild und schrieb dazu ein Gedicht. Damit behält ihre Gestalt bis heute Liebreiz und Würde.

Die Mutter von meinem Grossvater *Ludwig Lust* war eine Pfarrerstochter. Ludwig verlor seine Mutter *Henriette Lust* sehr früh. Auch von ihr gibt es ein bewegendes Gemälde, das uns an ihr trauriges Schicksal erinnert. Ludwig blieb ihr einziges Kind, denn mit sechs weiteren Geburten starben alle nachfolgenden Geschwister und letztlich auch unsere Urgrossmutter. Auch dieser Ahnin widmete ich ein Gedenken in Poesie.

Mein Großvater *Ludwig Lust* wurde ein hoher Richter. Er hatte noch Todesurteile zu fällen. Läutete von der Stadt her das Armesünderglöckchen, erstarrte und verharrte das Haus in der Neckarhalde. So erzählte es uns unsere Rosa Schramm, eine vertraute Bedienstete des Hauses Lust.

Mit seiner Frau ging der Großvater gern in Erholung. Die Großmutter hatte durch eine Hüftgelenkstuberkulose eine leichte Gehbehinderung. So ging man einmal im Jahr nach Bad Kissingen: Die Großmutter zum Baden und der „Herr Direktor" zum Abnehmen.

Im Sommer reiste die Familie oft in die Schweiz. Dort sei der Großvater, so wurde es uns erzählt, oft schon vor dem Frühstück auf einem Berg gewesen. Als Witwer fuhr er zweimal mit dem Rad über die Alpen nach Italien. Kam er nach vier Wochen über Österreich abgerackert wieder heim, ließ er sich erst einmal frische Kleider und intaktes Schuhwerk nach Bad Gastein schicken.

Diesen Großvater Ludwig Lust habe ich bewusst nicht mehr erlebt. Seine Töchter und seine Betreuerin, unsere Rosa, erzählen, dass er seiner Zeit voraus war. Er schwärmte für Berta von Suttner („Die Waffen nieder"), und neigte zur Sozialdemokratie. Wir haben von ihm noch einen Stapel von feinem Schreibpapier übernommen und aufgebraucht, auf dem er eine Abhandlung über die Kriegsschuldfrage schreiben wollte.

Sowohl mein Vater wie meine Mutter waren stolz auf ihr Herkommen. Ich kann mich kaum erinnern, je etwas Nachteiliges über ihre Vorfahren erfahren zu haben.

Das blieb auch für mich nicht ohne Wirksamkeit. In den niederdrückenden ersten Jahren nach dem zweiten Weltkrieg, als die vielen Verheerungen, Verluste und Anschuldigungen zu verkraften waren, waren mir meine Vorfahren eine Quelle der Kraft.

Heirat der Eltern und die Familiengründung

Im Jahr 1921 heirateten meine Eltern. 1922 wurde mein Bruder Rudolf Lothar geboren. Sie wählten für ihn die Namen von zwei jungen nahen Verwandten, die im Weltkrieg gefallen waren.

Meine Mutter wäre nach der Geburt meines Bruders fast einem Kindbettfieber erlegen, doch sie wurde gerettet; lag sie doch in der Frauenklinik in Rostock, die ihr Schwager Dr. Otto Sarvey leitete.

Dieser zog einen Kollegen aus Berlin hinzu, einen Professor Bumm.

Die beiden Ärzte gaben meiner Mutter eine Infusion mit Rivanol. Das war hochriskant und doch rettend in einem Augenblick, wo das Sterben schon im Raum stand.

Ein Dreivierteljahr brauchte meine Mutter, um wieder zu Kräften zu kommen. Sie hatte indessen ihr fülliges dunkles Haar verloren und musste wieder laufen lernen. Danach erst konnte das junge Elternpaar den Sohn zu sich nehmen. Was bis dahin eine grosse Entbehrung gewesen war, muss dann eine große Freude gewesen sein.

Mein Vater fand durch einen Studienfreund Arbeit in einem Walzwerk in Hagen in Westfalen, und für die kleine Familie nahe der Fabrik in der Schwanenstraße 1 eine passende Wohnung.

Hier wurde ich am 6. September 1925 als ein Sonntagskind geboren. Wegen der schweren Krankheit, nach der Geburt ihres ersten Kindes, scheute meine Mutter einen Klinikaufenthalt.

Sicher bin ich ein Wunschkind gewesen. Man taufte mich Marie Renate. Mit diesem Namen war ich mein Leben lang sehr zufrieden und habe auch oft über ihn nachgedacht. Marie, so hießen schon Mutter und Großmutter. Renate, das bedeutet die Wiedergeborene.

Bis 1930 lebten die Eltern mit uns in Hagen. Meine Erinnerung an diese Zeit ist fast ganz verblasst. Doch es gibt Fotografien aus diesen Jahren: Wir mit den Eltern beim Wandern, wir mit den Eltern auf dem Eis. Wir mit den Eltern auf Reisen, im Gebirge, am Meer oder im heimatlichen Tübingen. Auf diesen Bildern sind wir immer strahlend. Trotz Arbeitslosigkeit und Weltwirtschaftskrise, für uns waren diese Jahre eine glückliche Zeit.

Am neuen Wohnort, der Garten

Als ich fünf Jahre alt war, nahm mein Vater ein neue Stelle an. Wir kamen nach Lippstadt in Westfalen. Dort wartete auf meinen Vater ein leitender Posten in einer Drahtzieherei und Drahtseilerei der Westfälischen Union. Auf einem großen, an die Fabrik angrenzenden Grundstück, eingebettet in einen parkähnlichen Garten, stand unser neues Zuhause.

Suche ich mich, die damals kaum Sechsjährige, dann sehe ich mich etwas blass und dünn in einer grün oder blau gestreiften Schürze mit kurzen Zöpfen allein in diesem Garten.

Aber ich war nicht allein. Mit jedem Schritt, auf jedem Platz: Vielfalt und Fülle. Hohe, reich tragende Kastanien entlang der Einfahrt, Fliedergebüsch rundum. Eine sehr würdige Eiche gab es, Kiefern und zwei hohe Ulmen und in der Nähe des Hauses auch einen über und über tragenden Paradiesapfelbaum. Mitten im Garten lag ein See, auf dem mein Bruder ein Floß hatte. Für meinen Teil gab es dort viel Unterhaltsamkeit auf einer stabilen Brücke, die zu einer Insel mit einem kleinen Pavillon führte. Auf den im Juni von Margeriten und wilden Möhren überschäumten Wiesen, standen die Obstbäume. Obst gab es in etlichen Varianten. Nahe am Haus, wie im Märchen, war für uns zudem ein kleiner Spielplatz mit Sandkasten, einem Rundlauf, Reck und Schaukel.

Der wegen der wilden Kaninchen mit Draht eingezäunte Gemüsegarten wurde sachkundig angebaut und liebevoll gepflegt. Mit dem Frühbeet und eigenen Tomatenpflanzen fing es an. Bald wurde Spargel gestochen. Vielerlei Gemüse war die Basis für den Mittagstisch. Es gab Beeren jeder Art auch für Saft und Marmelade.
Wie versonnen durchstreifte ich oft den Gemüsegarten, naschte von allem, was es zu verkosten gab, auch grüne Erbsen und junge Möhren.
Das Besondere dieses Gartens waren, rechts und links des Weges, zwei fast altmodisch anmutende Staudenrabatten. Ihre leuchtende Botschaft hat mich durch mein Leben begleitet und die Arbeit in den eigenen Gärten gezeichnet, vielleicht sogar den "Garten meiner Verse".
Zwischen den Blumen, das war der Trumpf des frühen Septembers, gab es zwei gedrungene, gesunde Pfirsichbäume. Der Geschmack und der Saft der zart gelb-grün schimmernden Früchte bleiben mir unvergesslich.

Bin ich müde vom Schlendern und Entdecken, hatte etwas zu Kauen in den Schürzentaschen, ging ich zu *meinem* Rotdorn Baum und schwang mich auf einen breiten, behäbigen gut erreichbaren Ast und ruhte mich zwischen Blüten und Dornen aus. Dort fühlte ich mich nahe der Erde, und dennoch erhoben, wohl und geborgen.

Einen ganz besonderen Freund hatte ich in diesem Garten, einen Herrn Heimeier. Er war ein Helfer und Könner für alles. Bei ihm war ich gern. Durch ihn lernte ich manches. Es gibt ein Bild, das bleibt mir lebenslang, wenn ich an ihn denke:

Er beugt sich nieder über einen Gartentrog, um sich unter dem sprudelnden Wasserhahn die erdigen Hände abzuwaschen.
Er schlürft Wasser aus der hohlen Hand und wischt dann über sein Gesicht. Zuletzt nimmt er nochmals Erde zwischen die Handflächen, reibt die Hände sauber, spült sie ab und sagt dabei:
„Ja, auch mit Erde kann man sich die Hände waschen."
Und dieser Mann, hat meinen Vater nach dessen Suizid in unserm Garten an der Eiche gefunden und ihn vom Seil geschnitten.
Mein Herz bebt heute noch, wenn ich daran denke.
Er selbst, mein und unser Freund, soll es vor seinem eigenen Sterben noch sehr schwer gehabt haben.

Dennoch: Dieser Garten wurde nicht nur im Krieg, besonders auch nach dem Krieg die Quelle unserer Grundernährung. Meine Mutter hielt schon vor dem Krieg Hühner und Hasen. Im Krieg kamen eine Ziege und ein Milchschaf dazu. Auch ein Schwein wurde gefüttert und geschlachtet.
Der Freude und dem Fleiß unserer Mutter ist es zu verdanken, dass wir nie gehungert haben und sogar Freunde bewirten konnten.
Für mich bleibt dieser Garten ein Urerlebnis zwischen Träumen und Erwachen.

Unser neues Zuhause

Die junge Familie wird heimisch im neuen Zuhause.
Die Mutter ist glücklich. Sie wirkt und gestaltet drinnen wie draußen.
Sie hat eine Hilfe, mit Namen Mathilde. Deren Domäne war die Küche. Für
eine gepflegte Häuslichkeit sorgen, darin war sie wirklich perfekt. Wir
genießen das geräumige Erdgeschoß, darin Küche, Bad und das große
Schlafzimmer der Eltern, dazu, ebenso vom Flur aus zu erreichen, drei
Wohnzimmer und eine Veranda. Eine Tür ins Freie schenkt einen
bequemen Zugang zu einer vielbenutzten Terrasse.

Mein Bruder und ich haben unsere Zimmer in der Mansarde, vier Treppen
hoch über den Eltern im zweiten Stock. Fünfzehn Jahre lang hatte ich hier
mein eigenes kleines Reich. Neben mir gab es ein wohnliches
Mittelzimmer, in dem von Zeit zu Zeit eine Hausschneiderin wirkte.
Alles, vom Sonntagskleid bis zu den Hemdhosen, alles was ich trug,
war hausgenäht. Die Schneiderin war ganztägig beschäftigt.
Sie wurde im Hause beköstigt und mit drei Mark pro Tag entlohnt.
Unsere Mathilde verdiente im Monat vierzig Mark. Gab es eine Einladung
im Haus oder ein Familienfest, so war es eine Selbstverständlichkeit, dass
die Gäste ein Trinkgeld hinterließen. So kaufte sich unsere Mathilde nach
der Konfirmation meines Bruders davon eine goldene Uhr.

In meinem Zimmer, mit einer Luke zum Himmel und einem Fenster in
den großen Garten, fühlte ich mich sehr wohl. Eigentlich war ich hier sehr
viel allein, auch nachts. Ja, ich hatte ein Haustelefon am Bett. Aber das
benutzte ich niemals bei Nacht und nur, wenn ich krank war und einen
Wunsch hatte.

Im Grunde aber war ich nie allein. Ich hatte auch nie Angst. Sicher hatte ich damals schon einen Engel. Ich fühlte mich behütet und geborgen. Manchmal jedoch fehlte es mir an Nähe und Wärme. Gern wäre ich mal zu meiner Mutter ins Bett gekrochen, wo doch die Kissen dort auch viel weicher waren. Wenn ich krank war, hatte ich Sehnsucht nach ihr. Manchmal schrieb ich ihr kleine werbende Liebesbriefe.

Doch am Abend kommt die Mutter stets zum Abendgebet und löscht danach das Licht. Die Eltern sind besorgt um mich. Ich soll am Abend nicht mehr lesen, um am nächsten Morgen wohlauf zu sein.
Bin ich mal krank, bin ich natürlich auch allein. Man bringt mir mein Essen ans Bett, aber im übrigen bleibe ich mir selbst überlassen, mir selbst und den Bilderbüchern, die ich um mich habe:
König Nussknacker und der arme Reinhold, diese Geschichte werde ich nie vergessen. So viele Wunder und Wunderbares gibt es da, das dem armen Reinhold zukommt. Hänschen im Blaubeerwald und sein Besuch bei dem Preiselbeermütterchen mit den fleißigen Preiselbeertöchtern, auch das gefällt mir sehr. Ich liebe die kleinen Mädchen mit ihren roten Kappen und sehe ihnen gerne zu, indem sie die Preiselbeeren, so groß wie Äpfel, blank reiben. Herrlich!

Später sind es dann bebilderte Bücher mit leicht lesbaren Geschichten. Prinzessin auf der Erbse, dies Märchen kann ich nicht genug lesen und anschauen. Diese vielen Matratzen, und dennoch kann die Prinzessin *eine* Erbse erfühlen! Ob das wohl etwas mit mir selbst zu tun hatte? Daneben eröffnet mir ein stabiles längliches Heft eine völlig andere Welt, darin menschenfressende Krokodile ihr Unwesen treiben. Aufregend ist's und war's!

Verwandlungen, die einen erlösen können, fesselten mich sehr.
Ebenso - das wäre die Höhe gewesen - *sich etwas wünschen zu dürfen.*
Hätte ich drei Wünsche frei gehabt, so hätte ich für zwei Wünsche stets
etwas parat gehabt: Ein eigenes Fahrrad oder Rollschuhe, einen weit
schwingenden Rock oder rote Sandalen. Den dritten Wunsch jedoch, den
hielt ich mir stets offen. Er hätte ja für mein ganzes Leben bedeutsam sein
können, bis er eines Tages wie selbstverständlich vom Himmel fiel und im
Raume stand: Natürlich war es *das Ewige Leben,* das ich auf keinen Fall,
mir zu wünschen, verfehlen durfte.
Das Ewige Leben, das hatte ja auch etwas mit dem lieben Gott zu tun
und mit all dem, was für mich unerklärbar und unsichtbar war.
So meldeten sich schon in dieser Zeit wichtige Themen, die mich durchs
Leben begleiten sollten und mich auf ihre Weise bis auf den heutigen Tag
beschäftigen.
Mein Kinder- und Mädchenzimmer im zweiten Stock unseres Hauses,
für mich war es ein Platz zwischen Versonnenheit und Werden.

Meine Grundschulzeit

Mit fünfeinhalb Jahren wurde ich eingeschult. Seinerzeit begann
das Schuljahr noch nach Ostern. Heute frage ich mich, warum man mir
nicht noch ein Jahr geschenkt hat. Stets war ich die Jüngste, die Dünnste
und dennoch die Größte. Auch später, für die deutschen Aufsätze, wäre
dieses eine Jahr durchaus dienlich gewesen.
Dennoch, mit der Schule lief alles gut an. Ich erfuhr die ersten sozialen
Kontakte, denn ich hatte ja auch nie einen Kindergarten besucht.

Ich lernte mich einzuordnen in eine sehr große Klasse. Zwei Jahrgänge wurden jeweils gemeinsam unterrichtet.

Ich hatte einen bequemen ledernen Schulranzen, darin eine Tafel, ein roter Griffelkasten, eine Schwammdose und ein gehäkelter Tafellappen, der meist außen baumelte. Unsere Bücher, die waren ganz einfach und gediegen. Zuerst gab es eine Fibel und ein Rechenbuch, später auch eine Sprachlehre. Alles war überschaubar und wohl auch bewährt.

Der Weg zur Schule war gut zu schaffen. Die Evangelische Wilhelmschule lag im Herzen von Lippstadt, in der Nähe des Rathauses und der Marienkirche. Eigentlich ging ich immer den gleichen Weg. Nur an einem Tag des Jahres änderte ich ihn. Das war an Fronleichnam.

In Lippstadt lebten überwiegend Katholiken. Und an diesem Tag waren in der Hauptstrasse und einigen Nebenstraßen für die Prozession Altäre aufgebaut, deren Pracht ich sehr bewunderte. Da gab es Königliches und wunderbaren Blumenschmuck, Heiligenbilder, Girlanden und Kerzen. Dies alles hatte für mich eine große Anziehung. Vielleicht hätte ich gern den Sinn von all dem Schmuck und den Gegenständen erfahren, die hier aufgestellt waren. Eine Prozession habe ich nie miterlebt, da waren wir evangelischen Kinder eben in der Schule.

Die Schule? Ich fühlte mich gut. Meine Noten waren mittelprächtig. Bald hatte ich heraus, was mich besonders erfreute. In den Pausen spielten wir Hüpfstein und Seilspringen und unter großem Geschrei auch Fangen. Die Jungen tummelten sich gern rund um eine Sprunggrube.

Es gab auf dem Hof frisches Wasser zu trinken. Aus einem Brunnen mit sehr vielen Düsen spritzte es uns, wenn wir uns darüber beugten, genau in den Mund. Die Toiletten waren in Holzbaracken. In jeder Kabine ein Loch mit Holzdeckel über einer Schauder erregenden Tiefe.

Nach der Pause hatten wir unter der Aufsicht des Hausmeisters, einem alten "Zwölfender" des Heeres, in Zweierreihen wieder in unsere Klassenräume zu gehen.

Heimatkunde machte mir Freude. Hier ein Beispiel:
Vom Schulgebäude ausgehend, erobern wir den Schulhof.
Wir bekommen als Aufgabe, von daheim einen Bogen Papier in der Größe von einem Quadratmeter mitzubringen.
Wir gehen auf den Schulhof und legen eine Fläche von hundert Quadratmetern aus. Wir schreiten die Fläche ab und nehmen für unser inneres Auge diese Fläche von allen Seiten in uns auf. Das bleibt ein Urerlebnis für einen „bemessenen" Raum. Wir erweitern dieses „ Erobern" von Entfernungen hin zu Straßen und Plätzen, zur Stadt und dem Landkreis. Nie fehlt im Klassenzimmer eine entsprechende Karte. Im Grund lernen wir jetzt schon das Karten lesen.

Schönschreiben reizte mich, vor allem später mit Federhalter und Feder, und dies mit einer großen Achtsamkeit gegenüber dem Tintenfass. Dieses war in die Bank eingelassen, und konnte mit einem Blechschieber verschlossen und auch wieder geöffnet werden. Wenn es leer war, kam der Hausmeister und füllte, aus einer großen, mit einer eigenen Gießvorrichtung ausgestatteten Flasche, neue Tinte ein. Diese hatte einen geheimnisvollen lila Glanz. Wehe, wenn Tinte verschüttet wurde! Dennoch, fast alle Bänke hatten Tintenspuren.
Fehlerfreies Schreiben blieb noch lange für mich schwierig. Satzbau und Grammatik fielen mir leicht. Die Lesebücher der Grundschulzeit wurden von mir durchaus geliebt. Gute und ernsthafte Lektüre eröffnete uns die Heimatgeschichte. Auch die deutschen Heldensagen, die Gudrunsage und das Ereignis der Hermannsschlacht kamen uns dadurch nahe.

Aus Schrifttum oder Erzählung erfuhren wir von allerlei Fehden aus unserer Region und Geschichten von besonderen Ereignissen in der Entwicklung unserer Stadt.

Was für mich am eindrucksvollsten blieb, das war, Morgen für Morgen, der Religionsunterricht: Zu Beginn das Morgengebet, danach ein Kirchenlied. Der Lehrer begleitete es auf seiner Geige. Darauf folgte das Erzählen einer Biblischen Geschichte. Kamen wir morgens ins Schulzimmer, begrüßte uns, eben von dieser Geschichte, ein großes farbiges Bild. Damit wurde schon meine Erwartung geweckt.

Nie war es unruhig in dieser ersten Stunde, und auch der Rohrstock, hinter dem Schrank war in keiner Weise von Nöten.

Meine Grundschulzeit?
Sorglos. . . geordnet. . . und ohne Schatten. . .

Wir mit den Eltern, die Eltern mit uns

Wir, als Familie in diesen Jahren? Da gab es vieles, was uns freute.
An Sonntagen eroberten wir die ländliche Umgebung. Das herrlichste war das Einkehren in einem Dorfgasthaus. Bei kühlem Wetter saß man drinnen, bei Sonne unter Kastanien im Wirtsgarten, wo es meist auch eine Schaukel und eine Rutschbahn gab. Aus dicken Tassen tranken wir, angesichts einer großen weißen Kanne, Malzkaffee mit Milch. Dazu gab es einfachen Kuchen oder frisches Brot mit Butter.

Daheim wurde im Sommer für uns ein Krokettplatz freigemäht. Krokett spielten wir meist mit den Eltern, und das ausdauernd und gerne.

Bei Regenwetter wartete eine große Spieleschublade auf unsere Wünsche. Den ganzen Nachmittag wurde gespielt. "Poch" war sehr beliebt, ein Spiel mit Karten und einem Holzbrett mit Aushöhlungen, in die man „einzahlte". Wir hatten kein Spielgeld, statt dessen, Erbsen.

Es gab natürlich auch „Fang den Hut" und „Nümmerchen" dazu eine reichhaltige Palette lehrreicher Quartette. Unvergessen bleibt die „Reise ins Märchenland", ein Würfelspiel. Da belegte meine Mutter bestimmte Stationen mit kleinen süßen Leckerli. Das liebste Spiel des Vaters: Eine Reise um die Welt. Da konnte er uns über manches belehren.

Am meisten liebten die Eltern die Tagesausflüge ins Sauerland.

Mit etwas Proviant und brauchbarem Schuhwerk ging es zum Bahnhof und dann mit der Kleinbahn nach Warstein oder Brilon. Der Zug war eine „Bimmelbahn", natürlich mit Kohle betrieben, und er hatte auch eine Pfeife. Er fuhr so langsam, dass man sogar außen auf einem Vorplatz zum Waggon mitfahren konnte und durfte.

Den Tag über waren wir bis zu 20 Kilometern zu Fuß unterwegs.

Mein Vater trug einen hellen Filzhut mit einem fröhlich wippenden Gamsbart, dazu eine Windjacke mit unzähligen Taschen. Meine Mutter trug einen bequemen Trägerrock aus einem ganz leichten Wollstoff, dem Baiderwand, dazu eine Berchtesgadener Jacke.

Die Eltern wissen um Blumen und Gräser, Beeren und Bäume, kennen und erkennen fast alle Pilzsorten, die besten zu sammeln, um sie am Abend zu schmoren. Wie selbstverständlich üben wir nebenher das Kartenlesen und das Abschätzen von Entfernungen. Darin meldete sich in meinem Vater der alte Soldat.

Die Sonntage waren bei uns wirklich noch Sonntage, sprich, übersonnte Tage. Für die Eltern fingen sie schon am Samstag nachmittag an. Im Werk brannten nur noch die Öfen der Drahtzieherei, ansonsten wurde nicht mehr gearbeitet. So feierten sie auf ihre Weise diesen „Industriesamstag". Oft gingen sie gemeinsam zur Stadt und brachten zum Abendbrot etwas Besonderes mit, wie einen speziellen Käse oder gar etwas Lachs.

Mein Vater versenkte sich gern in seine Briefmarkensammlung. Dies bedeutete für ihn Freude und totale Entspannung. Hingegeben an die geliebte Materie sehe ich ihn noch heute mit Lupe und Pinzette hantieren. Ich denke, das war für ihn wie eine Meditation. Er, ganz bei sich und mit sich unterwegs.
Die Mutter schrieb sehr gern Briefe. Ausführliches Telefonieren war noch nicht üblich. Sie pflegte einen regen Kontakt zu ihren zwei älteren Schwestern, die ein Leben lang um das Wohl ihrer jüngeren Schwester besorgt blieben. Dadurch hat unsere Familie sehr viel Gutes erfahren. Auch die Großeltern Heidenhain bekamen aus Lippstadt jede Woche einen Brief, meist vom Vater. Alle Briefe an seine Eltern vom Jahr 1913 bis 1947 sind erhalten geblieben.

Oft schenkte mein Vater meinem Bruder noch eine besondere Zuwendung. Er leitete ihn zu wunderschönen Papparbeiten an. Da entstanden praktische Geschenke wie Schachteln, Mappen und Dosen, überzogen mit selbst kreierten farbigen Leimpapieren. Meine Mutter unterstützt meine Freude an Handarbeiten. Ich häkelte sehr gern und fertigte schon früh allerlei Geschenke: Kaffeewärmer, Überzüge für Kleiderbügel oder auch Topflappen in den freundlichsten Farben.
Mit acht Jahren schaffte ich die Mithilfe an einer Badematte in *tunesischem Stich*, die heute noch existiert.
Auch wir Kinder wussten unsere Eltern zu überraschen und zu erfreuen. Es war üblich, an Weihnachten vor der Bescherung mit frisch gebackenen

„Sälen", einem württembergisches Hefegebäck, gemeinsam Kaffee zu trinken und Briefe vorzulesen. Diese Gelegenheit nutzten wir Kinder für unsere *Kinderbescherung*.

So kamen wir einmal als Nikolaus und Christkind verkleidet zu Besuch. Ich mit einer goldbemalten Pappkrone auf dem Haar und selbstgebastelten Flügeln, mein Bruder als Nikolaus. Er ging voraus und fing an zu rezitieren:

> Von drauss' vom Walde da komm ich her.
> Ich will euch sagen, es weihnachtet sehr.
> Allüberall auf den Tannenspitzen,
> sah ich goldene Lichtlein blitzen.
> Und oben aus des Himmels Tor . . . (da erscheine ich)
> schaut mit großen Augen das Christkind hervor.

Diese Szene war natürlich, samt den Gaben, die wir brachten ein Volltreffer. In einem anderen Jahr überraschten wir die Eltern als zwei von drei Heiligen Königen; in unserem "Gepäck", lauter bunt bemalte Schachteln mit allerlei Liebenswertem.

In späterer Zeit beschenkte mein Bruder seinen Vater einmal mit einem sehr großen Transparent für ein Verandafenster. Es war eine Erinnerung an die beiden gefallenen jungen Angehörigen, deren Namen er trug, Vaters Bruder und ein Vetter, die im Weltkrieg ihr Leben ließen. Ich habe an dieses Transparent nur noch eine schattenhafte Erinnerung, sehe aber noch die Schrift der Namen und einen Stahlhelm auf einem zart hellgrau - hellblauem Grund.

Wenn ich mich hier an meine frühen Jahre erinnerte, bin ich von Dank und Freude erfüllt. Diese Zeit trug meinem Leben einen unauslöschbaren Zauber voraus.

II
ERWACHEN UND ENTFALTEN

1934 - 1943

Die Unbeschwertheit unseres Heranwachsens
speichert die Zuversicht
für harte Zeiten

Vom Regime ergriffen

In den frühen Jahren war etwas heraufbeschworen worden, das unser aller
Leben veränderte und das Jahrhundert zeichnete. Im Januar 1933 war es
so weit.
In einem Festzelt in Lipperode, nahe Lippstadt, hatten meine Eltern Hitler
gehört und erlebt. Sie waren von ihm eingenommen, denn sie hatten den
ersten Weltkrieg, die Inflation und die Weltwirtschaftskrise mit all ihren
Folgen von Armut und Arbeitslosigkeit zum Teil hautnah miterlebt. Nun
kam Hitler und eröffnete erlösende Perspektiven. Fast benommen von
seinem Auftreten kamen sie zurück. Ja, meine Eltern ordneten sich in das
neue Regime ein.

Bald gibt es Arbeit für alle. Der Bauernstand wird entschuldet.
Die Arbeitskraft eines jeden wird die Basis einer neuen Währung. Mein
Vater bekommt für die Fabrik mehr und mehr Aufträge. Neben unserem
Haus steht ein Mast mit einer Hakenkreuzfahne. Die führende Stellung
meines Vaters fordert ihren Preis. Bald hängt in seinem Kleiderschrank ein
Braunhemd, und die Abende gehören nicht mehr nur allein der Familie.
Später kommt die Uniform für einen Oberleutnant der Reserve hinzu,
denn mein Vater wird zu Übungen der Wehrmacht einberufen.

In meinem Elternhaus gab es vorerst kein Erahnen, was vor uns liegen
könnte, das Grauen eines zweiten Weltkrieges mit seinen unsäglichen
Zerstörungen und einem millionenfachen Sterben, mit Flucht und
Vertreibung und dem Verbrechen - Holocaust.
Was wäre wohl gewesen wenn?. . . Diese Antwort gab den Deutschen
unser Altbundeskanzler Schmidt in einem Interview im Jahr 2002:

„Die Nazis haben von 1933 bis 1936 ein ökonomisches Kunststück vollbracht, das sonst niemandem in der ganzen Welt gelungen wäre. Wenn Hitler 1936 erschossen worden wäre, würde er heute als Held der Wirtschaftsgeschichte dastehen."
Vielleicht waren meine Eltern auch deswegen von Hitler eingenommen, weil er tatsächlich diese ökonomischen Fähigkeiten offenbarte.

Große Unruhe ergriff jedoch die erweiterte Familie.
Fanny, die Schwester meines Vaters, war Malerin geworden. Sie hatte einen Juden, den Musikwissenschaftler Dr. Hans David geheiratet. Wie schon erzählt, waren sie ausgewandert.
Adolf, der ältere Bruder meines Vaters, strebte als Psychiater eine wissenschaftliche Laufbahn an. Wegen eines Achtel Anteils „jüdischen Blutes" wurde sie ihm versagt.
Man höre und staune: Arbeit und Brot für sich und seine junge Familie fand dieser Onkel in Berlin als Oberstabsarzt des Heeres. Und mein Großvater Martin Heidenhain? Er büßte wegen eines Viertels Anteil jüdischen Blutes den Vorsitz des Anatomenkongresses ein und wurde emeritiert, durfte aber für eigene Forschung am Institut weiterarbeiten.

Und meine Eltern? Sie hatten sich zu eben diesem Regime bekannt. In ihrer Jugend waren sie zu Vaterlandsliebe und Gehorsam erzogen worden. Dennoch schien mir mein Vater fortan manchmal durchaus zersorgt. Ob er insgeheim über die Vorgehensweise der Nationalsozialisten nachdenklich wurde, das blieb uns Kindern verschlossen. Das Reden über ein solches Unbehagen, das gab es bei uns nicht. Später erst, im Krieg, mussten wir hinnehmen, dass meine Mutter den nahenden Untergang intuitiv sehr wohl erahnte. Mein Vater war im Krieg „dienstverpflichtet" gewesen, wie ein Soldat. Jeder wusste doch, dass ein Aufbegehren die Inhaftierung zur Folge haben würde. In uns Kindern sollte wohl kein

Unbehagen aufkommen. Wir konnten die Stimmung der Eltern lediglich erspüren. Ein Gespräch über, oder eine Kritik am Regime, gab es nicht.

Mein Bruder und ich? Auch über uns wollte das Regime das Sagen haben. Für mich war einmal in der Woche „Dienst" beim BDM, dem Bund deutscher Mädchen. Was war das für ein Dienst? Wir hatten in einer Kluft zu erscheinen: blauer Rock mit weißer Bluse und einem schwarzen aufgerollten Dreiecktuch unterm Kragen. Jeder hatte auch eine braune Jacke aus winddichtem Stoff. Im Dienst wurden wir zuerst über den Werdegang Hitlers belehrt, später auch über andere Nazigrößen. Danach gab es läppische Spiele, und letztlich machten wir laut singend im Glied zu drei Reihen, unser Wimpel voraus, einen Rundmarsch durch die Stadt.

Die Lieder, die wir auf den Lippen hatten, über deren Texte habe ich mir sehr wenig Gedanken gemacht. Ich *schmetterte* sie unbesonnen mit: Von „Morgenrot und frühem Tod", oder „Vorwärts, vorwärts schmettern die hellen Fanfaren" bis zu dem absurden Jubel: „Wenn wir fahren, wenn wir fahren, gegen Engeland".
Eine stählerne Jugend wollte das Regime: „Gesund ist, was hart macht". Dieses Wort ging viel unter uns um. Sport war wichtig. Sport jeder Art hat mir stets Freude gemacht. Ich hatte beim BDM die Chance, Mädchen aus allen Volksschichten zu erleben und kennen zu lernen. Es gab keinerlei Dünkel. Wir waren alle gleich viel wert.

Was wurde bedeutsam für uns Heranwachsende? An erster Stelle standen Gehorsam und Pflichterfüllung, verbunden mit Einsatzbereitschaft für Gemeinschaft, Volk und Vaterland. Kritik zu üben, ganz gleich an wem, war uns im Grunde verwehrt und gefährlich. So wurden wir auch nicht fähig, eine Diskussion zu führen, um einen möglichen Konflikt zu lösen.

Betroffene wurden wir dadurch, indem wir nichts von den sich anbahnenden Verbrechen erfuhren. Die Reichskristallnacht z. B. wurde kommentarlos übergangen, obwohl wir am Morgen in der Adolf-Hitler Straße, unserer Hauptstraße, die zertrümmerten Schaufenster gesehen hatten. Wir hatten zu funktionieren und uns zu fügen. Diese Muster waren es, die uns prägten und mit denen wir die ersten Jahrzehnte unserer Schaffensjahre bewältigen sollten. Danach erst wurden uns Einsichten geschenkt, durch die wir lernten, Verhaltensweisen zu korrigieren.

Bis auf den heutigen Tag macht es mich traurig, dass wir keine Chance hatten, eine Reise in ein anderes europäisches Land zu machen. Wir bekamen dadurch nie das Gespür dafür, was das Erlernen einer fremden Sprache für das Leben bedeuten kann. Nie konnten wir unsere Augen von außen auf unser Land richten. Doch die Zeit hat uns auf *ihre* Weise tüchtig werden lassen. Wir blieben auch seelisch stark genug, den namenlosen Zusammenbruch des Dritten Reiches, bis hin zum Mittragen der Kollektivschuld, zu verkraften.

Die Schwestern

Ich war acht Jahre alt, da wurde im September 1933 unsere Schwester Christine Brigitte geboren. Die Geburt als solche war an uns spurlos vorüber gegangen. Warum meine Mutter nun im Wochenbett lag, hinterfragte ich eigentlich nicht. In der Küche wurde der große Wäscheanfall gebügelt und als ich die gestrickten Baumwollbinden meiner Mutter entdeckte und mich über deren Zweck kundig machen wollte, hieß es einfach, das wäre noch nichts für mich.

Anfangs interessierte ich mich sehr für die Pflege und die Versorgung des Babys. Das Baden oder Trockenlegen verfolgte ich genau und ließ meiner Puppe Ähnliches angedeihen. Zunehmend aber blieb ich von den ersten Jahren der Schwester unberührt. Sie wohnte bei den Eltern im Erdgeschoß und kam so gut wie nie zu uns in die Mansarde. Außerdem war ich Schulkind und hatte meine eigenen Wege und Pflichten. Später erst, als ich verheiratet war, Brigitte die Patin unserer Tochter Irene wurde und in München Medizin studierte, wurde uns eine Nähe geschenkt, die sich von Jahrzehnt zu Jahrzehnt verdichtete.

Unsere Schwester Anna Gabriele kam 1937 als viertes Kind unserer Eltern zur Welt. Dafür wurde unsere Mutter vom Deutschen Reich mit dem Mutterkreuz geehrt. Gabriele brachte einen himmlischen Zauber mit auf diese Erde. Sie war ein schönes Kind, später dann mit lichten Locken. Bald spürt man, dass diesem Kind etwas fehlte. Nach vielem Rätseln und Tasten wusste man, dass sie wohl sehr schwer hört. Sorge und Unruhe griffen um sich. Die Eltern wussten genau, dass man jetzt wohl nicht zögern dürfte, um sie entschieden zu fördern.

Zu diesem Zeitpunkt erhielten die Eltern unerwartete Hilfe. Gabriele war zur Erholung und Entfaltung für ein paar Wochen in einem Kinderheim im Schwarzwald. Dort ging beruflich ein Herr aus München aus und ein, dem das besondere Kind auffiel. Er setzte sich sogleich mit meinen Eltern in Verbindung und gab ihnen den Rat, sich wegen Gabrieles Förderung und Entwicklung bei einer Dr. Gräfin Kühnburg in München zu melden, die dort als Spezialistin für solche Fälle an der Heckscher Klinik arbeitete. Ein Tor ging auf. Die Schwester meiner Mutter, Tante Reni, war inzwischen nahe bei München auf dem Baihof 20 km östlich von München ansässig geworden, sodass sich dadurch für die Eltern vieles erleichterte.

Und was wurde den Eltern geraten?

Gabriele sollte lernen, so viel und so gut wie möglich vom Munde abzulesen. Für das angehende Schulalter wurde eine passende Grundschule benannt. Die Schule, unter der Obhut von Klosterschwestern, war in Westerham bei München.

Für Gabriele ließ sich alles recht organisch einrichten. Sie war gerne in der Schule, aber auch gern wieder „daheim". Unsere gute Tante Reni auf dem Baihof trug das Ihre zum Gelingen bei. Sie unterstützte die Eltern durch eine unendliche Fürsorge und ihren Einsatz, Gabriele, so oft wie möglich, zu sich „heimzuholen".

Was aber wurde dem kleinen zarten Mädchen zugemutet? Eltern und Geschwister, hoch im Norden, und zudem war Krieg. Die Jahre waren gezeichnet von einem vielfachen Hin und Her zwischen Bayern und Westfalen. Die Eltern und die Familie blieben nie ohne Sorge um unsere Jüngste.

Lenke ich meinen Blick auf die arge Zeit nach dem Krieg, so gab Gabrieles Befinden neue Rätsel auf. Mit etwa neun Jahren neigte sie zu migräneartigen Anfällen mit Schwindel und Übelkeit. Ratlosigkeit und Unruhe überschatteten erneut das Tägliche. Damals wussten wir noch nicht, dass dies bereits die Vorzeichen einer späteren Krankheit waren.

Vorerst glättete sich die Lage, und Gabriele gelangte mit zunehmendem Alter zu einem guten Abschluss auf der Gehörlosenschule Sassendorf, in der Nähe von Lippstadt. Danach machte sie nach drei Jahren Lehrzeit mit Bravour die Prüfung für das Damenschneiderhandwerk.

Längst konnte sie die deutsche Sprache fließend vom Mund ablesen. Sie heiratete später einen Amerikaner, den Chemiker Byron Baer, und lernte dann auch die englische Sprache zu schreiben, zu sprechen und wohl auch vorwiegend vom Mund abzulesen.

Von Gabriele wird später erneut die Rede sein. Ihr Leben hat meiner Mutter und auch meiner Schwester Brigitte viel Mitsorge abverlangt. Mit einem weiteren Blick nach vorn, sei vorweggenommen: nach drei Fehlgeburten und vier Kindern, die sie hervorragend ins Leben führte, wurde sie mit 35 Jahren psychisch krank.

Das Klavier

Wir hatten einen Bechsteinflügel. Meine Mutter hatte ihn aus ihrem Elternhaus übernommen. Sie selbst spielte recht fortgeschritten Klavier, doch sie gab es dann auf. Was lag näher, als mich zum Klavierunterricht anzumelden. Ob ich anfangs daran Freude hatte? Ich habe es vergessen. Das Klavier gehörte seit dem sechsten Lebensjahr einfach dazu. Im Flur stand eine kleine Kommode mit einer Menge Noten. Das hatte und behielt seinen Reiz.
Ich hinterfragte mein Spiel wenig. Vom Blatt Spielen fiel mir nicht leicht. Dennoch hielt ich unverdrossen am fast täglichen Üben fest.
In meiner Klasse gab es etliche Klavierspielerinnen, und das beflügelte meinen Eifer, weil man ja auch zeigen wollte, was man schon kann. Grundsätzlich hatte ich Freude an Musik und meine Eltern kauften auch willig für mich eine Sopran- und eine Tenorblockflöte. Damit lernte ich einen Klang kennen, bei dem der Atem und der Körper eine ganz andere Rolle spielen. Letztlich brachte ich es in der Schulzeit auf dem Klavier bis zu zweistimmigen Bach-Inventionen, Beethoven-Bagatellen, ein paar leichten klassischen Sonaten und einigen Mazurken von Chopin. Das war's.

Doch siehe da: Zur Hochzeit schenkten mir meine Großeltern Heidenhain einen alten Bösendorfer Flügel in einem wunderbaren Kleid aus Kaukasischem Nussbaum. Und später dann, als unsere zwei älteren Kinder mit Blockflöte und Geige begannen, fing ich an, sie zu begleiten.

Dieses kleine Kapitel vom Klavier ist lediglich ein Auftakt zu mancherlei Anstrengungen und Erfahrungen, um ein liebevolles, fast passioniertes Bemühungen rund um die Musik, von dem noch zu berichten bleibt.
Das Erlernen des Klavierspiels in diesen frühen Jahren, war und blieb der Grundstock für alle späteren Entfaltungen in Richtung Musik.

Wir in der Zeit der Pubertät

Eine schwierige Phase war es für uns, als sich das Ureigene meldete, indem wir für uns bewusst entschieden, dass wir etwas brauchten, ersehnten oder gar unabdingbar haben wollten, und die Eltern dafür kein Gespür hatten. Damit entfaltete unser Ich einen Schub, der die Eltern aufhorchen oder gar erschrecken ließ.

Unsere Übertritte schafften bei ihnen Unbehagen und wohl auch Ratlosigkeit. Sie flüchteten sich erst einmal in Richtung Strafen.
Zwischen Schläge und Liebesentzug gab es für sie mehrere Möglichkeiten. Das war bitter hinzunehmen. Das Vertrauen litt. Ich will ganz ehrlich sein. Bei aller Liebe zu meinen Eltern habe ich ihnen dies sehr lange nicht verzeihen können. Indem ich heute darüber nachdenke, fühle ich Trauer. Eine Trauer darüber, was uns Menschen, ich selbst eingeschlossen, doch

alles entgleiten kann. Was meine Entwicklung betraf, war ich durchaus nicht mehr das brave Mädchen. Ich war eher vorlaut und selbstsicher. Das bekamen manchmal auch meine Mitschülerinnen zu spüren. Leisetreter und Bangebüchsen, die passten zu jener Zeit nicht mehr in meine Landschaft. In einem Zeugnis war z.B. zu lesen: „Renate wurde fünfmal getadelt, sie könnte bei größerer Aufmerksamkeit mehr leisten," oder auch „Renate ist vorlaut!"

Und womit forderten wir unsere Eltern heraus?
Wir entwenden Geld, um uns Süßes zu kaufen. Wir ersinnen eine List, um uns einen ganz bestimmten Wunsch zu erfüllen. Ich nehme z. B. einen Betrag von dreißig Reichsmark und kaufe mir Rollschuhe. Dies war der Erlös von einem eigenständigen Verkauf gut erhaltener Schulbücher an Kinder einer nachfolgenden Klasse. Mein Vater ist über diese Lösung erst mal sprachlos.
Mein Bruder baut sich in das unterste Fach seines Schreibtischs einen Volksempfänger ein. Beglückt lädt er mich zu sich in sein Zimmer ein, um "Engelsmusik" anzuhören. Erworben hatte er das Radio auf den guten Namen meiner Eltern, bei einem Händler in der Stadt . . . auf Kredit. Und meine Eltern? Sie nehmen ihm das ersehnte Gerät doch tatsächlich wieder weg! Das kann ich bis heute nicht fassen. Man gibt uns kaum Geld zur freien Verfügung. Wir haben auch keine Sparbücher. Einen eigenverantwortlichen Umgang mit Geld, den lernten wir nicht.

Mein Bruder reißt auch mal aus! Er beteuert, mit der Hitlerjugend auf Fahrt zu gehen. Er packt seinen Affen (ein mit Fell bezogener Tornister) kleidet sich in seine schwarze Kluft und fährt allein mit dem Rad sechzig Kilometer über den Hellweg, die heutige Bundesstraße 1, zu Freunden

nach Hagen. Indem von dort ein beglückter Anruf kommt, der Sohn sei gut gelandet, da fallen die Eltern aus allen Wolken.
Mir wird es übel angerechnet, dass ich, fünf Tage mit Freundinnen mit dem Rad unterwegs, nicht ein einziges mal zu Hause anrufe. Mit einer eisigen Stimmung werde ich daheim begrüßt.

Schlechte Noten haben wir gern verschwiegen. Mein Bruder neigte auch zum Fälschen. Geld für eine Nachhilfestunde gab er gern für sich aus und ging erst gar nicht hin. Im Jahr 1937 war die Note für Sport total am Boden. Sport war Vorrückungsfach! Versetzung gefährdet!
Und was machten die Eltern? Man höre und staune: Die Sommerferien gehen gerade an. Für Lothar wurde im Garten eine Sprunggrube gebaut und zum Kugelstoßen eine Kugel angeschafft. Lothar bekam für zwei bis drei Wochen einen Trainer und wurde in Leichtathletik auf Linie gebracht.

Statt der Mutter durfte *ich* mit meinem Vater für diese Zeit mit dem Auto nach Bad Kissingen reisen. Das war für mich natürlich ein völlig überraschendes Feriengeschenk. Bruder und Mutter kamen mit dem Rad nach. Drei Tage waren sie unterwegs und übernachteten in Jugendherbergen. Das passte zum Wandervogelherz unserer Mutter.
In Fulda trafen wir uns. Dann ging es gemeinsam weiter nach Süden, den Geburtstag unserer Großmutter Anna Heidenhain zu feiern .

Jeder von uns fand nach den kritischen Jahren seinen eigenen zielgerichteten Weg. Ich ließ mir erst einmal die Zöpfe abschneiden.
Mein Bruder begann Medizin zu studieren und brachte *nur* gute Testate. Dann wurde er Soldat, um als Gebirgsjäger mit seiner Einheit die höchste Feuerstellung im Kaukasus zu erreichen. Sofort nach Kriegsende heiratete er Marianne Ahlers. Sie war die Tochter eines Reeders. 1946 wurde

Detmar Heidenhain, der erste Enkel meiner Eltern geboren. Ich wurde zur Patin erwählt. 1949, in dem Jahr meiner Hochzeit, wanderte die junge Familie nach Argentinien aus.

Kirche und Konfirmation

Von Kind an hatte ich schon einen Hang zum Religiösen. Gern ging ich, nicht aber jeden Sonntag, zum Kindergottesdienst. Schon das Betreten des erhabenen Kirchenraums mit seinen vergoldeten Säulen belebte auf geheimnisvolle Weise eine Gestimmtheit, die es eben nur hier gab.

Die Orgel? Ach, die Orgel war für mich stets nur ein "Rauschen".
Aber die Geschichten, die wir statt der Predigt hörten, die hatten es mir angetan.
Wir sitzen auf den blanken Kirchenbänken, je nach Alter in kleinen Gruppen, dicht an dicht, und lauschen auf die verhaltene Stimme der Erzählerin. Das erfüllt und bewegt mich.
Sind alle Gruppen wieder auf ihrem ursprünglichen Platz, übertönt uns die gewaltige Stimme eines der beiden Pastoren unserer Gemeinde.
Hat einer von uns Geburtstag, darf er nach vorne gehen, um einem nickenden „Negerlein" einen Obulus für die Mission in die Dose zu werfen, um danach mit einem frommen Bildchen oder einem kleinen Papierkreuz fürs Kindergesangbuch beschenkt zu werden.

Einmal trifft es auch mich, und ich darf mir sogar ein Lied wünschen!
Ohne lange zu überlegen, wähle ich :
   „Mir nach! Spricht Christus unser Held, mir nach ihr Christen alle.
   Verleugnet euch, verlasst die Welt, folgt meinem Ruf und Schalle. . ."

Jesus als „unser Held", dieses Bild passte wohl auf geheimnisvolle Weise in die seelische und auch politische Landschaft dieser Jahre. Jedoch das „verleugnet Euch" blieb jahrzehntelang schwelend im Raum, bis ich lernte mit den Begriffen ICH und SEIN verstehend umzugehen.

Eine ernste und fast freudlose Sache war der Konfirmandenunterricht, und das zwei Jahre lang. Lieder, Lieder, viele Lieder sind auswendig zu lernen, ebenso etliche Psalmen. Zahllose fett gedruckte Sprüche aus der Bibel werden unser geistiges Eigentum. Uralte hymnische Sprachformen und die gültig gebliebene Sprache Luthers werden für mich wie ein Vorausgeschenk für jene Jahre in denen ich anfing, meinen eigenen Stil zu finden.
So weit, so gut. Jedoch gab es darüber hinaus ja auch noch den Lutherischen Katechismus. Diesen hatten wir, wohl bemerkt, bis auf sehr wenige Abschnitte, mit allen lutherischen Erklärungen auswendig zu lernen. In diesen Jahren saß meine Mutter abends noch manchmal an meinem Bett und half mir die schwere Kost zu schlucken und auch zu behalten. Das war sehr tröstlich.

Dieser Katechismus spiegelt das Gottesbild eines Martin Luther wider. Inzwischen waren aber vierhundert Jahre vergangen. Nun sollten all die Gedanken und Belehrungen für ein Schulkind der dreißiger Jahre gültig sein. Viel später erst begriff ich, dass für unsere Generation dadurch etwas in ein Ungleichgewicht geraten war. Trommelte der Nationalsozialismus nicht auch auf seine Weise für den unabdingbaren Gehorsam?
So sah ich eben meinen lieben Gott als einen HERRN mit erhobenem vielleicht sogar drohendem Finger. Dieses „Du sollst" hat mir nicht gut getan. Heute weiß ich: „Ich kann, ich will, ich möchte." Das setzt meine Kreativität und Entwicklung in Gang.

Und wo gibt es unter diesen dreitausend Jahre alten zehn Geboten eine Weisung für den rechten Umgang der Eltern gegenüber ihren Kindern? Dieser Katechismus des Martin Luther hat meine urtümliche Freude an allem Himmlischen überschattet.

Dem Fest unserer Konfirmation ging am Sonntag davor eine Prüfung voraus. Zu diesem Ereignis bekam man ein Prüfungskleid. Meines war aus einem leichten hellblauen Wollstoff und hatte einen hübschen weißen Besatz. Auf einem Familienfoto, anlässlich des Abiturs von meinem Bruder, trage ich dieses von mir sehr geliebte Kleid. Zum Tag der Konfirmation, bekam ich ein schwarzes Samtkleid, das noch jahrelang mein Festtagsgewand blieb. Zur Prüfung saßen wir Konfirmanden, die Jungen und Mädchen getrennt, unter der Kanzel im vorderen Teil der Kirche. Wir hatten einen Pastor, der selbst sieben Kinder hatte. Er ließ diese Prüfung in aller Milde für uns zu einem freudigen Erlebnis werden. Er entwickelte mit uns ein Gespräch über eine Biblische Geschichte und flocht dann Fragen ein, die wir mühelos beantworten konnten. Daran denke ich mit Freude zurück.

Meine Eltern bereiteten das häusliche Fest liebevoll für mich vor. Am Abend vorher waren schon etliche Gäste da. Großmutter Anna und meine beiden Paten, Tante Reni und Bergrat Hans Loebner, der liebste Vetter meines Vaters, gingen auch mit zum Abendmal. Diese Feier meines ersten heiligen Abendmals ist bei mir jedoch völlig farblos geblieben. Ich hatte in keiner Weise den Sinnbezug für mein Leben begreifen gelernt. Die Handlung war so fremd, die Hostie so fad und nackt. Der Wein machte mich verlegen. Erst viel später, sehr viel später, sollte sich das Geheimnis dieses Rituals für mich offenbaren.

Ich erhielt wunderschöne Geschenke, einen Fotoapparat, einen Agfa Karat, mancherlei feinen Schmuck und natürlich auch eine kleine silberne Armbanduhr. Aus dem Freundeskreis in der Stadt kamen Glückwünsche, Blumen und kleine Aufmerksamkeiten. Telegramme aus der Verwandtschaft ergänzten den festlichen Reigen des an-mich-Denkens.

Die Konfirmation? Ja, sie war das erste wirklich eigene große Fest in meinem Leben. Dieses einmalige Ereignis möchte ich gern mit meinem Konfirmationsspruch abschließen, den ich von damals her noch auswendig kann. Es gibt kaum ein Wort, das mich immer und immer wieder aufrief, es stets aufs neue für mich auszulegen. Er steht im Hebräer Brief Kapitel 12 Vs1: *Lasset uns laufen durch Geduld in dem Kampf, der uns verordnet ist, und aufsehen auf Jesum, den Anfänger und Vollender des Glaubens."*

Die Oberschule für Mädchen

So nannte man damals die Schulen, die zum Abitur führten. Wir waren eine tolle Klasse. Wir passten zueinander. Es gab nie einen Streit. So waren die 28 Klassenkameradinnen gleichermaßen auch meine Schulfreundinnen. Ich ging gern zur Schule und lernte auch gern. Meine Noten waren befriedigend und gut. Fremdsprachen fielen mir nicht leicht. So bin ich auch recht stolz darauf, dass ich durch einen Wahlunterricht in Latein mit einer kleinen Gruppe in Münster am staatlichen Gymnasium Paulinum das kleine Latinum mit Erfolg ablegen konnte. Unsere Leistung wurde sogar belobigt. Damit hatte ich auch meiner Familie gegenüber ein gutes Ansehen; konnte ich doch auf der Lippstädter Oberschule für Mädchen nur ein "Puddingabitur" machen. Für eine rein wissenschaftliche Ausrichtung hätte ich in ein Internat gehen müssen. So absolvierte ich eben

Hauswirtschaft und Handarbeit als Hauptfächer, und freute mich in und an der guten Klassengemeinschaft. Für's Lebensganze war dies für mich durchaus der richtige Weg.

An meine Lehrkräfte habe ich keine bedeutsamen Erinnerungen.
Jedoch *eine* junge Assessorin, die hatte es mir angetan. Ich schwärmte für sie. Ich hätte seinerzeit aber nicht formulieren können, warum.
Sie hieß Fräulein Wiegelmann und unterrichtete uns in Deutsch, Geschichte und Musik. Sie war fünfzehn Jahre älter als wir. Wir waren ihre erste Klasse, die sie zum Abitur führte. Sie hatte Freude daran, mit uns zu arbeiten, war voller Ideen und veranstaltete auch manchmal eine Abendmusik für die Eltern. Auf unseren späteren fünfjährigen Klassen-treffen war sie sehr oft unter uns.
In meinem 57. Lebensjahr sollte ich ihr erneut begegnen. Es ereignete sich insofern etwas Bedeutsames, als dass sich zwischen uns sehr bald eine Nähe anbahnte, die dazu führte, dass die inzwischen 72 jährige Frau Dr. Walwei-Wiegelmann für mich, mehr als ein Jahrzehnt, *die* Mentorin meiner Texte und Gedichte wurde.

Wir waren damals in der Oberschulzeit noch BDM Mädchen. An den Samstagen war Dienst. Es wurde viel Sport getrieben, Sport jeder Art. In Sport war ich stets unter den Ersten. Besondere Freude hatte ich an einer bestimmten Art von Gymnastik. Bewegungen verschiedener Art mit Bällen, Keulen oder Reifen und dazu Musik. Also damals schon, etwas wie „Musik und Bewegung", was mich später aufs neue faszinieren sollte. Auch führten wir einmal einen wunderbaren Tanz in weißen langen Kleidern auf, und das während des Krieges, wo jedes Stückchen neuer Stoff etwas Kostbares war und uns andere Tanzvergnügungen versagt blieben.

Vier meiner Mitschülerinnen wurden Freundinnen fürs Leben.
Gisela Schlaaff, heute Prior Adam, lernte ich schon als Sechsjährige
kennen. Ihr Vater, ein Chirurg, war Leiter des Evangelischen
Krankenhauses. Giselas Eltern führten ein vornehmes Hauswesen. Es gab
ein traumhaftes Kinderzimmer und einen Garten, von dem aus man auch in
der Lippe baden konnte. Ich habe an diese Jahre übersonnte Erinnerungen.
Mit Gisela pflegte ich lebenslangen Austausch. Wir ergänzten uns in einer
besonderer Weise durch ähnliche Veranlagungen. Die Schwerpunkte
Musik und Gedichte wurden von Gisela schon in den frühen Jahren gelebt,
von mir hingegen erst in vorgeschrittenem Alter.

Christa Hurlbrink (später König) kam erst nach der Konfirmation in unsere
Klasse. Zeitlebens sind wir ein treues Gespann. Ihre Mutter kam von einem
großen Hof im Münsterland. Auch heute noch lebt Christa dort auf
einem kleineren Hof. Uns verbindet die Liebe zum Land und zur Erde
und allem, was sie hervorbringt. Es gibt kaum etwas, das wir nicht
miteinander besprechen und verhandeln könnten, und das bis heute.

Mit Elsbeth Jülicher später Lachenmeier, gab es eine besondere
Verbindung. Sie bekam ihr erstes Kind, ein Mädchen namens Friederike,
im gleichen Monat wie ich meine Tochter Irene. Doch. . . Elsbeth erlitt
nach einer schwierigen Geburt eine Beckenwehnenthrombose, die ihr
weiteres Leben zeichnen sollte. Sie hatte viel zu leiden, bis sie wieder
einigermassen gehfähig wurde. Der Wunsch eines Geschwisterchens für
Friederike konnte nicht in Erfüllung gehen. Dennoch kam sie für sich
wieder in ein gutes Gleis und so hatte ich den Mut, sie zu bitten
für unsern Reinhard Patin zu werden. Das hat uns bis zu ihrem Sterben
sehr verbunden.

Zur vierten Freundin, ergab sich erst in späteren Jahren ein tiefere Beziehung. Irmgard Schröder, heute Irmgard Susewind, hatte ein Leben mit großen Herausforderungen, denn sie verlor ihren Mann, den Vater ihrer fünf Söhne, im zwölften Jahr ihrer Ehe. Sie hat Freude an meinen Gedanken, Gedichten und Texten. Sie konnte eine aktive Beziehung zu ihnen aufbauen, und das bleibt für mich ein ganz großes Geschenk.

Wir alle sind Jahrgang 1924/25. Uns verbindet viel, weil wir den großen Umbruch in der Mitte des vergangenen Jahrhunderts bewusst miterlebten, und denselben, jeder auf seine Weise, zu meistern hatten. Das schenkt uns eine tiefe Übereinstimmung, über die man eigentlich gar nicht zu sprechen braucht.

Die großen Geschehnisse forderten uns heraus, und wir stellten uns ihnen mit jenem Rüstzeug, das man uns seinerzeit vermittelte und mitgegeben hatte.

Faszination Landwirtschaft

In meiner Schulzeit gab es ein Erlebnis, dem ich ein eigenes Kapitel zuordnen möchte. Zweimal wurden wir zu einem so genannten Kriegseinsatz eingeteilt. Das erste mal galt es, sich in einem Kinderland-verschickungsheim als Helferin zu bewähren. Mich verschlug es nach Puschendorf, Kreis Fürth in Bayern, ein Heim, das später von Diakonissen übernommen wurde und in dem meine gelähmte Mutter neun Jahre gepflegt wurde.

Das zweite Mal, ich war damals sechzehn Jahre alt, hatten wir von Mai bis August in einem landwirtschaftlichen Betrieb Einsatz zu leisten.
Ich wurde einem Landwirt zugewiesen, dessen Wohnhaus, Stallungen

und Scheune mitten in der Stadt angesiedelt waren. Solche Bauern nannte man in unsrer Stadt „Ackerbürger". Fritz Langeneke und Frau Ursula bewirtschafteten einen beachtlichen Betrieb, der seine Wiesen und Felder rund um die Stadt hatte.

Fritz Langeneke war außerdem Ortsbauernführer und war „UK" gestellt, das heißt, aus beruflichen oder wirtschaftlichen Gründen *unabkömmlich.* Ihm war damit auch eine gewisse Aufsicht und Fürsorge für jene Betriebe anvertraut, deren Besitzer zur Wehrmacht eingezogen waren.

Als ich mich vorstellte, war für mich alles sofort recht klar. Im Haus brauchte man mich nicht. Frau Langeneke hatte zwei Ukrainerinnen, brilliante Kräfte für den großen Haushalt mit etwa fünfzehn Personen. Ich sollte einfach mit aufs Feld. Herr Langeneke war skeptisch, ob ich den Anforderungen standhalten würde, denn ich gehörte, wie er neckisch sagte, zu den „Studikerinnen", also zu denen, die im Blick auf ein Studium eine höhere Schule besuchen. Und was kam auf mich zu?

Von früh bis abends auf den Knien Rüben vereinzeln. . . In der Kolonne die vereinzelten Rüben rundum sauber hacken. . . Ende Juni dann, bevor die Rüben die Reihen schließen, alles verbliebene Unkraut aushacken. . .
Das beste von allem war. . . ich hielt durch!

Mittags bekamen wir mit Pferd und Wagen warmes Essen auf's Feld gebracht. Unser Getränk war, den ganzen Tag über, schwarzer Malzkaffee aus einer eigenen emaillierten „Düppe".

Manchmal saß ich in der Pause im Schatten eines Apfelbaums und lernte lateinische Vokabeln, um bis zum Herbst meine Note zu verbessern.

Ich hatte eine Riesenfreude an diesem Alltag. Mein Lehrmeister unterhielt mich mit brisanten Erzählungen und Weisheiten aus seinem Berufsstand. Ich war an allem interessiert. Ich nahm ihm auch alles ab und erzählte zu Hause gern von dieser für mich neuen Welt.

Während der Arbeit an den Rüben hatte schon die Heuernte begonnen. Hier war es wieder das gleiche, fast alles war Handarbeit. So lernte ich konsequent gemähtes Gras auseinander breiten, Heu wenden und gegen Abend in dicke Schwaden rechen, oder anhäufeln.

Herr Langeneke konnte auch spöttisch sein, wenn ich z. B. meine Arbeit ungeschickt anging, meinte er kess: *„Das machen Sie ja genau so, als wären Sie ein Prinz Kakadu!"* Das saß, und ich lachte.

Dieser Mann hatte das Geschick, mich anhaltend zu fördern und zu weisen und dabei auf die originellste Weise zu belehren. Er sprach auch oft von der Liebe zum Land und erzählte einmal eine bewegende Geschichte von einem jungen Bauern, der nach überstandener Kriegszeit wieder nach Hause kam und vor Freude heimatliche Erde aß. Tag für Tag war ich mit ihm unterwegs: Steckrüben setzen, Zäune flicken, die Wasserbottiche auf den Weiden vollpumpen, Getreidefelder besuchen und beurteilen.

Abend für Abend erhielt ich ein Mitgebringe für den elterlichen Haushalt: Milch, dazu etwas Geräuchertes oder Gebackenes.

Die Zeit des Kriegseinsatzes verging wie im Fluge. Indem ich Abschied nahm, entlässt mich Fritz Langeneke mit den Worten: „Renate, wenn Sie keinen Bauern heiraten, dann bleibt die Welt nicht in Ordnung."

Die Beziehung und Freundschaft zum Haus Langeneke hielt lebenslang an. Wir besuchten uns gegenseitig und tauschten uns in Briefen aus. Wir feierten mit Langenekes auch ihre Goldene Hochzeit. Unser Freund starb an einem ihn rasch dahinraffenden Magenkrebs. Kurze Zeit vor seinem Heimgang telefonierte ich noch einmal mit ihm. Das waren seine letzten Worte: *„Dass mir DAS zustoßen muss, dass ich nichts mehr essen kann, wo ich ein Leben lang darum bemüht war, der Erde Nahrung abzuringen."*

Übervoll soll die Marienkirche gewesen sein, als sich Lippstadt von Fritz Langeneke verabschiedete.

Es ist sowohl bemerkenswert wie auch bedeutsam, dass mir das Leben in rascher Folge noch zweimal das Angebot machen würde, mich in und mit landwirtschaftlicher Arbeit zu befreunden.

III
IM ERWACHSENWERDEN

1943 – 1952

Wie gut wenn sich Freude und Last
die Waage halten

Vom Regime gefordert

Das Abitur liegt hinter mir. Zu meiner großen Freude machte meine Mutter mit mir danach eine Reise nach Weimar, wo wir im Hotel „Elefant" ein paar erholsame Tage verbrachten. Dies war die erste Bildungsreise meines Lebens. Niemand aus meiner Klasse bekam ein solches Geschenk.

Um die Verpflichtung beim Reichsarbeitsdienst rasch abzuleisten, hatte ich mich freiwillig gemeldet. Dadurch wurde ich rasch einberufen und kam als Arbeitsmaid in ein Lager nach Würdinghausen im südlichen Hochsauerland, ein Barackenlager mit zwei Führerinnen und sechzig Maiden. Was erwartete mich hier? Als fast Wichtigstes die uniformierte Kleidung: Blaue baumwollene Arbeitskleider mit kurzem Arm und zum Ausgehen ein grau-braunes Kostüm mit weißer Bluse. Auch Wäsche, Strümpfe und Schuhe stellte die Kleiderkammer.

Da wir Mädchen vom BDM her gut „im Zug" waren, gibt es keine Schwierigkeiten mit der Disziplin. Niemand meckert über das, was er antrifft oder von ihm verlangt wird. Jede von uns hat ihre Schlafstelle in einem Stockbett mit Strohsack, einem einfachen Kopfkissen und einer schweren dunklen Wolldecke in einem blau karierten Bezug. Jede nennt einen schmalen Spind ihr Eigen und hat vor dem Bett einen Hocker. Morgens gibt es ein Frühstück mit bereits gestrichenen Broten, danach ist Fahnenweihe mit einem Lied, einem Spruch zum Tage und natürlich auch ein dreifaches „Sieg Heil" auf den Führer. Dann geht es zum Einsatz. Mein erster Platz liegt eine Stunde weit entfernt in einer waldreichen Region. Die kleine Siedlung von Kleinbauern lebt vom Vermehren von Bäumen. Wie in einer Baumschule, lerne ich hier das „Verschulen" von Fichten, bis die Setzlinge ein gewisses Alter erreicht haben, um sie zu verkaufen. Auch bei dieser Arbeit – auf eine neue Weise – ist es ein stundenlanges Arbeiten auf den Knien. Danach aber, zu meiner großen Freude, darf ich gegen Abend das Melken lernen. Ich schaffe es so mühelos und zügig, sodass ich auf meinem Eimer jeden Tag mehr Schaum habe. Die Bäuerin, der ich helfe – ihr Mann ist im Krieg – buttert selbst und füttert auch ein Schwein. Jeden Morgen schickt sie mich aus, Brennnesseln zu schneiden, um sie unter das Schweinefutter zu mischen.

Die zweite Stelle, in einem benachbarten Dorf, ebenso durch Fußmarsch zu erreichen, ist eine Metzgerei mit einer kleinen Fremdenpension. Hier bin ich „Mädchen für manches": Zimmer richten, bedienen, abspülen, bei der Wäsche helfen, den Hof kehren. Ich bekomme gutes Essen und nachmittags manchmal auch ein Stück Kuchen. Abends sind wir alle wieder im Heim.

Nicht ohne Glanz ist dieser Sommer. Ich bekomme einmal Besuch von den Eltern. Wir genießen die Landschaft. Wie weggerückt ist der schreckliche Krieg. Das Zerbomben der Talsperren im Sauerland war erst kurz vor meinem Einsatz gewesen. Das Entsetzen bebte noch im Raum, nicht zuletzt durch eine Kameradin, die die Katastrophe miterlebt hatte. Ich war auf den übersonnten Höhen mit den herrlichen Sichten auch oft allein unterwegs. Einmal füllte ich dort einen großen Marmeladeneimer mit reifen Brombeeren für daheim.

Auch noch etwas anderes schenkte mir und uns große Freude. Eine unserer Kameradinnen rief einen kleinen Chor ins Leben. Es ist kaum zu beschreiben, welchen Liederreichtum sie uns übermittelte und mit uns pflegte: Volkslieder jeder Art, die man heute schon fast nicht mehr kennt.

Daneben übten wir auch Wandervogellieder und Lieder von Hans Baumann. Seine Ideen und Melodien liebten wir. Diese Gabe nahm ich mit in mein Leben.

Nach dieser Zeit, es war September 1943, konnten wir wählen, im Lager zu bleiben oder zum Kriegshilfsdienst zu gehen. Ich wählte Letzteres, und es verschlug mich für ein Jahr ins Siegerland nach Aue-Wingeshausen zur Firma Jäger, die Kunststoffe verarbeitete. Jetzt im Krieg fertigte sie Munition. Ich kam mit etwa zehn anderen „Maiden" an einen Arbeitsplatz, mit der Aufgabe, am Fließband Zünder zu leeren. Das bedeutete, mit einem bestimmten Gerät deren Maße nachzuprüfen, eine sehr verantwortungsvolle Arbeit. Dennoch konnte es sich mein Mann später nicht verkneifen, mich damit zu necken, ob die Rohrkrepierer, die er erlebt hatte, nicht vielleicht doch aus Aue-Wingeshausen gestammt haben könnten. Nun ja, wer weiß, was er an Entsetzlichem in den fünf Jahren Krieg durch Fehlzündungen hinzunehmen hatte.

Das Jahr verging, trotz der eintönigen Arbeit, rasch. Wir lebten in einer Doppelhaushälfte. Vier Elsässerinnen waren unter uns. Auch das haftet in der Erinnerung. Wiederum besuchten mich auch hier meine Eltern, und ich entsinne mich an Gespräche, dass jeder von ihnen mit verschiedenen Sichten und Sorgen auf das zuging, was vor uns lag. Mein Vater hielt die Stimmung eher hoch. Meine Mutter erahnte anderes, Schlimmes oder noch Schlimmeres, und sie bekannte das auch ganz offen.

Letzthin erwirkte ich es, vom Reichsarbeitsdienst freizukommen. Das war nicht selbstverständlich. Man konnte auch notdienstverpflichtet werden. Dieser Ungewissheit wollte ich aus dem Wege gehen. So bewarb ich mich an der Lehrerbildungsanstalt Dortmund, die nach Höxter im Lipperland verlagert worden war. Dort begann ich mit der Ausbildung zur Volksschullehrerin. Es war inzwischen September 1944. Nicht nur mich erwarteten nun für mehr als ein Jahr Ereignisse, die unser aller Leben verändern sollten.

Der Krieg spitzt sich zu

Das Jahr 1944 war vom bevorstehenden Zusammenbruch des Dritten Reiches praktisch schon gezeichnet. Meine Eltern rechneten insgeheim mit dem Ärgsten, dass auch unsere Heimatstadt Lippstadt ein Opfer der Bomben werden könnte.

Sie entschlossen sich, auf dem Hof unserer Tante Reni, dem Baihof, Gemeinde Pliening in Oberbayern, Möbel unterzustellen. So wurde unser Esszimmer in Sicherheit gebracht. Gleichzeitig ließen sie zwei Schränke anfertigen, um überzählige Kleidung und Wäsche zu bewahren. Der eine Schrank ging mit nach Süddeutschland, der andere in die Nähe von Lippstadt aufs Land.

Im Keller des Lippstädter Hauses war seit längerer Zeit alles für nächtliche Störungen und Alarme eingerichtet. Es gab Liegen und Stühle. Auch an Essensvorräten war sehr vieles im Keller. Wir waren kaum eine Nacht ohne Alarm.

Ich muss gestehen, dass ich mir vom Ausmaß eines Fliegerangriffs kein Bild machen konnte, bis zu jenem Tag, als ich in den letzten Sommerferien vor Kriegsende - auf dem Baihof weilend - von unserer Anhöhe aus das brennende München sah. Kurze Zeit später wanderte ich mit einem kleinen Koffer durch die noch schwelende Stadt, um den Bahnhof Pasing zu erreichen. Ich wollte nach Tübingen fahren, um meine Großeltern zu besuchen. Auf meiner Heimreise nach Westfalen erlebte ich die Stadt Würzburg kurz nach einem Angriff. Die Vorstellung, dass auch Lippstadt, mit der doch recht beträchtlichen Industrie, zertrümmert werden könnte, dieser Gedanke lastete auf uns allen.

Wir wohnten unmittelbar neben dem Werksgelände. So trafen meine Eltern einen schwerwiegenden Entschluss. Meine Mutter ging kurz vor Weihnachten 1944 mit den jüngeren Geschwistern nach Bayern auf den Hof ihrer Schwester Irene.

Mein Vater blieb alleine zurück, denn ich war ja schon in Höxter. Die Familie war damit - der Bruder einbezogen - im wahren Sinne des Wortes in alle vier Winde verstreut.

Mein Vater hatte einen ungeheuer angespannten Dienst und sehr verantwortungsvolle berufliche Aufgaben. Trotz aller Schwernisse war er auch oft auf Reisen, und das bei Alarmen, Verspätungen, zerstörten Bahnhöfen und ausfallenden Zügen. Halbe und ganze Nächte verbrachte er manchmal auf der Bahn.

Am 1. November 1944 erlebte er einen Angriff auf Hamburg. In einem Brief an meine neunjährige Schwester Brigitte schreibt er, dass ihm *"die Engländer eine schwere Bombe so dicht vor die Nase setzten, sodass er die Brille verlor"* und weiter, wörtlich. . . *„ich einen Schlag ins Gesicht bekam, sodass alle Vorderzähne locker wurden. Einer ist ganz kaputt. Jetzt ist da ein grosses Loch, und ich sehe aus, als ob ich noch im Zahnwechsel wäre."*

Und wie stand es um mein Leben und meine Anliegen in dieser Zeit der Zuspitzung des Krieges?

Die Ausbildung in Höxter hatte begonnen. Die Lehrerbildungsanstalt war für mich wie eine höhere Schule mit einem anspruchsvolleren Niveau und sehr guten Lehrern. Das halbe Jahr brachte wenig wirklich Nachhaltiges.

Jedoch bekam ich einige Impulse, an die ich mich sehr gern erinnere. Das Fach Musikerziehung war z.B. vorbildhaft vertreten. Ich glaube, dass man heute kaum noch einen Lehrer findet, der für den Musikunterricht in der Grundschule eine derartig fundierte Ausbildung genießen konnte.

Als ich mich 1973 am Münchner Richard Strauß Konservatorium für das Fach Musikerziehung an Sing- und Musikschulen ausbilden ließ, konnte ich nahtlos an das anknüpfen, wofür in Höxter der Grund gelegt worden war.

Das Fach Erziehungswissenschaft hatte einen ausgezeichneten Dozenten. Dieser legte darauf wert, dass wir zuerst in die Entwicklung der Geisteswissenschaften eingeführt wurden, um zu lernen, alle Fragen und Probleme unseres Faches in einem größeren Zusammenhang zu verstehen und zu werten. Zum ersten Mal in meinem Leben, hörte ich auch etwas aus dem Bereich der Philosophie.

Wenn ich nun berichte, dass ich ein Referat zugewiesen bekam mit dem Thema „Die Zucht", bin ich wieder im Zeitgeschehen angelangt.

Worüber ich „getönt" habe in diesem Referat? Ich weiß es nicht mehr. Ich bin mir aber sicher, dass mich ein Schaudern überkäme, wenn mir das Skriptum heute noch einmal in die Hände fiele. Es war eben Nazizeit.

In Höxter war ich zusammen mit meiner Freundin Christa Hurlbrink (heute König). Wir teilten diese so besondere Zeit und waren einander fast unentbehrlich. Wir fanden ein originelles Wohnen auf dem Hausboden eines Schulhauses über der Wohnung des Rektors. Wir waren ein ideales Gespann und besprachen alle Erlebnisse. Wir arrangierten uns mit dem Essen und stahlen im Dunkeln aus dem Schuppen im Hof dicke Holzscheite für den Ofen. Wir nahmen gegenseitig Anteil an allen Sorgen und Ungewissheiten. Christa verlor in dieser Zeit ihren Bruder.

Er war als Jagdflieger über dem Mittelmeer abgestürzt. Zum ersten Mal in meinem Leben - für mich bis heute fühlbar nahe - eine tiefe Trauer. Ich las eben noch einmal ein paar Briefe aus dieser Zeit und war doch erschrocken über meine Sehnsucht nach den Eltern. Das Getrenntsein, es schmerzte. Erschreckend war auch, wie sehr wir mehr und mehr in den Würgegriff der anderen Mächte gerieten. Lippstadt war bislang verschont geblieben, aber rundum gab es schon Zerstörungen.

So schreibe ich im Februar 1945 an meine Mutter:
„Die Verbindung nach Lippstadt ist im Augenblick ganz abgebrochen. Altenbeken, (ein wichtiger Bahnknotenpunkt) ist erneut bombardiert, der große und der kleine Viaduckt schwer getroffen, selbst die Fahrstrasse nach Paderborn ist gesperrt. Will man nach Lippstadt, muss man von Altenbeken nach Neuenbeken zu Fuß laufen".
Und weiter: *„Ich bin in Sorge, dass in der letzten Woche so viele Städte rundum angegriffen wurden: Ottbergen, - hundert Tote - Brakel, Werden, Bewerungen, Kreienssen, Meschede und Arnsberg. So denkt man wirklich auch an Lippstadt! Ich kann mir einfach nicht vorstellen, dass unser Haus plötzlich nicht mehr da ist."*
Auf vielen Zügen gab es Tieffliegerangriffe. Einmal erlebte ich mit, dass wir aus dem Zug heraussmussten, um uns in einem Graben zu verbergen. Und aus einem weiteren Brief: *„Was soll ich tun, wenn Vati etwas passiert? Ich kann in Lippstadt alleine ja gar nicht sein, wegen der Russen"* (Fremdarbeiter). Diese Besorgnis war und ist wie eine Vorahnung für das, was meinem Vater später zustoßen sollte.

Ich konnte meinen Vater zwischen Januar und März noch öfter besuchen. Es war stets ein Fest. Auch er besuchte mich in Höxter. Doch bald verdichtete sich die Lage derart, dass ein Flucht- und Auswegplan entworfen werden musste.

Die Familie meiner Freundin Christa hatte einen Landbesitz, auf den sie jederzeit ausweichen konnte. Ich bekam die großherzige Zusage, mich im Ernstfall dorthin mitzunehmen. Meine Eltern und ich, wir tendierten jedoch zu der Lösung, dass auch ich nach Bayern gehen sollte. Mein Vater tastete beim Direktor der Schule den möglichen Abbruch der Ausbildung ab. Jedoch er wurde nur verlacht.

Inzwischen war aber schon die Flucht aus Schlesien in vollem Gang und Dresden wurde vernichtet. Den Ernst der Lage zu verleugnen, das war einfach Hohn. Deutschland war bereits in der Zange. So wurde die Möglichkeit erwogen, die Schule einfach zu verlassen, so lange es noch Fahrmöglichkeiten gab.

Und was war die Lösung? Mein Vater erwirkte im Werk, dass mich einer seiner guten Leute nach Bayern bringen durfte. Dieser Mann begleitete und beschützte mich dann auf der Fahrt nach Süden durch das zerstörte Deutschland. Überfüllte Züge, häufiger Fliegeralarm, kaum die Möglichkeit zu einer Toilette zu gelangen, Menschengedränge an allen Umsteigebahnhöfen.

Doch wir erreichten nach mehr als einem Tag Mühldorf am Inn. Hier verabschiedete sich mein Begleiter, und ich bekam tatsächlich einen Zug nach Markt Schwaben, von wo aus ich zu Fuß auf den Baihof gelangen konnte. Gegen fünf Uhr morgens stand ich unter dem Schlafzimmerfenster der Meinen und weckte die Mutter.

Hier muss ich erst einmal eine Pause machen, denn die Phase, die vor mir liegt, ist und bleibt nicht nur für mein Leben in ihrer Besonderheit und Einmaligkeit eine sehr bedeutsames Geschehen.

Das Kriegsende 1945 auf unserem Hof in Bayern

Indem ich dieses Kapitel angehe, ist es der 5. Mai 1945. Die Nachricht vom Ende alles Schrecklichen, was der Krieg für uns gebracht hatte, erreicht uns in der Waschküche unseres Hofes, wo wir - getreu dem Täglichen - unserer Arbeit nachgehen. Ein Bote vom Dorf erscheint und bringt uns die Nachricht vom Ende des Krieges. Die Tür ins Freie steht weit auf, und heißer Dampf mischt sich mit der an diesem Tag sehr kühlen Luft. Dieses Bild hat sich in mir, mit der Erinnerung an den Tag vom Kriegsende, fest verbunden.

Seit einem Monat bin ich neben einem fast gleichaltrigen Mädchen aus Stuttgart von meinem Onkel Adolf Walther als landwirtschaftlicher Lehrling in den Betrieb eingegliedert. Meine Gefährtin heißt Renate Krieg. Sie hat später Landwirtschaft studiert.

Wir teilen einen Sommer lang alle Arbeiten in Feld, Stall und Flur. Jeder Wohnraum auf dem Hof ist belegt. Noch sind ja die Fremdarbeiter da, drei Leute aus Polen, zwei Franzosen und auch eine kleine Familie aus der Ukraine. Es ist vorbildlich, wie Onkel Adolf und Tante Reni nach Kräften um das Wohl dieser Menschen besorgt sind. Die gute Ausstattung unserer Tante verfügt über genug Betten und Wäsche, was auch später wieder den Flüchtlingsfamilien zugute kommen sollte, die wie zu einer Ablösung für die Fremdarbeiter wurden.

Der Haushalt läuft im Grunde beruhigt und ohne einschneidende Entbehrungen. Ich wohne mit der Mutter und den beiden Schwestern in dem großen Gastzimmer zum Garten hin, das Zimmer, das später Irene bewohnte. Aus dieser Zeit rufe ich nun ein paar Bilder und Ereignisse auf, die die Zeit kurz nach dem Ende des großen Krieges markieren.

In Markt Schwaben wird ein Magazin der Wehrmacht aufgelöst.

Mein Onkel erfährt davon, lässt die Pferde einspannen und fährt mit zwei zuverlässigen Leuten zum Ort des Geschehens. Er weist sich als Hofbesitzer und Reserveoffizier aus und sagt, er brauche Kleidung für die Fremdarbeiter, die bei ihm in ihren eigenen völlig abgenutzten Kleidern arbeiten.

Als er mit der Ware auf den Hof kommt, sind Überraschung und Erstaunen enorm. Es ist unbeschreiblich, was auf den Hof und die dort arbeitenden Menschen, wir eingeschlossen, zukommt: Bettlaken Handtücher, Herrenunterwäsche bester Qualität, feldgraue Hemden, Hosen, leichte Sommerjacken und auch dichtere Uniformjacken. Bis heute zehren wir noch von dem Restbestand eines großen Ballen Segeltuchs. Rasch darauf folgt das nächste Ereignis.

Vor dem Haus fährt ein Kutschwagen vor. Die Insassen nehmen den Onkel nach einem raschen Verhandeln einfach mit in das Gefängnis der Kreisstadt Ebersberg. Nach einigen Tagen des Bangens - der Hof hatte damals noch kein Telefon - fasst die Tante den Entschluss, der Sache nachzugehen. Sie erreicht es, vom Bürgermeister von Markt Schwaben in einer Kutsche nach Ebersberg mitgenommen zu werden. Der Weg geht sicher zwölf Kilometer durch den Forst. Und siehe da, als Tochter eines Richters weiß sie, wie man mit den Instanzen verhandelt, und. . . nach sehr kurzer Zeit ist unser Onkel wieder auf dem Hof.

Das ist auch sehr nötig, denn die Lage bleibt höchst angespannt. In der ersten Zeit nach dem Umsturz ziehen allerlei unberechenbare „Banditen" mit üblen Antrieben über Land, und auch wir bleiben nicht verschont. Zwei solcher Typen kommen auf den Hof. In dem Augenblick, als der Onkel merkt, dass sich Ungutes anbahnt, geht er mit den schon bellenden Schnauzern ins Haus und befiehlt, sofort alle Türen abzuschließen, auch die Tür vom Haus zum Pferdestall. Wir Mädchen bekommen die Aufgabe, ununterbrochen die Hofglocke zu läuten. Ja, wir hatten eine gut funktionierende Glocke auf dem Dach, die man weit hören konnte. Die Glocke war stets dreimal am Tag in Betrieb und eben jetzt für einen Alarm. Inzwischen rappeln die Männer an der Haustür und die Hunde bellen fast schon aggressiv. So geht es eine Weile: Oben die Glocke, unten die Hunde, dazwischen wir in großer Angst.

Doch dann die Entspannung:

Die Banditen ziehen tatsächlich ab, entfernen sich in Richtung Markt Schwaben. Am nächsten Tag erfahren wir, dass kurz danach ein kleineres Anwesens in unserer Nachbarschaft von ihnen überfallen wurde und ihr Besitzer, „der Auracher", dabei zu Tode kam.

Eine andere kleine Begebenheit mag noch einmal die Umsicht unseres Onkels beleuchten. Ein früherer Arbeiter erscheint auf dem Hof und bekennt, aus dem KZ entlassen worden zu sei. Nun ist er frei und bittet um ein Unterkommen. Der Onkel horcht auf. Diesen Mann abzuweisen, wäre in jedem Fall ein Fehler. Da schon alle Zimmer und Kammern belegt sind, gibt er ihm die Schrotstube.

Und weiter, zum Thema KZ:

Eines Vormittags sehen wir vom Garten aus merkwürdige Gestalten über unsere Felder in Richtung Wald laufen.

Wir gehen ins Freie, um genaueres zu erkunden. Steht man hinter der Scheune, kann man ein Stück der Bahnlinie von Poing nach Markt Schwaben sehen. Dort hat ein Güterzug angehalten. Ihm entströmen doch tatsächlich, wohl aus Mühldorf, KZ Häftlinge. Ziellos und planlos ergießen sie sich über die Wiesen und noch grünen Felder. Unser Hof bleibt von ihnen unberührt. In der kommenden Zeit finden wir da und dort Reste gestreifter Kleidung. Das irrende Strömen dieser ausgesetzten Menschen, dieses Bild bleibt mir wie eingebrannt.

Eines Tages kommt eine Einheit ungarischer Soldaten mit ihren deutschen Offizieren auf den Hof. Man bittet darum, in der Scheune unterzukommen. Im Rückblick, so schätze ich, waren es fünfzig Mann. Wie gehen Onkel und Tante damit um? Alle Milch, die gemolken wird, bleibt auf dem Hof. Die letzten Futterkartoffeln werden zur Hauptnahrung der Truppe. Die Ungarn sind perfekt in landwirtschaftlichen Arbeiten. Sie mähen morgens das Futter. Wir Mädchen sind angewiesen Haus und Garten nicht zu verlassen.
Einmal werden die Offiziere zum Abendessen ins Haus eingeladen.
Der Tisch ist festlich gedeckt. Auch das gehört wohl zu einem würdigenden Umgang mit denen, die im Augenblick eine für sie noch nicht übersehbare Situation vor sich haben.

Auch Einzelnen musste geholfen werden. Plötzlich stehen drei entlassene Flack Helferinnen vor der Tür. Sie finden für etliche Wochen ein Unterkommen in einem kleinen Zimmer im Oberstock des Wohnhauses.
Und die Tante schafft nochmals drei Betten bei! Die jungen Frauen sind länger bei uns, bekommen im großen unteren Flur ganz geordnet ihre Mahlzeiten und helfen tagsüber auf dem Feld.

Und als Letztes: Der Sohn von Freunden aus Westfalen erreicht nach seiner Entlassung zu Fuß unsern Hof. Er darf sich stärken und sich für seine Odyssee nach Westfalen vorbereiten. Die Tante versorgt ihn mit Proviant, der Onkel mit Rat und einer guten Karte.
Ein arbeitsreicher und heißer Sommer steht uns bevor. Ich bin bis in den Herbst hinein mit meinen Schwestern auf dem Hof.

Mein Bruder ist auch einmal kurz bei uns. Er war nach seiner Entlassung vom Militär allein und zu Fuß zu seiner Verlobten an den Bodensee gekommen. Nun will er versuchen, durch das in Zonen geteilte Deutschland nach Westfalen zu gelangen. Dies muss in Güterzügen und auf „Trittbrettern" eine abenteuerliche Reise gewesen sein.

Vom Kriegsende im heimatlichen Lippstadt

Und was hatte sich indessen in Lippstadt zugetragen?
Ich will es ganz kurz umreißen. Mein Vater soll vor dem Kriegsende noch einen umsichtigen Einsatz geleistet haben. Über die prekärste Zeit, die Einnahme der Stadt, gibt es von ihm eine knappe handschriftliche Aufzeichnung. Er skizzierte:
Vom 28. bis 31. März 1945: *„Von Norden und Süden her nähern sich Panzereinheiten der Stadt."*
Am 1. April, dem Ostersonntag, werden die nächstgelegenen Dörfer erreicht. Danach erfolgt die rasche Einnahme von Lippstadt.
Nun wörtlich: *„Panzer sprengen eine Brücke.*
600 KZ Häftlinge plündern in der Stadt.
Ab 10 Uhr 30 wird die Stadtmitte beschossen,
Elf Uhr 30 erreichen Amerikaner die Stadtmitte und entwaffnen die Polizei."
Um 21 Uhr hatte mein Vater noch eine letzte Besprechung mit den führenden Kollegen der Fabrik.
Zwischen dem 2. und 13. April wurde das Werk von Franzosen, Italienern und Russen eingenommen. Es wurden Büros zerstört, Magazine

geplündert und deren Einrichtungen zerschlagen. Mein Vater lebte weiterhin allein im Haus neben der Fabrik, in der Wohnung im Erdgeschoß.

Am Sonntag den 14. April, 23 Uhr, wurde mein Vater in seinem Schlafzimmer überfallen. Dazu notierte er nach einigen Tagen das Wichtigste in Stichworten:

„Der Einstieg der Russen,. . . durch die Küche. . .
ausgeplündert,. . . eineinhalb Stunden. . .
Anzüge, Überkleider, Wäsche. . . auch Schmuck und Uhren
Durch Stiche in die rechte Brustseite schwer verletzt. . .
Hilfe durch Essers (über uns wohnend) *und die Werkswache. . .*
Arzt versagt. . .
Nach acht Stunden, morgens den 15.April im evangelischen Krankenhaus operiert.". . .

Zuletzt schrieb er, wie sich selbst tröstend:

„15. bis 18. April, schwach, dennoch besser."

Ja, mein Vater durfte, konnte und sollte überleben und genesen.
Aus der Zeit im Krankenhaus werden aus diesen Tagen noch zwei wunderschöne Zeichnungen mit Blühendem bewahrt, die seither einen Ehrenplatz unter den Erinnerungen einnehmen. Ich schätze, dass mein Vater mindestens 14 Tage im Krankenhaus bleiben musste.
Doch die Geschichte ist noch lange nicht zu Ende. Etwas später kam mein Vater ins Lippstädter Gefängnis. Das war der Beginn einer fast zweijährigen Internierung.

Im Lippstädter Gefängnis besuchten ihn Mitglieder der Familie meiner Freundin Gisela Schlaaff. Gisela war seinerzeit als Rotekreuz-Schwester im Krankenhaus tätig und hatte also Vaters Krankenhauszeit miterlebt.

Somit wussten unsere Freunde, dass niemand von uns in Lippstadt war. Es grenzt an ein Wunder, dass aus dieser Zeit ein Brief von meiner Freundin Gisela erhalten blieb, ein beredtes Zeugnis für vieles, was sich weiterhin in Lippstadt, besonders für meinen Vater, ereignete. Ich füge diesen Brief vom 23. Juni 1945 hier fast vollständig ein.

„Meine liebe Renate   *den 24. 6. 1945*

Eben komme ich zu Dahlkötters (eine unserer beiden Pfarrersfamilien) und höre, dass Deine Mutter eine Nachricht nach Lippstadt befördern lassen konnte. In zwanzig Minuten kommt der Bote zurück und holt eine Antwort.
Es ist so wenig schön, was auch wir aus der Heimat schreiben können, denn über den Verbleib deines Vaters wissen wir gar nichts. Wir wissen nur, dass Dein Vater vor drei Wochen geholt wurde, wie alle Männer, die an leitenden Stellen einer Fabrik standen. So war es jedenfalls hier.
Zunächst war er hier im Amtsgefängnis, wo wir Schlaaffs ihm unter Schwierigkeiten noch ab und zu etwas hinbringen konnten: Einen Mantel mit Wäsche ausgestopft, Persönliches, usw. Als wir am achten oder zehnten Tag wieder hingingen, war er nicht mehr da. Wohin man Deinen armen, guten Vater brachte, weiß nun keiner.

Renate, und Du weißt nicht, wie schwer es mir ums Herz ist, indem ich Dir dies schreibe. Könnten wir Euch doch bloß andere Nachricht geben, wenn er bald wiederkommt, womit wir - nach den hiesigen Umständen mit Recht - bald rechnen! Wir haben nur im Moment keine Anhaltspunkte, auch Herr Rat nicht (der Direktor des Werkes) trotz aller Bemühungen.
Leider konnte auch unser Vater nichts unternehmen, (Dr. Schlaaff hatte ihn wohl im Krankenhaus behandelt) da er heute noch „Gefangener" ist, wie alle vom Sanitätsdienst. Er darf nur Lazarettgelände betreten, hat jetzt aber schon einige

Erleichterungen. Zu hause ist er aber nie. Unser Haus mussten wir gleich am ersten Tag der Überfüllung für vierzehn Tage räumen. Entsetzliche Tage! Wir sind jetzt achtzehn Personen daheim und fast die einzigen Leute mit einem anständigen Haus, das man noch selbst bewohnen darf.

Die meisten Häuser rundum mussten für Polen und ihre Familien frei gemacht werden. Der Fluch der heil-gebliebenen Stadt liegt über uns, und man sitzt auf einem Pulverfass, zugleich auch in einem Pökelfass, so eng rückt alles zusammen! Eure Wohnung ist bis jetzt nicht bewohnt. Vor vierzehn Tagen kamen Engländer hierher, jetzt „sollen" wieder Amerikaner kommen ? !

Unser Krankenhaus existiert nicht mehr als solches. Es ist vollends mit Russen belegt. Ich arbeite seit Ende März, nachdem ich gerade noch meine Prüfung (als Organistin) gemacht habe dort als Rotekreuz-Schwester.

Hilde (die ältere Schwester, die Ärztin) hat gerade noch vor Torschluss Examen gemacht. Erika (die jüngere Schwester) ist einzige Haushilfe.

Es kommen viele Soldaten zurück, aber deprimierend ist alles! Die Russen sind hier die größte Plage. . . haben Erika überfallen und ihr die Zöpfe abgeschnitten. Sonst passierte gottlob nichts. Die Union arbeitet wieder, fünfzig Mann. Es gehen auch wieder einige Züge."

Weiter, nach ein paar abschließenden Zeilen :

„Bin in Eile, weil der Bote gleich da sein wird, aber bleibe in Liebe und treuestem Gedenken für Euch alle.   *Deine Gisela."*

Von meinem Bruder erfahren wir etwas später, dass mein Vater in Staumühle, im so genannten Sennelager (Nähe Teutoburgerwald) interniert war. So entschloss sich meine Mutter, ohne uns Mädchen nach Lippstadt zurückzukehren. Inzwischen war auch unsere Wohnung von einer Familie belegt, die die ihrige für die amerikanische Besatzung hatte räumen müssen. So übernahm unsere Mutter durch ihre Präsenz am heimatlichen Ort alle wichtigen Handlungen und Entscheidungen im Blick auf die Zeit, bis unser Vater wieder zurück sein würde.

Für Schule und Ausbildung zurück nach Westfalen

Im Herbst 1945 zog es uns Schwestern zurück in heimatliche Gefilde. Vorher gab es mit Onkel und Tante noch bedeutsame Gespräche. Sie waren sehr bemüht um uns gewesen und hätten wirklich gerne eine von uns auf dem Hof behalten.

Zu einer so schwerwiegenden Entscheidung war aber die Zeit noch nicht reif. Ich hatte für die Arbeit auf dem Land Geschick und Passion, hielt mich aber bedeckt. Mein Onkel war eine sehr fähige und achtenswerte Persönlichkeit, er konnte aber auch sehr herrisch sein, und mir gegenüber war er auch manchmal zynisch. So wollte ich erst einmal meine Ausbildung zur Volksschullehrerin weiterführen. Wir waren durch den Krieg und die familiäre Unsicherheit so *heruntergekommen*, dass der Beginn eines Studiums total undenkbar und unrealisierbar gewesen wäre. So wählte ich das Naheliegende, ohne zu wissen, wie sehr mir dieser Beruf von meinem Wesen her lag. Was es in meinem Leben auch sein würde, stets machte es mir Freude gerade von all *Dem* weiterzugeben, was ich mir an Befähigungen oder Wissen zu eigen gemacht hatte.

Und meine Schwester Brigitte? Sie war erst zwölf Jahre alt. Wir verdanken es meinem Bruder, dass er meine Mutter ermutigte und bestärkte, sie erst einmal aufs Gymnasium zu schicken und zum Geigenunterricht anzumelden.

Nach einer abenteuerlichen Heimreise kamen wir in Lippstadt an. Hier war für uns gut vorgesorgt. Im Erdgeschoß unseres Hauses durften wir die drei Wohnzimmer mit der Veranda behalten. Auch das Bad blieb uns. Flur, Toilette und Küche teilten wir mit einer in unserem Haus untergebrachten Familie. Sie bewohnte das Schlafzimmer der Eltern und ein paar Räume in der Mansarde.

Im Wohnzimmer stand ein Ofen, der mit Schlammkohle beheizt wurde, also mit Kohlenresten, die beim Waschen von Kohle zurückbleiben.

Gas für Küche und Bad gab es nur stundenweise. Wir hatten natürlich Lebensmittelkarten, und meine Mutter hatte ihre kleine „Landwirtschaft" auch schon wieder in Gang gebracht. Von meinem Vater kam dann und wann ein Brief, den uns die Mutter aber nie vorlas. Die Briefe sind noch erhalten. Meine Schwester Brigitte hat sie anlässlich eines Gedenktages für unseren Vater gelesen, und daraus auch zusammenfassend berichtet.

Dann kam es so, wie wir es uns gewünscht hatten. Brigitte kam mit dem neuen Jahr 1946 ins evangelische Gymnasium, und ich bewarb mich für einen Ausbildungskurs zur Volksschullehrerin, der mir auch zugebilligt wurde. Meine Freundin Christa wurde nicht angenommen, weil sie BDM-Führerin gewesen war.

Für Gabriele, meine jüngste Schwester, gab es vorerst noch keine Zuordnung. Etwas später wurde sie, wie ich es an anderer Stelle schon erwähnte, in die Gehörlosenschule Sassendorf eingegliedert. In der Zwischenzeit haben meine Mutter und auch ich fleißig mit ihr gelernt und geübt.

Für mich kann ich nun von einem hocherfreuten Jahr erzählen. Unsere Ausbildung begann gleich nach den Weihnachtsferien mit

Hospitationen. Ab April hatten wir dann einen ganz straff geordneten
Unterricht. Unser Kurs setzte sich aus einem bunt gewürfelten Kreis
junger Menschen zusammen. Die Männer hatten fast alle den Dienst an
der Front und die Gefangenschaft hinter sich. Trotz den miserablen
Lebensverhältnissen, den Trümmern und dem Hunger... wir sahen vor
uns ein sinnvolles Ziel. Wir hatten nur wenige, aber sehr bemühte Lehrer.
Der Lehrgang arbeitete mit dem Ziel, uns didaktisch bestens für unsere
Arbeit vorzubereiten. Es wurde kaum Wissen vermittelt. Es gab ja
niemanden ohne Abitur, und manche hatten ja schon ein paar Semester
Studium hinter sich.
Wir erhielten für jedes Fach ausgezeichnete Weisungen und lernten:
Wie unterrichte ich das gewünschte Fach für die verschiedenen
Jahrgangsstufen in der effektivsten Weise. Man lehrte uns Schlüssiges,
um den Stoff rasch und verständlich vermitteln zu können. Der Schüler
sollte wie spielend lernen, um gute Erfolge zu erzielen. Dies war für mich
die beste Ausbildung, die ich für mein vorläufiges Berufsziel erhalten
konnte.
Die Zeit des Lehrgangs im Jahr 1946 - 1947 schenkte nach allem
Zusammenbruch jedem Einzelnen von uns eine Zeit des Aufblühens und
der Wegfindung, Wir liebten das Leben und suchten nach seinem Sinn.
Gespräche über den verlorenen Krieg und die Hitlerära, samt der damals
uns sehr bewegenden Kollektivschuld, standen ebenso im Raum wie
Glaubensfragen. Wir fühlten uns „glühend und zukünftig"!

Wir waren sicher um die fünfzig Kursteilnehmer, darunter für mich auch
ein paar Klassenkameradinnen. Und zum ersten mal in meinem Leben
hatte ich Kontakt zu jungen Männern, und da gab es doch wirklich einen,
der mich schon am zweiten Tag nach Kursbeginn bis ans Gartentor
begleiten wollte. Es entspann sich zwischen uns eine hocherfreuende und

bewegende Freundschaft, in der jeder fast von Anfang an wusste, welcher Lebensweg für ihn der ureigene sein würde.

Bald hatte der Freund auch die Zuneigung meiner Mutter gewonnen und wir durften ihn allesamt kennen und schätzen lernen. Dieser Freund hieß Gerold Valentin der später als Schriftsteller Dichter, Dramaturg und Filmemacher unter dem Namen Thomas Valentin bekannt wurde.

Zu unserer Zeit und in unserer Stadt nannte man ihn einfach „Valentin".

Der Weg, den Valentin nahm, passt nicht recht zu dem Bild, das ich von ihm bewahre. Er war uns allen weit voraus. Sein philosophisches und germanistisches Wissen ragte hervor. Seine Belesenheit bewunderten wir. Eine wache und scharfe Beobachtungsgabe war ihm ebenso eigen, wie ein tiefsinniges Schauen, um das Einzelne stets in einen größeren Zusammenhang zu stellen.

Einsichten formulierte er total mühelos. Sie fielen wie kleine blanke Steinchen auf den Weg, und man hob sie auf um sie zu bewahren:

. . . *dass jeder Bombenkrater eines Tages wieder von Grün überwachsen sein wird. . . dass hohe Gedanken - an verschiedenen Orten gedacht - sich in gleich großer Tiefe begegnen und umarmen können. . . und dass zwei Menschen, die einen gemeinsamen Weg gehen wollen, kongenial sein müssen.*

Nur wenige wussten, dass er Gedichte schrieb und oft sehnlichst auf einen Brief von Herrmann Hesse wartete. Das ließ mich ahnen, wie sehr ihn die Geburt des Wortes, aus sich selbst, beschäftigte. Ich war davon überzeugt, dass es ihm eines Tages gelingen würde, in Sprache ein Bild zu malen *„um das Könige feilschen".*

Als ich mich von Lippstadt und Westfalen trennte, rief er mir zu: *„Vergiss die Sterne nicht!"*

Wir verloren uns ganz aus den Augen. Erst sehr viel später las ich fast befremdet seinen Gedichtband „Niemandslicht".

An Valentins besonderer Entwicklung hatte ich nicht teilgenommen. Ich habe auch erst sehr viel später das eine oder andere Buch gelesen. Nach dreißig Jahren sah ich ihn, anlässlich einer Lesung im Fernsehen in einer Münchner Buchhandlung. Ich war über sein fahles Aussehen zutiefst betroffen: Enttäuschung, Kraftlosigkeit, Entsagung, das war mein Empfinden. So kam es für ihn, wie es wohl kommen sollte. Er entschloss sich, freiwillig diese Erde zu verlassen, und – der Leser mag es hinnehmen als real – er verabschiedete sich von mir kurz vor dem Tag des Geschehens durch einen Traum: Auf dem Bahnhof von Dachau trafen wir zusammen. Wir verweilten kurz in einer übergrünten Pergola. Er total entkräftet und schal, ich wohlauf. Er verabschiedete sich und stieg in einen Zug nach Norden, ich blickte nach Süden auf das übersonnte Gebirge, so wie er mich gekannt hatte, mit Trachtenhut und Dirndl.

Als ich später sein Grab besuchte, schrieb ich für ihn auf:

„Ich suchte Dein frühes Bild und fand es unter Sternen zwischen dem Grün junger Kiefern und dem herbsüßen Duft von Lebensbaum. . . Warm und hell der Raum, darinnen die Wurzeln von Reimen und Rosen.“

Gerold Valentin war nicht der einzige Freund in dieser Zeit. Es gab in der Stadt einen jungen Theologen, der in Marburg und später in der Schweiz studierte. Er hieß Christoph Dahlkötter. Wir haben uns fast zwei Jahre begleitet. Heute weiß ich, wie bedeutsam auch diese Verbindung war. Hatte ich doch für Glaubensfragen ein fundamentales Interesse, und da gab es viel Wichtiges miteinander zu überdenken. Ich war damals jedoch noch so befangen für das, was mir die Generation der Lehrenden eingetrichtert hatte, dass ich für meine Entwicklung im Grunde im Leeren blieb. Ich hatte längst nicht die Reife für eine eigenständige Sicht. So blieb mir aus dieser Freundschaft auch nicht viel zum „Beißen". Rein theoretisch bin ich mir sicher, dass ich sehr wohl auch eine annehmbare Pfarrersfrau abgegeben hätte. Was aber hätte die evangelische Gemeinde mit mir gemacht, als eine Zeit kam, wo ich meinen Glauben erst einmal total in Frage stellen musste und mir ein Traum die heimatliche Kirche wie ausgebrannt und ohne Dach vor Augen führte.

Mein Freund Christoph nahm einen ansehnlichen Weg in der Landeskirche, war viele Jahre mit seiner Frau als Pfarrer in Paris und auch als Schiffspfarrer auf See. Letztlich wirkte er in Münster als Superintendent. Sehr spät hatten wir noch einmal einen belebenden Briefkontakt und ich sandte ihm auch einige Gedichtbände von mir.
Er hätte mich gern noch einmal besucht. Einen Monat vor dem anvisierten Termin verließ er von heute auf morgen unsere Erde. Niemand wollte mir sagen, wie es zu diesem raschen und nicht nur für mich unerwarteten Sterben kommen konnte. Später dann las ich in seinem letzten Weihnachtsbrief an mich über sein Ergehen: *„Mit mir selbst hatte ich es im letzten Jahr sehr schwer. Sieben Monate stand ich neben mir und hatte das Gefühl, ich spiele mit mir Schach."*

Etwas Besonderes überließ er mir seinerzeit für immer, ein wahrhaft nachhaltiges Vermächtnis.. Es war *seine* ledergebundene Konfirmations-Bibel. Streckenweise nahm ich sie täglich zur Hand. Es ist „eine Stuttgarter Jubiläumsbibel" mit Erklärungen. Alle wichtigen und gängigen Bibelstellen sind darin noch fett gedruckt. So etwas kann man heute nicht mehr kaufen. Damit verabschiede ich mich von diesem Lebensabschnitt mit der freudigen Nachricht, dass mein Vater fast zur gleichen Zeit, als ich meine Prüfung für eine zukünftige Junglehrerin bestanden hatte, nach Hause zurückkehrte. Das war im März 1947.

Vom Heimkommen und dem Heimgang meines Vaters

Seitdem ich damit begonnen habe, von meinem Leben zu erzählen, weiß ich, dass ich eines gutes Tages in aller Besonnenheit vom Heimgang meines Vaters berichten muss. So habe ich in den vergangenen Wochen innerlich noch einmal sehr vieles überdacht und durchschritten. Ja, nun war mein Vater aus dem Sennelager entlassen worden und war wieder unter uns. Das kam für uns alle völlig überraschend.

Er war gesund und voller Energie. Er war strahlend. Uns wurde erst einmal ein totales Aufatmen geschenkt. Meine Mutter hingegen war vom Bangen und Hoffen und der alleinigen Verantwortung für uns doch recht mitgenommen, nicht zuletzt durch die Sorgen um unsere Gabriele mit ihrem ungeklärten Kranksein. Sogar von Gehirntumor war die Rede gewesen. Da stand unterschwellig für uns alle eine große Sorge im Raum.

So hell die Freude war, so sehr die Zuversicht um sich griff, so sehr spüre ich noch heute, was in dieser Zeit für uns alle zu verkraften war. Es war ja in unserer Familie nie üblich gewesen, am Familientisch Probleme zu besprechen. Das aber wäre damals brennend notwendig gewesen. Vielleicht hatte gerade die Nazizeit dazu beigetragen, dass das Bekennen des eigenen Befindens bezüglich all den Problemen dieser Ära zu gefährlich war. Hatte doch niemand all das, was uns der Krieg und das Regime übergestülpt hatte, weder ganz begriffen oder gar überwunden.

Das Entsetzen über uns Deutsche drückte nicht nur jeden Einzelnen, es laststete auf dem ganzen Land. Mich selber ergriff es in viel späteren Jahren von Neuem, als ich Elie Wiesels Lebensrückblick las und zu jenem

Kapitel vordrang, das bis heute noch in mir „hämmert". Es trägt die
Überschrift: *„Dass die Deutschen so schrecklich waren".* Das traf mich hart.
Es zeichnet nicht nur die Generation meiner Eltern, auch die meine.
Seitdem bin ich für meine Person im Urteil über andere sehr achtsam
geworden. Niemals ist nur *der* andere oder sind nur *die* anderen Schuld.
Das betrifft alltägliche Dinge und gilt heute sogar für weltumspannende
Verhaltensweisen.

Wir Deutschen hatten uns eben mit einem falsch verstandenen Gehorsam
einem verbrecherischen Regime unterstellt. Vielleicht hatte sich mein Vater
über uns Deutsche mit ähnlichen Gedanken auseinandersetzen müssen.
Was hatte er im Lager im Hinblick darauf wohl schon durchgemacht?
In einem seiner Briefe an unsere Mutter heißt es: *„Seelisch bin ich gesund, da
ich immer zu den Optimisten des Lebens gehört habe. Ich denke in allen Dingen
nüchtern und real, weiß, dass ich eine grundsätzlich veränderte Welt vorfinden
werde, hoffe aber, dank meiner persönlichen Eigenschaften, mit denen ich auch hier
manchen Zusammenbruch bestanden habe, mich auch dann wieder durchsetzen
zu können."*

Und was fand er in der Tat vor? Hatte er doch gemeint, *„genug gesühnt
zu haben!"* Jede Woche musste er sich bei der Aufsichtsbehörde melden.
Auch hatte man ihm eine Arbeit zugewiesen, und zwar: Rosen schneiden,
an den Mauern von der von den Amerikanern besetzten Flackkaserne.
Etwas, was uns alle sehr belastete, war die Realität, dass er in seinem Beruf
nicht eher wieder Arbeit bekommen würde, bis die Entnazifizierung
durchgefochten und überstanden sein würde.

Zu allem hin gab es auch in unsrer Stadt Stimmen, die ihm nicht gut
gesonnen waren, und es kursierte Manches, was ich erst viel später wie
schattenhaft erfuhr. Davon bin ich also lange verschont geblieben, und
hätte dies vielleicht auch noch gar nicht an mich herangelassen. Natürlich
muss auch ich heute einsehen, dass selbst der geliebte Vater wohl nicht frei

gewesen war von Fehlentscheidungen, Härten in Bestrafungen und menschlichen Schwächen. Jedoch das würdigende Gedächtnis an meinen Vater, was auch je gewesen sein mag, es trägt mich bis heute.

Letztendlich gab es aber dann in dem für uns so besonderen April ein wunderschönes Fest. Es war Brigittes Konfirmation. Wir alle freuten uns darauf, war es doch gleichzeitig das Fest für Vaters Rückkehr. Wir hatten den Vater wieder unter uns. Es war ein sonniger Tag und es gibt unvergessliche Fotografien von einer glücklichen, vollzähligen Familie. Meiner Schwester Brigitte schenkte er aus der Zeit in Staumühle einen kupfernen mit einem Blumenmuster verzierten handgetriebenen Teller aus Teilen von Munition. Gabriele und ich bekamen Armreifen. Ja, mein Vater war künstlerisch begabt, und er wäre gern Maler geworden. Seine Eltern wollten dies nicht, weil Maler sein, den Lebensunterhalt nicht absichern könne. Als er dann vorschlug, Arzt zu werden, meinten seine Eltern, dazu sei er nicht begabt genug, für mich ein fast unverzeihliches Urteil. Es gibt durchaus etwas, das man Professoren-Hochmut nennen kann. Jeder Leser mag dazu seine eigenen Gedanken haben.

Und wenn ich sage, dass mein Vater auch eine ausgesprochen künstlerische Begabung hatte, dann muss ich erzählen, dass er nicht nur hervorragend zeichnete sondern auch die Gabe hatte, etwas in gebundener Sprache aufzuzeichnen.
War dieser harte Beruf als Werksleiter eines Industrieunternehmens wirklich das Seine gewesen? Schließlich war er in einer Familie von „Gelehrten" aufgewachsen und hat von seinem Vater nie *„den scharfen Ton auf einem Fabrikhof"* lernen können. Wie auch alles für ihn auslief, in einem nächsten Leben wird er ganz gewiss sein künstlerisches Potential ausschöpfen.

Die Tage im April gingen schnell dahin. Ich bekam meine erste Arbeit als Junglehrerin an der Wilhelmschule zugewiesen. Es war eine Klasse mit zweiundsiebzig Erstklässlern. Drei Kinder mussten oft in Zweierbänken sitzen. Ich war immer froh, wenn zehn Kinder wegen Krankheit fehlten. Wir waren so arm in Deutschland, dass viele Kinder über weite Wege hinweg barfuß kamen. Aus flachen Aluminiumschüsseln, die in Lippstadt gefertigt wurden, gab es um 10 Uhr eine sehr gute warme Schulspeisung - eine Spende aus Amerika - die nach einem Dankgebet ausgeteilt und verzehrt wurde. Für den Unterricht hatten wir nur Schiefertafeln. Es gab weder eine Fibel noch irgend ein Lesebuch auch kein Rechenbuch. Und nach einem Jahr war das Klassenziel dennoch zufrieden-stellend erreicht.

Mein Vater hatte die Chance, dann und wann eine kleine Fahrt nach auswärts zu machen. So besuchte er andere Entlassene aus dem Lager und einmal war er auch bei unsern Freunden in Hagen. Meine Mutter begann mit der Gartenarbeit, und man hielt schon Umschau nach einem jungen Schwein, das man bald in den eigenen Stall holen würde.

Dann, am späten Abend des 12. Mai 1947 war unser Vater plötzlich nicht mehr im Haus. Es kam eine große Unruhe auf, und meine Mutter und ich, wir suchten ihn. Wir suchten auch nach einem Zeichen oder Hinweis. . . umsonst. Und das alles an einem Tag, wo unser Garten sich in Fliederduft hüllte, und das Tönen der Nachtigallen betörender nicht sein konnte. Am nächsten Morgen erfuhren wir, wie ich schon berichtete, dass der getreue Bedienstete unseren Vater im Garten gefunden hatte.

Ich war wie erstarrt. Ich irrte am Morgen aus dem Haus. In meiner Benommenheit hämmerte in mir der Gedanke: „Nun bin ich eine Gezeichnete."

Es sei mir vergönnt, aus den Briefen meines Vaters noch ein paar Stellen zu bringen, damit jeder, der dieses Kapitel liest, noch einmal die Stimme meines Vaters aufnehmen kann.

Aus einem Brief an seine Firma:

„Ich musste eben Verantwortung auf mich nehmen, die zum Teil die mir zugewiesenen Aufgaben überschritt, und mich oft in Zwangslagen brachten, die ein weniger ernsthaft veranlagter Mann von sich gewiesen hätte. Alles in allem hoffe ich, nach Vergangenheit und Haltung, nicht für dauernd aus dem Sattel gehoben zu werden."

Von seiner Tätigkeit im Lager:

„Ich bin Geschäftsführer des Lagerlazarettes d. h. ich erledige alle schriftlichen Arbeiten und habe ein wesentlich gesicherteres und geschützteres Leben als alle andern Lagerinsassen. In der Schreibstube ist viel Betrieb. Heute habe ich in zweieinhalb Stunden 173 mal die Tür geöffnet. Es waren 180 - 250 Kranke zu katalogisieren, abgesehen von den Ambulanten bei circa 4000 Gefangenen. Die Vorarbeit für 31 Ärzte geht durch meine Hände."

Aus einem Brief an unsere Mutter, darin er von seiner guten gesundheitlichen Verfassung schreibt, am Schluss:

„Ich bin einer der am besten an Leib und Seele versorgten Männer im ganzen Camp. Du hast fast sagenhaften Ruf im Camp, indem Dich fast jeder als meine Frau kennt. Wenn ich verzagt werde, nehme ich deinen Weihnachtsbrief zur Hand und bin getrost von der vielen vielen Liebe, die aus jeder Zeile spricht."

Und zur Silberhochzeit im Mai 1946: *„Alle Dinge unseres Lebens werden wesenlos vor der Tatsache, dass nur unsere Liebe und unsere Kinder den Wert*

unseres gemeinsamen Lebens ausmachen, eine Erfahrung, die durch das getrennt
Sein zur absoluten Gewissheit geworden ist.
Bei dem nun wiederkehrenden Sonnenschein, denke ich daran, dass nichts
aus der Fülle der Jahre vergessen ist oder umsonst war. . . kein Wort,
kein Blick, kein Schmerz, kein Lächeln, das alles zusammenklingen lässt: Du und
die Kinder, das Sein und das Werden, das Haus und die Werte, ein Ganzes."

Nachgedenken und Nachgedanken

Der Tod meines Vaters war für mich und meine enge Familie ein so
einschneidendes und weit tragendes Geschehen, dass ich die Zeit danach
noch einmal wachrufen möchte. 35 Jahre später feierten wir für meinen
Vater einen Gedenktag, den wir in einem Gedenkbuch festhielten.
Im Vorwort dafür heißt es aus dem Mund meiner Mutter: *„Es war mein*
Schicksal, den Mann, der für mich Leben und Liebe bedeutet hat, viel zu früh zu
verlieren. Ich war über Jahre hinweg nicht imstande, davon zu sprechen."
Für die Mutter war und blieb der Vater präsent. Sie fühlte ihn als Beistand
in kleinen wie in großen Dingen, ganz gleich, was an Überraschungen oder
Entscheidungen anstand. Das war mit Sicherheit eine große Kraftzufuhr
für alles, was sie nun alleine zu bewältigen hatte oder sich vornahm.
Brigitte erzählt aus der Zeit, in der ich nicht mehr in Lippstadt lebte, dass
sie oft zu den Schwestern sagte: *„Ich mache alles einfach genau so weiter, so wie*
es der Vater gemacht hätte." Unser Vater war für mich immer ein Garant für
unsere Sicherheit gewesen, und dann wurden wir „Gezeichnete". Dieses
Empfinden hat mich nie mehr verlassen.

Ich möchte auch nicht übergehen, zu erzählen, dass meine Mutter durchaus die Chance gehabt hätte, sich noch einmal einem anderen Mann anzuvertrauen. Die Eltern hatten einen Freund namens *Rudolf Salzbrenner*. Er war ein Studienfreund des Vaters und stand wie wir unter dem Druck dieser schlimmen Zeit. Seine Frau, die auch mein Bruder und ich kannten, hatte sich auf dem elterlichen Gut in Pommern, nach der Vergewaltigung durch die Russen, das Leben genommen. Dieser Freund der Eltern hatte im Augenblick auch keine Arbeit mehr.

Einer seiner Söhne arbeitete vorerst in einem Bergwerk, damit die Familie ein Zubrot erhalten konnte, denn für Bergarbeiter gab es Zulagen.

Dieser Mann kam nach dem Tod des Vaters öfter zu kurzen Besuchen zu uns. Er suchte neben Wärme und Verständnis wohl auch die stets gern und reichlich gewährte Bewirtung. Wir Mädchen haben an diese Besuche eine sehr bewegende Erinnerung. Am Abend las Rudolf Salzbrenner uns aus den Romanen von Ernst Wiechert vor. Das ist schon bemerkenswert, denn mein Vater las uns abends mitunter auch sehr gerne vor. Er wählte für uns meistens Märchenhaftes.

Meine Mutter sehnte sich wohl ihr ganzes Leben nur nach unserem Vater. Schon drei Jahre vor ihrem Sterben hatte ich den Auftrag, in Lippstadt alles für ihre zu erwartende Beerdigung zu ordnen. Ich denke, sie freute sich auf diesen, ihren Heimgang.

Und meine Schwestern, wie ging es ihnen nach dem Sterben des Vaters? Brigitte war 14 Jahre alt. Wir sind uns heute einig, dass der Vater nicht depressiv war, als er sich zum Sterben entschlossen hatte. Auch heute noch bekennt sie ganz bewusst und tapfer, *„dass es eine große Last war, ohne den Vater weiterzuleben"*. Meine jüngste Schwester, dessen bin ich mir heute bewusst, erhielt in dieser Zeit kaum Erklärung und Geleit. Heute würde man sagen, sie entbehrte jedwede Trauerbegleitung.

Erst mit der Aufarbeitung der Suizide in unserer Familie begriff ich, was meine jüngste, so sehr geliebte Schwester, entbehrt hatte, mit dem Tod des Vaters zurecht zu kommen. Die Mutter und ich hätten sie behutsam in das Geschehen einweihen müssen, und ihr damit durch Trost und Wärme zu helfen, das Unbegreifliche anzunehmen. Dass dies unterlassen wurde, ist aus heutiger Sicht ein großes Versäumnis. Durch dieses Versäumnis, kann eine Mutter - so lehrt es die Psychologie - wie *„zu einer Hexe werden"*.

Ja, und so wurde ich 40 Jahre später, nach dem Tod meiner Mutter, als Gabriele eigenständig dem Sterben des Vater nachging, tatsächlich für sie zu einer Hexe. Hatte ich doch als zwölf Jahre Ältere in ihrer Kindheit durchaus manchmal „mütterliche" Aufgaben erfüllt.
Meine Schwester konnte mich nicht „verbrennen", aber die Prüfung, die ich durch dies alles auf mich zu nehmen hatte, war durchaus „ein Fegefeuer". Später möchte ich um meiner Willen von dieser Zeit sprechen.

Am Schluss will ich nochmals einen total erwärmenden Gedanken aufgreifen. Spreche ich mit meiner Schwester Brigitte über den Vater, dann spüre ich ihre Freude, wenn sie sagt, dass sie sich zuerst und stets mit innerer Freude an seine große Wärme erinnert, die ihr seine Gegenwart schenkte.

Und wir... danach?

Die Phase des Erwachsenwerdens zeichnet sich durch eine vielfarbige Folge von Ereignissen und Herausforderungen aus. Bevor ich nun den Blick von uns und dem Vater abwende, muss ich doch noch bei dem

„Danach" bis zum Heute verweilen: Da war ja nicht nur die Trauer. Da gab es bei mir auch Selbstanfechtungen, diese fast selbstverständlichen Vorwürfe und Fragen nach einem Suizid. Wieso haben wir nichts gemerkt. . . was versäumten wir? Schenkten wir dem Vater zu wenig Zuversicht?. . . Und warum ging er ohne Zeichen oder einen Brief von uns. . . warum ließ er uns einfach stehen?

Mehr als 60 Jahre sollten vergehen bis heute im Jahr 2011. Ich hatte mich noch einmal zu stellen. Ich fand in einem kleinen Gebinde mit Gedichten einen Text von ihm, der mich auf neue Weise packte. Er lautet:

Wenn ewig gleich aus wundem Herzen
der Unruh Strom erregend fließt,
wenn jeder Tag mit neuen Schmerzen
sich hoffnungslos vor mir verschließt
dann muss ich immer wieder zu mir sprechen,
„muss das so sein?"
Darüber wird mein Herz zerbrechen,
und auf der Welt wär' nichts mehr mein.

Ich fühle, dass ich dies alles bis an mein Ende mit durch zu tragen habe. So auch all das Schreckliche, was in der Zeit von 1933 bis 1945 geschah. Ich habe mir davor auch nie die Augen verbunden.

Es wird uns in diesem Leben wohl immer wieder zugemutet werden, durch Schwerstes hindurchzufinden. Nach diesem Erleben aber fühlte ich mich zu forderst als eine „Aufgerufene". Ich war fest entschlossen, meine wie ausgesetzte Mutter zu unterstützen, denn sie „stand für uns".

Was war im Mai 1947 unsere Lage?

Wir waren inzwischen in die Mansardenzimmer unseres Hauses umgezogen und wussten nicht wie lange wir dort bleiben dürften. Und ebenso ungewiss war für uns, ob die Mutter mit einer ausreichenden Rente rechnen könnte. Diese Frage blieb für uns bis zur Währungsreform offen. Mein Vater hatte Geld für den Bau eines Hauses zur Seite gelegt, doch nun war schon fast Inflation. Meine Mutter ließ immer mal wieder Kaffee (500 gr.), den wir von der Schwester meines Vaters aus Amerika geschickt bekamen, auf dem Schwarzmarkt verkaufen. So konnte sie mit den dafür erworbenen 300 Reichsmark das Studium meines Bruders unterstützen. Ich verdiente als Junglehrerin 180 Reichsmark im Monat, und wechselte zur Sicherheit auf einen festen Posten in der Nachbarstadt Geseke. Der Ruf in unserer Stadt war für uns Mädchen nicht ohne Makel, denn wir *„kamen ja aus einer gefährdeten Familie!"*

So lebten wir mit der Bewältigung des Täglichen wie in einem Vakuum ohne etwas Besonderes zu wollen. Im Herbst 1947 jedoch steht Neues im Raum, und damit beginnt, ohne dass wir etwas erahnen konnten, erneut auch „meine Geschichte" .

Wegfindung, Verlobung und Hochzeit

Was ich jetzt erzählend bewahren möchte, ist eine so erfreuliche Geschichte, dass ich sie in eine etwas andere Form kleiden möchte, um für Emotionales freier zu sein. So habe ich mich entschlossen, einen Brief an meine Enkelkinder zu schreiben, im Blick auf ein Zusammenwirken von Kräften und Entscheidungen, die nun etwas mehr als sechzig Jahre zurückliegen. Für mich sollte sich in dieser Zeit etwas fügen.

Liebe Laura und liebe Veronica,
                    liebe Magdalena und lieber Jakob.

Im September 1947 war ich 22 Jahre alt geworden. Der Heimgang meines
Vaters lag ein halbes Jahr hinter uns. Wir wohnten in der Mansarde
unseres Elternhauses in jenen Zimmern, die wir schon als Kinder
bewohnten, und der Alltag hatte uns alle fest im Griff. Eines guten Tages
kommt ein Brief von meiner Patentante Reni auf dem Baihof, in dem
stand, dass ihr Mann, unser Onkel Adolf Walther, ein paar leichte
„Aussetzer" hinzunehmen hatte. Ihr müsst Euch vorstellen: In der Medizin
gab es damals noch wenig Möglichkeiten, Schlaganfall-Gefährdeten zu
helfen. Man nahm einen Schlaganfall wohl hin in der Hoffnung, dass der
Körper sich selber wieder einrichtet. Ihr müsst wissen, unser Onkel war ein
kluger Mann, und er konnte gut abschätzen, dass es eines Tages auch einen
stärkeren Einbruch für ihn geben könnte. Seine vorsorglichen Gedanken
tasteten alles ab, was für ihn, seine Frau und nicht zuletzt auch für den Hof
wichtig zu bedenken war. Onkel Adolf fürchtete wohl auch, dass er den
täglichen Herausforderungen in kurzer Zeit nicht mehr gewachsen sein
könnte. So hielt er Umschau nach einem fähigen Mann, der für den Betrieb
die Verantwortung mittragen oder gar übernehmen könnte.
Er muss mit diesem Bemühen wohl zu keinem Ergebnis gekommen sein,
denn unsere Tante Reni übermittelte diese Sorge bis zu uns hin, nach
Lippstadt.

In einer großen Familie wie der unsrigen, die auch in schweren Zeiten stets
gut zusammengehalten hatte, waren im Grunde alle gewohnt und bereit,
einander zu raten und zu helfen. Westdeutschland hatte ja gerade den
enormen Flüchtlingsstrom aus Schlesien zu bewältigen gehabt. Ein Teil

unserer väterlichen Familie war in Schlesien ansässig gewesen, und manche Familie im Westen hatte den Flüchtenden grosszügig zur Aufnahme verholfen. In der Wohnung meiner Großeltern Heidenhain in Tübingen wurden drei Familien aus Schlesien aufgenommen. Ob Ihr es glauben möchtet oder nicht, selbst das Badezimmer wurde bewohnt.

Von neuem muss ich nun den Blick auf jenen Mann in unserer Familie lenken, der sich das Helfen in dieser Zeit zu einer besonderen Aufgabe gemacht hatte: mein Patenonkel Hans Loebner. Er lebte damals in Hannover. Er war mit einer Ärztin und Halbjüdin verheiratet. So war er auch kein „Nazi" gewesen. Er hatte viele Jahre die Bernsteinwerke in Palmnicken (Ostpreußen) geleitet und hatte, nun nach dem Krieg, eine blendende Stellung in der „Preußag" A.G. Er war der Lieblingsvetter meines Vaters gewesen und sein Sterben war auch ihm sehr zu Herzen gegangen. So hat er auch uns in dieser Zeit immer wieder geholfen, und dies vor allem durch seelischen Beistand.

Um den gut verständlichen Anschluß an meine Geschichte zu finden, muss ich nun mit Euch zuerst einmal einen Ausflug nach Schlesien unternehmen.
Die Loebners waren eine schlesische Familie. So studierte mein späterer Patenonkel, der junge Hans Loebner, vor dem ersten Weltkrieg das „Bergfach" an der Hochschule, die für ihn am nächsten lag, also in Breslau. Dies war für ihn der ideale Platz für diesen damals eher etwas ausgefallenen Studiengang.

Die Zeit in Breslau muss für ihn recht gesellig gewesen sein, denn mein Patenonkel Hans hatte durchaus Lust einen Tanzkurs mitzumachen. Das war im Jahr 1908. Was trägt sich zu? Am ersten Tag sitzen die Teilnehmer im Kreis zusammen und stellen sich einander vor. Plötzlich horcht mein Onkel auf. Da meldet sich ein Landwirt namens Gerhard Loebner! Mein Onkel wird unruhig, bis auch er seinen Namen nennen wird. Beide Männer waren natürlich in ähnlicher Weise erstaunt, was sich nun durch die Tanzstunde ereignen würde. Sie stellen sich einander vor und beschließen, miteinander erst einmal *„einen trinken zu gehen!"*

Nun wird es spannend. Den Namen Loebner gibt es in Schlesien nicht gerade allerorten, und so könnte es ja durchaus sein, dass die beiden jungen Männer in irgend einer Weise ähnlichen Ursprungs sind. Und tatsächlich finden sie einen Uhrahn, auf den sie sich gemeinsam berufen können. Das wird besiegelt durch einen erlesenen Trunk samt dem gegenseitigen Du. Aus dieser Begegnung wird eine Freundschaft.

Der Vater von *Gerhard* Loebner, *Albrecht* Loebner, also der neu gefundene weit entfernte Verwandte meines Patenonkels, war Kohlenhändler gewesen. Sein Sohn Gerhard aber wollte Landwirt werden und war nun dabei, die geerbte Kohlenhandlung des Vaters zu veräußern, um sich ein landwirtschaftliches Anwesen zu kaufen. So erwarb er, letztlich auch mit der Mitgift seiner Braut Erika Retter, das Rittergut Knobelsdorf bei Liegnitz. Soweit das Sachliche.

Die Freundschaft verdichtet sich. Mein Onkel Hans Loebner wird auch zur Hochzeit des jungen Paares eingeladen. Damit wird auch Erika Loebner fest in die Familie eingebunden und der Landbesitz in Knobelsdorf, Kreis Goldberg (Schlesien), nahe Liegnitz, verbreitet rundum Neues. Im Jahr 1910 wird das erste Kind des jungen Paares Gerhard und Erika Loebner geboren und. . . *mein* Patenonkel Hans Loebner wird zum Paten erwählt! Der Name des Täuflings? Hans Albrecht Hermann Loebner, wobei *Hans* zum Rufnamen bestimmt wird. So gab es von nun an in unsrer Großfamilie zwei Hans Loebners!

Wir in Lippstadt hatten von dieser Story nie etwas erfahren. Ich kann mich nur daran entsinnen, dass unser Onkel Hans öfter davon sprach, dass wir nach dem Krieg unbedingt einmal eine gemeinsame Reise nach Schlesien machen müssten, um die Knobelsdorfer Loebners kennen zu lernen.

Soweit, so gut. Nun kehren wir erst einmal wieder zurück nach Lippstadt. Es ist Herbst 1947. Meine Mutter steht in einem ständigen guten Kontakt zu den Loebners in Hannover. War ihr doch auch die Frau unseres Onkels, Tante Lotte, die Ärztin, eine wichtige Beraterin in allen Fragen zur Gesundheit meiner Schwester Gabriele. Ganz nebenbei, diese Tante Lotte Loebner hatte in Tübingen Medizin studiert und gehörte damals zu den ersten Ärztinnen ihrer Zeit. So war das eben noch seiner Zeit! Es gab Anfang des Jahrhunderts noch sehr wenig studierende Frauen. Als dann zwischen 1914 und 1918 viele junge Männer durch den ersten Weltkrieg für ein Studium ausfielen, war das für den Universitätsbetrieb etwas Neues. Mein Großvater, Martin Heidenhain - hört, hört - Professor für Anatomie in Tübingen, soll über diese sich verändernden Verhältnisse nicht gerade erbaut gewesen sein!

Und nun zurück nach Westfalen im Jahr 1947.
Natürlich erzählt meine Mutter meinem Paten Hans Loebner in Hannover auch von der neuen Situation auf dem Baihof und fragt ihn, ob er nicht jemanden kennt, der dort die Aufgabe eines Verwalters übernehmen könnte. Jetzt kommt's. . .: Natürlich, mein Onkel kennt jemanden!
Es ist sein inzwischen *37 Jahre alter Patensohn Hans Loebner aus Knobelsdorf in Schlesien.* Er lebt nach fünf Jahren Krieg und einem halben Jahr

Gefangenschaft bei seiner Schwester in München. Diese ist verheiratet mit Heinz Heck, dem Direktor des Tierparks Hellabrunn in München.
Dorothee Heck, geborene Loebner, war mit ihrer Mutter Erika im Februar 1945 mit einem Kastenwagen voller Habseligkeiten und einem Gespann namens Kaspar und Mariechen aus Schlesien nach Bayern geflüchtet.

Der Besitz in Knobelsdorf, er war verloren, und Schlesien war in die Hand der Russen gefallen. Deshalb nahm der junge Hans Loebner, Major der Reserve, als er aus der Kriegsgefangenschaft entlassen wurde, den Weg nach Hellabrunn. Dort wurde er von Schwester Dorothee und ihrem Mann Heinz Heck aufgenommen.

Wie Ihr Euch vorstellen könnt, hatte er sehr wohl Sorgen um seine Zukunft. Landwirt auf dem eigenen Besitz, das war vorbei. Sollte er noch einmal studieren? Sein Patenonkel Hans Loebner hatte ihm angeboten in Hannover mit Tiermedizin zu beginnen. Er hätte dies auch sicher unterstützt. Auch eine spätere mögliche Bewerbung als Lehrer an einer Landwirtschaftsschule wäre vielleicht möglich gewesen, aber dieser Hans Loebner aus Knobelsdorf wollte am liebsten wieder *„Acker unter den Füßen haben"*. So war er vorerst damit zufrieden, dass er im Tierpark Hellabrunn mit seinem Gespann Kaspar und Mariechen als Fuhrknecht untergekommen war.

Und wie geht es nun weiter mit den Baihof-Problemen?
Kurz und bündig: Der Kriegsheimkehrer Hans Loebner bekommt von meinen Verwandten eine Aufforderung sich vorzustellen. Er findet unseren Onkel Adolf Walther, den Ehemann von unserer Tante Reni, in einer Verfassung vor, wo dieser schon recht schwer spricht, jedoch gerade noch mit ihm verhandeln kann. Man kommt überein, dass Hans Loebner am

ersten Januar als Verwalter mit der Arbeit beginnen soll, und dies bei freier Station und 180 Reichsmark Lohn. Die Tante richtet auf der Nordseite des Wohnhauses für ihn ein Zimmer ein.

Im Januar verschlechtert sich der Zustand meines Onkels Adolf derart, dass die Tante ihn in eine Klinik nach München bringen lässt. Meine Mutter reist nach Bayern um ihrer Schwester beizustehen. Täglich fährt Tante Reni nach München. Auch meine Mutter besucht noch einmal ihren schwer kranken Schwager. Später erzählt sie - und das muss für sie sehr bewegend gewesen sein - dass er mit letzter Kraft noch artikulieren konnte, wie gut es wäre, wenn *ich, Renate*, mich zu einer Nachfolge auf dem Baihof entschließen könnte. Anfang Februar musste unsere Familie dann von ihrem Onkel Adolf Abschied nehmen.
Ohne diesen Adolf Walther hätte es für unsere Familie nie einen Baihof gegeben. Dies ist die größte Würdigung, die ich diesem Onkel schenken kann, und es ist mir ein Anliegen, dass ich dies an Euch Enkel weitergebe.
Als meine Mutter aus Bayern zurückkehrt, berichtet sie viel, aber das, was mir dann am meisten im Kopf herumging, das war ein Satz, der ganz gezielt an mich gerichtet war: *„Du solltest in den Sommerferien auf den Baihof fahren und diesen Hans Loebner kennen lernen! Das ist ein Mann für Dich!"*
Natürlich fuhr ich auf den Baihof. Ich hatte durch Langenekes, wo ich noch oft arbeitete, einen Bezugsschein für ein Arbeitskleid bekommen.
Damit erstand meine Mutter einen Stoff mit einem hübschen roten Karo, genug für ein Dirndl mit einer blauen Schürze. Gerade *dieses* hatte ich im Koffer. In diesem neuen Kleid traf ich zum ersten Mal auf meinen späteren Ehemann, den Diplomlandwirt Hans Loebner.

Ich kam die Treppe herunter. Er wartete indessen im Flur und hatte gerade eine Katze auf dem Arm, mit der er schmuste. Das alles wäre doch fast filmreif gewesen.

Jetzt wollt Ihr wissen, wie es weiter ging! Aufregend war's, denn wir hatten ja Erntezeit und ich half selbstverständlich draußen mit. Ich glaube, Euer späterer Großvater war erst mal sehr skeptisch. Da gab es immer wieder Situationen, wo er mich genau beobachtete, um mich letztlich bezüglich meiner Stabilität, meiner Arbeitsfreude oder möglichen Zimperlichkeit in Augenschein zu nehmen.

Einmal waren wir dabei, auf dem Feld hinter der Scheune Gerste aufzuladen. Ich war allein auf dem Wagen. Herr Loebner und der Fuhrknecht warfen die Garben nach oben.
Ihr müsst Euch vorstellen, die Garben waren mit Disteln durchsetzt und wir hatten damals weder Arbeitshosen noch Handschuhe. Vielleicht stand sogar ein Gewitter am Himmel, denn die Garben flogen in rascher Folge auf den Wagen, so rasch, dass man sehr gewandt sein musste, um sie sicher und akkurat zu packen. Vielleicht hatte dieser Verwalter ähnlichen Schabernack mit mir vor, wie seinerzeit der Bauer Langeneke. Doch die „Arbeitsmaid" Renate Heidenhain kam mit dem Packen sehr gut nach, war aber beim abendlichen Waschen doch recht gram über die vielen Kratzer von Grannen und Disteln an Armen und Beinen.

Am Abend saßen wir manchmal noch gern mit Tante Reni etwas länger am Tisch und ich erzählte von daheim. Am 12. August hatte die Tante Geburtstag, und es gab abends ein besonders gutes Essen und danach auch noch Kuchen. Die Tante verabschiedete sich beizeiten.

Und ich saß dann mit Hans Loebner noch lange in den Ledersesseln im Erker des Wohnzimmers. Vielleicht brauche ich jetzt gar nicht mehr viel erzählen. Es lief so, wie es wohl kommen sollte. Wir hatten ein großes Gefallen aneinander und der Abend endigte mit einem Du.

Da ich nur noch ein paar Tage auf dem Hof sein würde, hatte ich mit der Tante noch ein besonderes Gespräch. Sie warb noch einmal, doch auf den Hof zu kommen, um ihn letzthin zu übernehmen. Sie hatte ja keine Kinder. Vielleicht war es wirklich ihr sehnlichster Wunsch, den Besitz zu erhalten, auch unter dem Aspekt, dass es für sie nicht nötig wurde, den Hof zu verkaufen. Lebten wir doch in einer Zeit, in der es kaum Käufer gab, und vielleicht hätte sie ihn wohlmöglich unter Preis veräußern müssen. Alleine würde sie hier wohl nicht weiter wirtschaften können. Sie hatte jetzt ein Vertrauen in sich selbst, in mich und auch in ihren Verwalter. Das war für mich ein klares Wort.

Ich nahm einen freudigen Abschied mit der Bitte, in aller Ruhe das Meine zu überdenken. Euer späterer Großvater und ich gestanden uns eine „schöpferische Auszeit" zu, in der jeder das Seine angesichts einer so weit tragenden Entscheidung reifen lassen könne.

Ich besuchte danach noch meine inzwischen weit über 80 Jahre alten Großeltern und fuhr dann nach Lippstadt. Die Schule begann wieder. Ich traf meine Freunde und tastete mein Herz sehr gründlich ab, was für mich im Blick auf ein vielleicht langes Leben DAS sein wird und sein kann, was auch der Himmel segnen würde.
Im Oktober entschied ich mich für den Weg mit Hans Loebner und den Baihof. An Weihnachten haben wir uns verlobt.
Verlobt? Wie ging das zu, werdet Ihr mich nun fragen!

Das war gut und fast wie selbstverständlich. Da ich in der Nacht gefahren war, erwartete mich Euer Großvater am Morgen auf dem Münchner Hauptbahnhof. Erinnere ich mich an unsere Begrüßung, dann ist mir ein spontaner Gedanke gegenwärtig geblieben: „Oh, DER hat aber warme Hände!" So fing das Aufwärmen eben an. Bald sagte Hans lakonisch: *„Jetzt könnten wir doch eigentlich erst einmal zu einem Juwelier gehen!"* Ich war gleich einverstanden, und wir schlenderten zur Sendlingerstraße. Mein Hans Loebner hatte gut vorgesorgt:

Seine Mutter hatte er in das Geheimnis einer bevorstehenden Verlobung eingeweiht. Da man goldene Verlobungsringe nicht einfach kaufen konnte - man hatte dafür ja auch gar nicht das Geld - hatte Mutter Erika ihr Juwelensäckel erleichtert.

Ich bekam den Ehering ihres früh verstorbenen Ehemannes Gerhard und für meinen Bräutigam hatte sie soviel goldene Kleinigkeiten zum Tausch gefunden, dass er einen neuen Ring erwerben konnte. Bevor wir München verließen, schickten wir noch ein Telegramm nach Lippstadt.

Und die Tante? Die Tante war gütig, zufrieden und voller Zuversicht.

Liebe Enkelkinder. Ich mache jetzt einen großen Sprung, sonst wird dieser Brief einfach zu lang. Euer Großvater und ich, wir wollten bald heiraten. Wir einigten uns auf den Beginn meiner Sommerferien. Es wurde beschlossen: Standesamt am 23. Juli 1949, Hochzeit am 24. Juli, danach vier Tage Hochzeitsreise nach München. Am 25. Juli wurde dann mein Hans Loebner 39 Jahre alt.

Es wurde ein wunderschönes Fest. Schaut Euch die Fotos an! Ich hatte ein altes Spitzenkleid von meiner Großmutter umgeändert bekommen. Auch meine Schwestern bekamen lange Kleider. Wir waren reichlich zwanzig Personen. Darunter natürlich auch unser Patenonkel Hans Loebner mit

Frau Lotte und Tochter Liselotte. Von der neuen Familie, die sehr geliebte Schwester Dorothee mit ihrem Mann Heinz Heck und Mutter Erika. Zu Ehren von Tante Reni kamen nahe Verwandte aus ihrer Stuttgarter Zeit, Otto und Olga Werner mit ihrer durch den Krieg verwitweten Tochter Ursel. Sie war später die erste Geigenlehrerin unserer Tochter Irene. Auch die Familie Ziemer fehlte nicht an diesem Fest.
Die Trauung war in Feldkirchen bei München. Als Hochzeitsspruch gab man uns das berühmte Pauluswort *„Die Liebe ist langmütig und freundlich"* mit auf den Weg.

Für das Festessen, war ein Kalb geschlachtet worden, und beim Bäcker hatte man Eis bestellt. Dafür hatte die Tante zwölf Eier voraus liefern müssen, zwölf Eier! Von diesen zwölf Eiern wurde später noch oft freudigst gesprochen. Ja, so beglückt konnte man damals noch in unserem Deutschland sein! Als Nachspeise eines festlichen Essens. . . Eis, darin zwölf Eier!

Liebe Enkelkinder
Ich denke, dies ist und war der längste Brief, den ich in meinem Leben geschrieben habe. Vielleicht hat es Euch Freude gemacht, ihn zu lesen oder anzuhören.
Vielleicht ist es auch ein guter Einstieg für Vieles, wovon ich nun fortlaufend erzählen werde, denn jetzt beginnt jenes bewegte und bewegende Leben, das ich mit meinem Hans Loebner, Euerem Großvater, fast ein halbes Jahrhundert lang teilen durfte.

Herzlichst verbunden
Eure Großmutter Renate

Vor uns die gewählte Aufgabe

Sowohl mein Mann, wie auch ich hatten trotz mancher Bedenken uns fest dazu entschieden, den Hof zu bewirtschaften und ihn ertragfähig zu machen, sodass nicht nur die Tante ihrem Altwerden mit Ruhe entgegengehen könnte, sonders es auch uns gelingen würde, für uns und eine junge Familie eine zuverlässige Basis zu schaffen. Mein Mann hatte keinen eigenen Besitz mehr, und ich und meine engere Familie hatten in ähnlicher Weise „keinen Boden mehr unter den Füßen".

Natürlich wurde alles auch in der Elterngeneration aufmerksam und kritisch überdacht. Wieder war es der zweifache Patenonkel, dessen „väterliche" Fürsorge, wesentliches in Gang brachte. Es kamen Gesichtspunkte ins Gespräch, die eine wichtige Entscheidung heraufführte. Folgende Überlegungen standen im Raum: Wenn sich die jungen Leute dem Baihof verschreiben, dann müssen sie die unabdingbare Gewissheit haben, dass sie ihn später auch übernehmen können. In Anbetracht dessen, dass die Schwester meiner Mutter, Irene Walther, keine eigenen Kinder hatte, würden - im Sterbefall - sonst etliche Nichten und Neffen einen Erbanspruch anmelden können. Um dieses Risiko auszuschließen, riet man unserer Tante, mich als Tochter anzunehmen. Sowohl ich wie auch mein Mann, wir waren damit einverstanden.

Kurz nach der Hochzeit wurde der Vertrag in Ebersberg unterzeichnet. Ich bekam danach vom Notar Spät noch eine Unterweisung. Ich sollte sehr wohl beachten, dass man wegen Geld oder einer Erbschaft im Grunde keine Adoption eingehen darf. Ich sollte mir bewusst sein, nun zwei Mütter zu haben. Die leibliche Mutter dürfe ich in keiner Weise vernachlässigen.

Von Stund' an erhielt ich den Namen Renate Loebner geborene Lust - Heidenhain, und das empfand ich als bedeutungsvoll für mein Leben.

Und wie stand es um Haus und Hof?
Die Tante hatte uns im ersten Stock das schönste Zimmer eingerichtet. Sie selbst hatte sich mit ihren persönlichen Sachen in ihr Schlafzimmer zurückgezogen. Das Wohnzimmer neben der Küche wurde nun mit den Esszimmermöbeln aus Lippstadt ausgestattet, und bald kam der Flügel aus Tübingen hinzu.
Die Tante war nach wie vor die Hofbesitzerin und Chefin, mein Mann ihr Verwalter. Es war locker ins Auge gefasst worden, dass wir nach einer gewissen Anlaufzeit den Hof pachten würden. So lief eigentlich alles seinen gewohnten Gang. Ich musste noch meine zweite Lehrerprüfung ablegen, aber das war bis Ende Oktober 1949 bewältigt.

Nun zum Wirtschaftlichen:
Der Hof war fünf Jahre vor dem Krieg gekauft worden und in diesen fünf Jahren war schon eine Menge geschafft worden.
Da wir Lehmboden hatten, wurden etliche Äcker dräniert. Das Haus bekam eine Wasserleitung und es wurden zwei Arbeiterwohnungen eingebaut. Die Verwandten hatten den Hof ohne Vieh und Inventar übernommen. Da kann jeder abschätzen, was an Anschaffungen zu leisten gewesen war.
Ich bekenne ehrlich: Der Krieg war für unsere Verwandten viel zu schnell gekommen, und der Onkel musste als Reserveoffizier sogar noch nach Polen. Es ist sehr zu bewundern, wie die Tante das gemeistert hat. Sie, die „Frau Professor" hatte in der Ortschaft durchaus ihr Ansehen, aber sie durfte sich auch nichts leisten, was man hätte anzeigen können.

Etwas wie „Kompensieren", wie es andere in der Kriegszeit gemacht hatten, um an Dünger oder Treibstoff zu kommen, das war für sie total unmöglich gewesen. Zudem war der Hof auch ohne Auto und Telefon. Nach dem Krieg war der Baihof abgewirtschaftet, und es gab auch keinen Kredit für Betriebsmittel, Maschinen oder Reparaturen. Diese Lage hatte mein Mann am 1. Januar 1948 angetroffen und musste in diesem ersten Jahr für den Betreib auch noch die Währungsreform verkraften.

Der Hof brauchte dringend einige existentiell wichtige Investitionen, um einen Umschwung zu erreichen. Da gab es zwei unabdingbare Schwerpunkte: Dünger für die hungernden Böden und der Umbau des einzigen Schleppers, den wir hatten, vom Holzgaser zu einem Diesel-Fahrzeug. Dazu brauchten wir mindestens 8000 DM. Wer half uns? Natürlich der zweimal Pate Onkel Hans Loebner zusammen mit einem nahestehenden Neffen namens Karl Großpeter, der einen Steinzeugbetrieb bei Köln hatte. Wir bekamen das Geld zu einem angemessenen Zins, den wir brav zahlten. Diese Informationen gehören unabdingbar zum Verständnis des großen Vorhabens, zu dem wir uns entschlossen hatten.

Wir werden eine Familie

Mit dem Heraufziehen des Jahres 1950 konnten wir unseren Familien verkünden, dass sich Nachwuchs angemeldet hat und so verstrichen die Monate des ersten Halbjahres auch in Freude und froher Erwartung alles Kommenden.
Am 17. Juni 1950 ist es soweit. Unser Sohn Gerhard Andreas kommt im Markt Schwabener Krankenhaus zur Welt. Den Namen Andreas wählten wir für ihn als Rufnahme, den Namen Gerhard in Erinnerung an seinen

Großvater Gerhard Loebner. Wie einfach war es doch damals, mit so einer Niederkunft und dem Wochenbett. Wenn ich den jungen Frauen von heute erzähle, dass ich in keiner meiner Schwangerschaften auch nur eine Untersuchung oder irgend einen Test bekommen habe und unser Andreas nach der Geburt in ein viel gebrauchtes Körbchen gelegt wurde, ohne dass dieses vorher gründlich gereinigt worden war, dann wird man das kaum glauben.

Ich war stolz darauf, dass ich unseren Sohn stillen konnte. Hatte ich doch stets zu den Schmalbrüstigen gehört, aber nun machte mein Körper alles wett. In meinem Übermut rechnete ich sogar mal aus, auf wie viele Zwanzigliterkannen Milch ich es in dem halben Jahr des Stillens gebracht hatte.

Doch Schwangerschaft, Geburt und die Zeit des Stillens hatten für mich und die Familie dann doch noch ein arges Nachspiel. Im Frühsommer 1951 nahm ich plötzlich stark an Gewicht ab. Ich hatte auch manchmal Durchfälle und fühlte mich nicht wohl. Ich entschloss mich jenen Arzt aufzusuchen, der auch meinem Hans nach einer recht heftigen Gelbsucht gut geholfen hatte. Dr. Picard eröffnete mir, dass mein Körper durch die Geburt aus dem hormonellen Gleichgewicht geraten sei und ich nun eine Schilddrüsenüberfunktion hätte. Ich war ziemlich bestürzt.

Der Arzt versicherte mir aber, dass es für mich durchaus Heilung gäbe, unter der Bedingung, vier Wochen Internierung in einem Krankenhaus mit Bettruhe. Das war damals *die* Therapie für diese Erkrankung.

Es war Anfang August. Die Ernte war schon im Gang, und ich sollte weg von Haus, Hof, Mann und Kind. Es folgten tatsächlich vier Wochen „Auszeit" im Münchner Biedersteiner Krankenhaus.

Der August ging vorüber. Tante Reni sorgte mütterlich für unseren Andreas und meine Schwestern Brigitte und Gabriele kamen zu Besuch und nahmen am Ende der Ferien den Kleinen mit nach Lippstadt.
Ich nahm an Gewicht wieder zu und wurde gesund. Nach dem Krankenhausaufenthalt durfte ich noch ein paar Wochen zu meiner Freundin Christa Hurlbrink zur Nacherholung auf den kleinen Hof in Westfalen. Im Oktober kehrte ich mit Andreas wohlbehalten auf den Baihof zurück.

An dieser Stelle muss ich innehalten für einen Rückblick auf meine Erkrankung. Ich denke, die Disposition für diese Funktionsstörung habe ich mit auf diese Erde gebracht. War ich nicht in der Vorpubertät auch so schrecklich dünn gewesen und konnte abends oft nicht recht einschlafen? Und was war nach der ersten Regelblutung? Die wollte irgendwie nicht aufhören, bis meine Eltern aufhorchten und mich zu einem Frauenarzt brachten.
In der Tat musste ich damals, als soeben Vierzehnjährige, in der Frauenklinik in Paderborn eine Ausschabung hinnehmen. Ich wurde nicht aufgeklärt, wusste den Eingriff nicht einmal zu benennen. Heute sehe ich das alles in einem ursächlichen Zusammenhang mit der Schilddrüsen-überfunktion. Sie sollte mich in meinem Leben noch einmal herausfordern. Dies war nach der Geburt des dritten Kindes.

Das Ende dieses Kapitels möchte ich nun wieder mit seinem Anfang ver-knüpfen. Die Überschrift heißt ja: „Wir werden eine Familie". Also schauen wir zurück auf unseren Sohn Gerhard Andreas. Natürlich haben wir un-sern Erstgeborenen taufen lassen. Es war eine Haustaufe, denn wir hatten seinerzeit ja noch keine nahe liegende eigene evangelische Gemeinde. Pfarrer Turtur kam aus Feldkirchen zu uns. Und wer waren die Paten?

An erster Stelle, neben meinem Bruder, Hansens Schwester Dorothee Heck. Ganz wichtig war für uns, trotz des vorgeschrittenen Alters, unsere Tante Reni und... zuerst und zuletzt, unser wunderbarer Onkel Hans Loebner, der unseren Andreas als sein letztes von vielen Patenkindern, bis ins Studium hinein begleitete. Damit hatte dieser Onkel zu unserer kleinen Familie eine Dreifachbeziehung.

Ein Blick in unsern Garten

Ich hatte für die Arbeiten in Haus und Hof noch keine feste Zuordnung. Jedoch der Garten war von Anfang an mein ureigenes Anliegen. Hatte ich doch in meinem Umzugsgut nicht nur einen kleinen Nussbaum sondern auch einen großen Karton mit Staudenablegern mitgebracht. Ähnlich wie seinerzeit Tante Reni, die aus der Neckarhalde in Tübingen Pfingstrosen und Phlox mitgebracht hatte, die in unserm Garten in Mühldorf noch bis heute blühen.
Unsere Verwandten hatten gleich nach ihrem Beginn im Jahr 1934 den ans Haus anliegenden Obstgarten großzügig umzäunen lassen.
Das war etwas Besonderes. In Bayern hatte man vorwiegend nur kleine Gärten nahe beim Haus, so genannte Wurzgärten. Man pflanzte dort eifrig Salat und zog darin auch Steckrübenpflanzen an. Krautgemüse hatte man auf dem Feld.

Der Garten auf dem Baihof war einfach etwas Ganzes. Es gab herrliche, zum Teil auch ältere und reich tragende Obstbäume. Unter einem sehr hohen alten Birnbaum standen Tisch und Stühle, um an Sonntagen dort

Kaffee zu trinken. Es gab einfach alles. Beerensträucher aller Art und eine ergiebige Brombeerhecke. Der Boden war sehr gut und die Beete wurden akkurat bestellt und gepflegt. Schon als Kind staunte ich über die Massen von Bohnen, die ins Haus getragen wurden. Damals gab es noch keine fadenlosen Sorten. So hatten auch wir schon beim Herrichten und Hobeln geholfen. In diesem Garten war eine Schwäbin am Werk, das konnte man spüren. Selbstverständlich war auch ein Frühbeet in Betrieb. So hatte die Küche schon ganz früh im Jahr Salat. Auch die Anzucht von Tomaten war gesichert. Die Tante war ja fast sechzig Jahre alt und sie war auch froh, dass ich sehr gern im Garten arbeitete. Wir erneuerten die Himbeeren und schafften die Vorbedingung für zwei Reihen Spargel. Das war zuerst recht mühsam und brauchte eine Anlaufzeit. Dann aber hatten wir etwas ganz Eigenständiges für unseren Speiseplan im Frühsommer. Frische Erdbeeren - und dies auch reichlich - gehörten ebenso zu all dem, war uns der Garten schenkte und erbrachte.

Im Garten stand auch das Kükenhaus. Ja, unser Onkel war ein erfahrener Tierzüchter gewesen, und so wurden in jedem Frühjahr unter einer mit Brikett geheizten „Glucke" Hühnerküken aufgezogen. Hühnerkücken und Legehennen werden in viel späteren Jahren noch einmal zu einem brisantes Thema werden.

Zurück ins Jetzt! Bald wird im Garten eine Schaukel stehen und die Wiese für Krokett kurz gehalten werden. Im Jahr 1969 stellen wir zur großen Freude aller ein kleines Plastikschwimmbecken auf. Der Garten gehörte zum absoluten „Wohn- und Lebensraum". Nicht zu vergessen bleiben auch die vielen festlichen Sonntage im Freien, an denen wir später nach Argentinischer Sitte auch Asado zelebrierten.

Im Juni 2011 kam ich erneut in eben diesen Garten. Meinen „Nußbaum"
wieder zu sehen - wunderbar geformt und mit einer erhabenen Spannweite
- das war für mich wie eine Krönung des Tages.
Unter dem Baum, wie seinerzeit. . . Tisch und Stühle für ein verdientes
Wohlbehagen.
Alles war Fülle, heißt mein Buch. Dieser Garten auf dem Baihof,
bewahrt für mich wirklich ein besonderes Erinnerungsbild für mein
Zurückblicken auf den Garten meiner frühen Schaffensjahre.

IV
DIE ERSTEN SCHAFFENSJAHRE
1952 – 1961

Das Tägliche der Erde abzuringen
ist ein besonderes Lehrstück
für unser Leben

Die Familie meines Mannes

Für mich und meinen Mann beginnen nun wirklich die ersten gemeinsamen Schaffensjahren mit einem langfristigen Ziel. Für das Zusammenspiel all dessen, was wir in den nächsten Jahrzehnten gemeinsam erleben und durchwandern, will ich zu Beginn auch von seinen herkömmlichen Familien, der Familie Loebner und der Familie Retter, etwas erzählen. Er selbst hat viel Familiäres, auch die Erinnerungen an den Hof in Schlesien und seine Erlebnisse in den fünf Jahren Krieg, ausführlich niedergelegt.

Vom Vater meines Mannes, Gerhard Loebner, berichtete ich schon in einem früheren Kapitel. Er hatte nicht nur seinen Vater, den Kaufmann Johann Robert Loebner, sondern auch seine Mutter Selma sehr früh verloren. Von dieser, einer besonders schönen Frau, durfte ich durch viele Jahre zwei zu einer Brosche verarbeiteten Ohrringe tragen. Diese Gabe lebt nun in meinem Herzen weiter, nachdem ich den einmaligen Schmuck leider auf einer Autoreise verlor.

Eigentlich ist es fast tragisch, dass auch mein Mann seinen Vater Gerhard Loebner - den einzigen Sohn seiner Großeltern - durch die Folgen einer Blinddarmoperation viel zu früh verlieren musste. Nur kurze Zeit danach starb er daheim unter schrecklichen Schmerzen. Das war 1929.
Meine Schwiegermutter, Hansens Mutter Erika Loebner, geborene Retter, war nun eine junge Witwe und hatte die Verantwortung für den Besitz und den Betrieb. Sie hat von ihrem Mann, dem „Vater", wie sie ihn gern nannte, nur selten erzählt. Der frühe Verlust muss für sie ein lebenslanger Schmerz geblieben sein. Auch mein Mann hat wenig von seinem Vater erzählt. Er war als Pennäler die Woche über ja in Liegnitz bei einer Familie Mau mit fünf Kindern in „Pension". So konnte sein Vater in diesen wichtigen

Jahren seines Lebens auch nur zeitweise für ihn präsent sein. Erinnerte sich mein Mann an gewisse Eigenheiten des Vaters, davon hat mein Mann auch uns erzählt. Sein Vater muss wohl ein leidenschaftlicher Zigarrenraucher gewesen sein, und er hatte für die kostbare und vielfältige Ware in seinem geräumigen Haus einen „geheiligten" Platz. Dort wählte er dann nach Laune, Freude und Anlass die passende Zigarre aus.

Mein früh verstorbener Schwiegervater war natürlich auch Jäger auf dem eigenen Gut, dadurch lernte mein Mann sehr früh den achtsamen Umgang mit Waffen. In Bezug auf die Jagd war mir lange Zeit *etwas* undurchsichtig geblieben. Mein Mann liebte unsere Hunde, aber deren Erziehung, das war nicht das Seine. Auf dem Gut hatten sie stets sehr wohlerzogene Hunde. Wie konnte das zusammenpassen? Die Lösung des Rätsels, ganz einfach! Für das Gut wählte man eben stets einen auch für die Jagd gut abgerichteten Hund.

Neben einer genauen Beschreibung des Rittergutes Knobelsdorf gibt es, bezüglich meines verstorbenen Schwiegervaters noch ein paar handgeschriebene Seiten von meinem Mann. Daraus möchte ich an dieser Stelle noch einiges wörtlich einfügen.

Mein Schwiegervater muss ein sehr guter Landwirt und ein angenehmer und angesehener Gutsherr gewesen sein: *„Sein Betrieb galt als ausgesprochen sozial geführt und arbeiterfreundlich."* In einem Brief einer alten Arbeiterin dürfen wir heute noch lesen: *„Ach, meine gute, liebe Herrschaft!"* Ich selbst bin darüber beglückt, dass das Haus meiner Schwiegereltern nicht mehr dem fast schon in Verruf gekommenen *„Feudalsystem"* angehörte. So erinnert sich mein Mann: *„Schon als Kind hat der Vater mir beigebracht, dass ich im Begegnen arbeitender Menschen stets als Erster zu grüßen und die Mütze zu ziehen habe."* Ein junger Vetter meines Mannes bekommt folgende

Belehrung: *„Dass eine grosse arbeitende Frauenkolonne am Vormittag um zehn Uhr nicht mehr mit „Guten Morgen" gegrüßt werden kann. Die Frauen sind um diese Zeit schon ein paar Stunden am Arbeiten, da könnte ein „Guten Morgen" fast eine „Verhöhnung" sein. Man hat mit „Guten Tag" zu grüßen!"*

Über seinen Vater als Gutsherrn lese ich in den Aufzeichnung folgendes: *„Im Dorf und in der Öffentlichkeit erfreute sich der Vater nicht nur als Bezitzer des 200 ha großen Gutes - tadellos bewirtschaftet, schuldenfrei, intakte Familie, großen Ansehens und Vertrauens - er war auch darüber hinaus im Vorstand und der Mitverantwortung für viele wirtschaftliche Einrichtungen im Umfeld von vier bis sechs Dörfern des Landkreises."*

Nicht zuletzt verdankt ihm das Gut den hervorragenden Schachzug, in den besonders für die Landwirtschaft so schwierigen späten zwanziger Jahren, sich einer Beratungsstelle einzugliedern. Das war später natürlich auch für meine Schwiegermutter ein enormer Halt. Der beauftragte Berater hieß Dr. Gotthold Ziemer. Dieser Mann wurde mit seiner Frau Anita zu Freunden der Knobelsdorfer Loebners. Von ihnen und ihren Kindern wird noch öfter die Rede sein.

„Knobelsdorf" sollte für die Familie Loebner verloren gehen. Frühere Arbeiterinnen sind kurz nach Kriegsende noch einmal aufs Gut gekommen. Sie haben nicht einmal auch *nur einen Stuhl* vorgefunden, sich darauf zu setzen, sich auszuruhen, um das Unbeschreibbare *wahr* zu nehmen. Alles ausgeraubt!

Nun zur schwiegermütterlichen Familie: Erika Loebner wuchs auf einem sehr großen Besitz in Wendjin, nahe der polnischen Grenze, auf. Ihr Vater, Hermann Retter, also der Großvater meines Mannes, hatte zuerst ein großes Gut gepachtet gehabt, später dann das Gut Wendjin gekauft.

Der Besitz hatte eine Größe von 1 000 Hektar. Seine Frau Emilie, geborene Scholz, die Großmutter meines Mannes, war die Tochter eines Zuckerhändlers in Breslau. Sie schenkte zwei Söhnen und sechs Töchtern das Leben.

Emilie Retter war eine sehr intelligente Frau. Aus der Erzählung meiner Schwiegermutter hörte ich heraus, dass sie die acht Geburten, die ihr das Leben abverlangt hatte, viel Kraft gekostet hatten. Zur großen Trauer der Familie waren ihre beiden Söhne in jungen Jahren ums Leben gekommen. Einer von ihnen war in einem Bach ertrunken. Die fünf Schwestern meiner Schwiegermutter habe ich, bis auf Hilde, die jüngste, alle kennen gelernt und konnte dadurch am Geschick dieser Familie recht gut teilnehmen.

Die älteste Schwester hieß Martha. Sie wurde die Frau des berühmten Kinderarztes Professor Dr. Adalbert Czerny in Berlin.
Die nächste war Hedwig von Thadden. Ihr Mann, General von Thadden, war Träger des *Pour le Merite* und fiel im Ersten Weltkrieg.
Als dritte ist Herta von Pannwitz zu nennen. Ihr Sohn ging auch zum Heer und wurde jener Kosackengeneral, der nach dem Zweiten Weltkrieg, trotz einer Zusage der Engländer, mit seiner Truppe an die Russen ausgeliefert und ermordet wurde.
Luzinde Schaller, die vierte der Schwestern, deren Mann Förster gewesen war, habe ich nicht mehr erlebt. Jedoch stehen wir mit Ihrer Enkelin, Friederike von Frankenberg, bis heute noch in einem regen Kontakt. Sie wurde, dank einer besonderen Begabung eine Werklehrerin und beschenkte später meine Enkelmädchen mit meisterhaft Genähtem. Zu Advent fertigt sie bis heute eine ganz besondere *Päckchenkette*: 24 kleine Gebinde mit liebenswerten Überraschungen hängen dann an einer langen Schnur quer durchs Zimmer, eine Riesenfreude. Hilde Retter, blieb unverheiratet und ist auf der Flucht aus Schlesien an ihrem Krebs elend gestorben. Sie ist eine

sehr gute Fotografin gewesen. Es gibt noch einige wenige schwarz-weiß Fotos, die sie unvergessen machen.

Die Eltern meiner Schwiegermutter verkauften das Gut Wendjin und zogen in die Nähe von Knobelsdorf, nach Goldberg. Dort bewohnten sie die Oberau, eine sehr schöne Villa mit einem großen Garten. Dieser Standort wurde für die sechs Retter-Schwestern zu einem besonderen Anziehungspunkt.

Alle Mitglieder und Nachfahren dieser schlesischen Familie mussten mit der Vertreibung alles, auch die Oberau, hinter sich lassen und lebten nun über ganz Deutschland verteilt. Was für jeden einzelnen Flucht und Vertreibung zur Folge hatte, und all das, was zu verkraften war, würde ein Buch für sich füllen.

Mutter Erika, meine Schwiegermutter – ab jetzt Großmutter Erika – war eine königliche Frau. Sie war eine hervorragende Köchin und hat die wunderbarsten Handarbeiten angefertigt. Da gibt es Tischdecken mit Kreuzstich, die gehören eigentlich in ein Museum. Sie versorgte uns mit Strickwesten und Jacken mit hochaparten und auch in Bayern geschätzten Mustern, die bis heute noch getragen werden. Mein Mann hatte nie Mangel an Strümpfen.

Trotz dem großen Verlust und dem Weh um die verlorene Heimat, einem Land, das vor 800 Jahren von Deutschen besiedelt und kultiviert worden war, blieb meine Schwiegermutter souverän. Im Verhältnis zu früher lebte sie sehr zufrieden mit einer ganz bescheidenen Rente bei ihrer Tochter und wurde 91 Jahre. Hansens Schwester, Dorothee, hat ihr Heimweh nie ganz überwunden. Viele Male besuchte sie die alten vertrauten Plätze. Mein Mann fand zu einer bewunderungswürdigen Haltung bezüglich dieses Geschehens und konnte für sich selbst bekennen:

„Nun, dass wir Schlesien hergeben mussten, das sind eben die Folgen dieses unsäglichen Krieges, aber dass ich meine Heimat verloren habe, das ist einfach sehr schwer."

Es ist bemerkenswert, wie sehr sich mit meiner Heirat das familiäre Umfeld erweitert hatte. Ich hatte keine Mühe, das Neue anzunehmen und zu bejahen. Für mich und unsere werdende Familie wurde der Bezug zur Großmutter Erika und der Schwester meines Mannes, Dorothee Heck, später Dorothee Picard, sehr wichtig. Meine Schwiegermutter liebte mich von Anbeginn. Sie war zu mir sehr gütig, sie hat uns sehr viel geholfen. Solange sie lebte, nahm sie einen gewissen ersten Platz unter den Loebners ein. Meine Schwägerin Dorothee war und blieb mir fast 60 Jahre lang eine treue und großzügige Freundin. Irgendwie waren wir uns sehr nah, obwohl sie ein ganz anderes Leben führen konnte. Ja, wir ergänzten uns und das war gerade das Reizvolle, das auch meinen Mann erfreute. Zu ihrem 90. Geburtstag würdigte ich sie durch eine Laudatio in gebundener Sprache mit meinem Dank für ihre Treue und Mitsorge für alles Familiäre und das grosse Vertrauen, mit dem wir uns dann bis zu ihrem Sterben gegenseitig beschenken konnten.

Um den Reigen rund um die Loebners zu beschließen, kann ich berichten, dass am 3. Juni 1953 unsere Tochter zur Welt kam. Wir nannten sie Marie Irene. Der Rufname Irene war eine freudige Würdigung unserer Tante Reni gegenüber. Irene heißt Frieden. Damit fühlten wir uns gut, und der Name Marie erhielt nun in der dritten Generation seine Fortsetzung. Wir waren sehr glücklich mit unserm kleinen Mädchen, und ich wurde auch nicht Schilddrüsen-krank. Mir wurde geraten, nicht zu lange zu stillen, und das verdankte ich erneut unserem Arzt Dr. Picard. Irenes Paten? An erster Stelle, meine Schwester Brigitte Drescher. Dann:

Harald Ziemer, ein Sohn von unseren Freunden, den Ziemers. Er wanderte nach Australien aus. Er und seine Frau Dodo beschenken Irene und uns seither nun schon weit über 50 Jahre hinweg mit ihrer Freundschaft. Das gleiche gilt für Marianne Czerny (später Zeitler), die Tochter von Hansens Vetter Marianus Czerny. Alle Paten leben noch und blieben der ganzen Familie treue Wegbegleiter.

Erste Hürden

Nach meinem Ausflug ins Familiäre der Loebners und Retters steht ein recht sachliches Kapitel an. Ich möchte nun von den Anfangsschwierig-keiten auf dem Baihof erzählen.

Wir - mit uns selbst - wir hatten keine Probleme. Mein Mann und ich waren füreinander bestimmt. Ich fühlte mich in der neuen Situation gut und sicher. Jedoch der Start für uns war nicht leicht. Das betraf nicht nur Innerbetriebliches, sondern auch das von außen Kommende.

Tante Reni hatte es hinzunehmen, dass von einem früheren Hofbesitzer, einem jüdischen Viehhändler, Ansprüche auf den Hof erhoben wurden. Diesen uns sehr belastenden Fall habe ich in einer früheren Dokumen-tation schon einmal ausführlich beschrieben. Hier nun eine Kurzfassung:

In den zwanziger Jahren hatte der ursprüngliche Hofbesitzer, namens Jell, den Betrieb so herunterkommen lassen, dass er verkauft werden musste. Der Käufer war ein jüdischer Viehhänder. Dieser Viehhändler, namens Levi, hatte aber bei seiner Bank selbst hohe Schulden. Dadurch gehörte der Hof letztendlich nicht mehr Herrn Levi, sondern der Bank. Diese konnte den Hof nur halten, indem sie ihn verpachtete.

So war der Hof 1934, als Tante Reni mit ihrem Ehemann Professor Dr. Adolf Richard Walther diesen Hof kaufen wollte, auch verpachtet. Als sie sich zum Kauf des Baihofs in der günstigen Lage zu München entschlossen hatten, gab es ihrerseits keinen Argwohn, dass die Rechtmäßigkeit des Besitzes je in Frage gestellt werden könnte. Meine Verwandten hatten den Hof ordnungsgemäß von der Bank gekauft. Inzwischen schrieben wir das Jahr 1953. Der Hof sollte zur Grundlage und Sicherung einer jungen Familie werden. Noch war unsere Tante die Besitzerin. Sie hatte sich nun den Wiedergutmachungs-Ansprüchen des jüdischen Vorbesitzer zu stellen.

Was machte unsere Tante? Sie setzte sich in München in einen Gerichtssaal, wo Wiedergutmachungsprozesse abgewickelt wurden. Außerdem fand sie heraus, dass es einen dafür spezialisierten Anwalt gab. Er hieß Freiherr von Godin, war Kriegsteilnehmer und hatte nur noch einen Arm. Dieser Mann hat die Sache für unsere Tante und damit auch für uns tatsächlich ins Reine gebracht. Das kostete uns viel Geld, Geld, dass wir in dieser Zeit nur sehr schwer entbehren konnten. Aber der Hof war nun frei.

Eine andere Sorge betraf die ersten Direktiven, die von der Europäischen Union ausgingen. Unsere Kühe und Jungrinder wurden auf den möglichen Befall von Tuberkulose untersucht. Und... der Bestand war nicht frei. Das war ein zweiter harter Schlag. Mein Mann ging die Sache mutig an. Wir trennten uns nach und nach von den „kranken" Tieren und unserem braunen Fleckvieh und beschlossen, eine schwarzbunte Herde aufzubauen. Das war für uns eine neue, große finanzielle Herausforderung, ganz abgesehen von vorübergehenden Mindereinnahmen durch vorerst weniger Milch. Ein Sohn unserer Freunde Ziemers, Tierarzt in Hessen, hat uns sehr geholfen. So fuhr mein Mann in dieser Zeit mehrere Male nach Norden, um Vieh zu kaufen. Warum Schwarzbunt? Die Tiere waren billiger und versprachen in kürzerer Anlaufzeit auch eine höhere Leistung, gegenüber dem Fleckvieh.

Auch von einer dritten finanziellen Schwernis dieser ersten Jahre möchte ich noch erzählen. Da für mich alles Finanzielle Neuland war, wunderte ich mich, welch enorme Rolle die Steuern spielten, die wir in den ersten Jahren nach der Währungsreform zu zahlen hatten. Deutschland stand erst am Beginn, die Zerstörungen der Städte in den Griff zu bekommen. Die Wiedergutmachungsansprüche der Juden waren unumgänglich zu befriedigen. Millionen von Flüchtlingen fielen als Steuerzahler noch nicht ins Gewicht. Viele Menschen, die ihren Besitz verloren hatten, mussten durch öffentliche Mittel unterstützt und mitgetragen werden. Auf wen war Verlaß? Natürlich auch auf die Bauern und Landwirte, die ja ihre Betriebe nicht verloren hatten. So waren auch wir in dieser Zeit stark gefordert.

Wir zahlten Vermögensteuer für den Grundbesitz und Einkommensteuer für unsere Produkte. Auch eine Wiedergutmachungsabgabe traf uns. Wir hatten selbstverständlich eine ordnungsgemäße Buchführung für den Betrieb und waren an die Bayerische Landesbuchstelle angeschlossen. Damals gab es noch nicht die vielen Abschreibungsmöglichkeiten, die uns später manches erleichterten.

In diese Zeit des Anfangs fiel eine weitere familiäre Sorge. Tante Reni wurde im Herbst 1952 schwer krank. Nur durch eine Beziehung zu unserem Arzt Dr. Picard am Biedersteiner Krankenhaus in München bekamen wir für sie dort ein Bett. Sie hatte eine Lungenentzündung und war in großer Gefahr. Dr. Picard riskierte es, ihr ein ganz neues Medikament zu geben. Dies konnte seinerzeit noch nicht gespritzt werden. Tagelang hatten wir ein Bangen, doch unsere Tante kam durch, und ging danach noch eine gute Zeit zur Erholung an den Tegernsee. Mancher Leser wird erstaunt sein, dass es für Bauern und Landwirte noch keine allgemeine Krankenkasse gab. Wir waren privat versichert. Erst ab 1972 würdigte man den Bauernstand mit einer Landkrankenkasse.

Das alles waren Hürden für ein zügiges Vorankommen, aber wir ließen uns nicht beirren. Wir hatten inzwischen zwei gesunde Kinder. Wir leisteten uns für 1000 DM das erste Auto, einen gefälligen blauen Borgward, und ich erwarb natürlich auch den Führerschein, der mir bis heute dient. Auch für den Hof war das Auto ein Meilenstein. 14 Jahre lang war der Hof ohne Auto gewesen. In der ersten Woche des Krieges hatten unsere Verwandten von ihrem Opel P4 die Reifen abgeben müssen.

Meine Lehrlingsprüfung für die ländliche Hauswirtschaft

Indem wir bestrebt waren, den Hof in Pacht zu übernehmen, musste auch ich daran denken, mich zu rüsten. Tante Reni war Lehrfrau und hatte die Berechtigung, Lehrlinge auszubilden. Diese Befähigung zu erwerben, wurde nun auch für mich zu einem wichtigen Antrieb. Da ich in einem Lehrbetrieb ansässig geworden war, durfte ich mich eigenständig auf die Prüfung vorbereiten.

Ich erkundigte mich nach den Bedingungen und dem Umfang des Stoffes. In erster Linie standen Kochen, Backen und die Vorratshaltung. Es folgte alles das, was die Bewirtschaftung eines landwirtschaftlichen Hauswesens erfordert: Haus- und Gerätepflege, die Wäsche, das Bügeln und natürlich auch Flicken und Nähen, selbstverständlich auch eine akkurate und sachkundige Gartenarbeit, die Hühnerhaltung und das Melken.

Die Prüfung legte ich auf einem sehr gediegenen landwirtschaftlichen Betrieb in der Nähe von Amerang ab. Ich hielt mich tapfer, kam aber bei der Prüfungskommission nicht recht an. Die Damen waren meiner Person gegenüber skeptisch: *„Was wollte diese Preußin hier in Bayern? Das war ja ganz gut, dass sie dabei war, zwei Kinder aufzuziehen und früher sogar Lehrerin gewesen war.“* Dies konnte ich für meine Person heraus spüren. Die Prüferinnen hatten die Absicht mir zu zeigen, wer sie sind und was man können muss, um in Bayern gut abzuschneiden. Bei der Verabschiedung hatte ich allerlei anzuhören, denn das war mein „Glanzstück“ gewesen: Total vergammelte und schmutzige Kämme und Bürsten aus den Knechtekammern, gründlich zu reinigen. Tatsächlich war diese Prozedur nicht exzellent genug ausgefallen. Auch hatte ich eher zu rasch gearbeitet.

Zu meiner Ehre möchte ich aber auch sagen, dass ich beim Melken ausgesprochen viel Schaum auf dem Eimer hatte, und mein Hefezopf, neben der Herstellung eines warmen Abendessen, prächtig gelungen war.

Immerhin kam ich mit einem „Gut“ nach Hause und konnte nun im Schatten der Tante auch für unsere Hilfen im Haus Mitverantwortung übernehmen. Dadurch setzte ich den begonnenen Lernprozess ganz entschieden fort, war aber entschlossen, mich erst dann für eine mögliche Meisterprüfung zu melden, wenn ich mir ganz sicher war, den bayerischen Standard bringen zu können.

Mit der Lehrlingsprüfung war der Grund gelegt für meinen zweiten Beruf, den einer Landfrau. Auch blieb ich meiner Neigung treu, Erfahrenes oder Gelerntes gerne weiterzugeben. Ich war vom Wesen her geeignet für eine Lehrerin. Mir war grundsätzlich klar geworden, in jeder Weise für Neues offen bleiben zu müssen. Also weiter so!

Modernisierungen und Pacht

Das Wichtigste war für uns und unser großes schönes Wohnhaus, eine zentrale Beheizung und Warmwasserversorgung einzurichten. Ich kann mich heute nicht mehr daran entsinnen, durch welche Umstände uns für diese Absicht ein hoch willkommenes Angebot der Ruhrkohlen AG gemacht wurde. Dieses Unternehmen suchte in unserm Raum einen Betrieb, der bereit war, eine neuzeitliche „Musteranlage" zu installieren, die dann auch später besichtigt werden konnte, um für den Verbrauch von Ruhrkohle zu werben. Wir nahmen dieses Angebot an, weil wir dafür eine willkommene finanzielle Unterstützung und eine sachkundige Beratung bekamen. Diese Maßnahme bedeutete den Durchbruch für ein angenehmes Wohnklima. Als unsere Verwandten den Hof seinerzeit übernahmen, standen lediglich in der Küche ein Herd und im Wohnzimmer ein Kachelofen. Gottlob hatte Tante Reni auch Öfen aus Tübingen mitgebracht. Darüber hinaus waren auch die Fenster nicht gerade kältedämmend. Als Herr Jell, der ursprüngliche Besitzer, in der Inflationszeit das schöne stattliche Haus erbauen ließ, hätte er die Fensterrahmen am liebsten vergolden lassen. Er war in seiner Großmannssucht aber nicht auf die Idee gekommen, wenigstens einige der 40 Fenster mit Doppelfenstern versehen zu lassen. So gehörte auch dies seinerzeit zu den ersten wichtigen Verbesserungen, die unsere Verwandten dem Haus angedeihen ließen.

Um das Projekt der Ruhrkohle AG kurz zu umreißen, ist festzuhalten: Zu allererst wurde für die neue Anlage der alte Kamin abgetragen, ein Kamin der noch so breit war, dass der Schornsteinfeger zur Reinigung hinein steigen musste. In der Küche wurde ein moderner Herd installiert, der auch mit Heizschlangen zur Erzeugung von Warmwasser ausgestattet war. Daneben kam ein Heizkessel zu stehen, der sowohl mit Kohle wie mit Holz beheizt werden konnte. Fast alle Zimmer wurden mit Plattenheizkörpern versehen. In einem zukünfigen Badezimmer wurde ein sehr großer Boiler untergebracht. Damals konnte man einen solchen Boiler noch nicht fertig kaufen. Er wurde von dem tüchtigen Installateur vor unseren Augen in Handarbeit angefertigt.

Den schönen grünen Kachelofen in unserem Wohnzimmer bauten wir ab und lagerten die Kacheln auf dem geräumigen Hausboden. (1973 wird mit eben diesen Kacheln in unserem neuen Wohnhaus in Hart ein Ofen errichtet.) Dem Einbau der Heizung und der Warmwasserversorgung folgten die Einrichtung eines Bades und eine erste Modernisierung der Küche. Das alles war insgesamt ein Meilenstein für die Haushaltung und unser Wohlbefinden.

Der wichtigste Baustein in dieser Lebensphase blieb die Verwirklichung unseres Vorhabens, den Hof zu pachten. Zu den Verhandlungen kam sowohl für uns wie auch für Tante Reni ein eigener Berater, der von jeder Seite schon Vorinformationen erhalten hatte. Für unsere Belange trat Dr. Gotthold Ziemer ein, für die Belange der Tante ein früherer Schüler ihres Mannes. Diese für sie und auch uns wichtige Person war Professor Dr. Otto Sommer, der das Staatsgut Grub leitete.

Beide Berater waren bemüht, ausgewogene Abmachungen zu erreichen. Unser Vorhaben musste so abgesichert werden, dass wir den Betrieb fortan weiter sanieren könnten, und dass damit ein angemessenes Auskommen für die junge Familie gegeben sein würde. Die Tante, als Verpächterin, sollte neben einer vereinbarten Pachtzahlung, dem Wohnen und freier Versorgung einen angemessenen finanziellen Spielraum erhalten, um auch für ureigene Bedürfnisse beweglich zu bleiben.

Der Wald wurde nicht mit verpachtet. Die anfallenden Arbeiten hatten wir gegen Entlohnung zu leisten. Letztendlich waren wir durchaus einverstanden mit den gefundenen Abmachungen. In und nach den Besprechungen hatte ich jedoch erneut das berechtigte Empfinden, dass die Tante für diese Entscheidung sich noch einmal fragen musste, ob es auch für sie in der Tat die richtige Lösung gewesen war, uns auf den Hof zu holen. Sie würde nun nie mehr so frei sein, wie vorher.

Heute sehe ich dies als einen enormen Akt des „Loslassens" an. Was hatte sie nicht schon alles abgegeben und übergeben. Ich hatte ja nur sehr wenig eigene Aussteuer, geschweige denn eine Barschaft mitgebracht. An dieser Stelle muss ich ergänzend erzählen, dass meine Eltern im Jahre 1934, beim Kauf des Hofes, eine gewisse finanzielle Hilfe geleistet hatten. Diese wurde seinerzeit bei der Verbriefung als ein ideelles Siebtel zu Gunsten meiner Mutter eingetragen. Der Hof hätte sonst als Erbhof gegolten. Was aber hatte die Tante dafür nicht alles schon für unsere Familie erbracht! Die ersten Kapitel legen dafür ein Zeugnis ab.

Blicke ich auf Leben und Werk unserer Tante Reni, dann kann ich nur sagen: Sie war eine ganz besondere, eine moderne Frau, hatte sie doch schon in jungen Jahren Buchhaltung gelernt und danach ein gut gehendes Aussteuer-Etagengeschäft in Stuttgart betrieben. Ihr Mut, sich mit ihrem späteren Ehemann für den Kauf und die Bewirtschaftung eines Hofes zu entscheiden, war etwas Außergewöhnliches und spricht für eine gesunde innere Beweglichkeit. Dennoch gab es für mich auch Überschattendes zu verkraften. Das wird später zu betrachten sein.

Meine Mutter zieht nach München

Diese Entscheidung war auch für uns derartig wichtig, dass ich meinen Blick von unserm Schaffen auf dem Hof etwas ruhen lassen muss, um von dem Entschluss meiner Mutter, Westfalen zu verlassen, kurz zu berichten. Letztendlich würde dies eine bedeutsame Festigung des familiären Zusammenhaltes bedeuten, und damit auch eine Phase des einander Helfens und Anteilnehmens besonderer Art möglich werden.

Meine Mutter sehnte sich nach einem eigenen keinen Haus. Sie hatte es tatsächlich geschafft, in Lippstadt einen preiswerten Bauplatz zu erwerben. Dieser Kauf bedeutete vielleicht erst einmal eine Geldanlage. Und wie sehr sollte sich unsere Mutter über diese Anlage freuen können, als sie das Grundstück mit Gewinn veräußern konnte, indem sie sich entschloss, nicht in Lippstadt ein Haus anzustreben, sondern im Münchner Raum. Vielleicht hatte sie in all den Jahren seit unseres Vaters Tod gespürt, wie wichtig es sein könnte, familiär näher zusammenzurücken. Brigitte war gern in München, und Gabriele war im Augenblick recht frei, weil sie gerade ihre Lehre beendet hatte. So entschloss sich die Mutter zum Ortswechsel in unsern Lebensraum. War der Himmel in Bayern doch viel blauer, und wir auf unserem Hof ganz nah!

Wie durch ein kleines Wunder entdeckte meine Schwester Brigitte ein Haus in Waldtrudering, dessen Beschreibung ihr gleich zusagte. Es war ein kleines Siedlerhaus aus den dreißiger Jahren mit einem nach Süden hin gelegenen 1 000 Quadratmeter großen Garten. Der Preis. . . angemessen, und für die Mutter verkraftbar.

Meine Mutter kam zu uns, dieses Haus anzuschauen. Ich fuhr mit ihr nach Waldtrudering. Wir hielten etwa hundert Meter vorher an, um die letzte Strecke zu Fuß zu gehen. Ich dämpfte noch etwas ihre Erwartung, denn das Haus war rosa angestrichen. Dann gingen wir um eine Ecke und... sie sah das Haus und sagte: *„Das will ich!"*

Das Haus in der Sperberstrasse 26 war ein Volltreffer, nicht nur für unsere Mutter, auch für uns. In einem späteren Kapitel werde ich davon berichten. Dieses Haus bekam nach 20 Jahren auch eine ideale familiäre Nachfolge. Detmar Heidenhain, der älteste Sohn meines Bruders kaufte es, und so blieb dieser besondere Platz, später mit einem Neubau versehen, für die Familie erhalten.

Nach dem Kauf bedurfte es noch einer eigenen Anstrengung, dem Haus das gewünschte Gepräge zu geben. Meine Mutter war in diesen Bemühungen unermüdlich und kreativ. Sie blühte in und mit ihrem Haus auf. Bald wurde darin Brigittes Hochzeit gefeiert. Sie heiratete Dr. Helmuth Drescher, einen jungen Arzt. Später zog das Paar mit seinem erstgeborenen Sohn Thomas nach Franken in Helmuts Heimat, wo sie eine Praxis gründeten.

Gabriele lernte anlässlich eines Gehörlosentreffens einen Amerikaner kennen, namens Byron Baer. Für ihn brach sie ihre Zelte in Deutschland ab und wanderte nach Washington DC aus. Das war 1957. Wie gut, dass meine Mutter nun in unserer Nähe und wir in ihrer Nähe leben konnten. Vom Hin und Her zwischen Waldtrudering und dem Baihof, davon wird später noch öfter die Rede sein.

Aus unserem Tagwerk

Am Ende der fünfziger Jahre war man mit einem größeren Betrieb noch sehr auf fremde Arbeitskräfte angewiesen. Die Landwirtschaft bot noch sehr vielen Menschen Arbeit und Brot. Erst mit zunehmender Mechanisierung sollte sich dies ändern. So erzähle ich hier sogar etwas von einer aussterbenden Art der Arbeitsbewältigung. Wir hatten die Verantwortung für 45 ha landwirtschaftlich genutzte Fläche und 15 ha Wald übernommen. Das konnten wir in jenen Jahren nur mit den entsprechenden Hilfskräften bewältigen. Unsere Verwandten hatten sofort nach dem Kauf zwei Arbeiterwohnungen einbauen lassen, einfache Unterkommen für jeweils einen Melker, genannt „Schweizer", mit Familie und einen meist verheirateten Vorarbeiter. Früher nannte man eine solche Person auch „Baumeister", also jemand der auch den Ackerbau gelernt hatte. In den frühen Jahren hatten wir auch stets ein bis zwei Pferdeführer.

Als Kind erlebte ich den Hof noch mit vielen Knechten und Mägden und, fast zwei Jahrzehnte später, als wir ab 1972 sogar noch die Fläche in Mühldorf Hart übernommen hatten, waren es nur noch mein Mann und ein perfekter junger Bauer, die die Arbeit bewältigten. Diese einmalige Entwicklung unserer mitteleuropäischen Landwirtschaft hat sich in unserer Generation ereignet.

Ich muss gestehen, dass wir oft Personalwechsel hatten. Es gab eine Erfahrung in Bayern, dass sich z.B. ein Melkerehepaar selten länger als zwei Jahre auf einem Platz hielt. Der Grund? Dann war die Wohnung derart verwohnt, dass ein Umzug anstand. Leider ging es uns auch so mit unserem letzten Schweizerleuten. Das waren die „Simoninis", mit ihren vier Kindern, eine Melkerfamilie wie im Bilderbuch. Das Ehepaar ging erfahren und achtsam mit den Tieren um. Es liebte diesen Beruf. Später erfuhren wir, dass Herr Simonini durch einen Unfall mit Jungrindern ums Leben gekommen war. Dass dieser wunderbare Mann, der zu allem hin aus dem Krieg eine schwere Beinverletzung mitgebracht hatte, so sterben musste, das konnte man kaum begreifen.

Ich könnte mehr Namen nennen, an die wir uns gern erinnern. Zur Freude meiner Leser will ich noch von einer Melkerin erzählen, die sich bei uns fast eingeschlichen hatte. Sie kam allein mit ihrer Mutter und einem Kind. Sie verschwieg, dass ihr Mann im Gefängnis war. Nach einiger Zeit stellte sich heraus, dass sie ein zweites Kind erwartete. Sie konnte sehr herrisch und aggressiv werden. So kam es zwischen ihr und meinem Mann einmal zu einer heftigen Auseinandersetzung. Der Höhepunkt?... Sie nahm kurz entschlossen einen voll gefüllten Eimer Milch und schweifte ihn meinem Mann schwungvoll vor die Füße. Dieses Erlebnis hinterließ bei mir viel: Bei der kleinsten Verschwendung von Milch ist mir nicht wohl.

In den letzten Schaffensjahren auf dem Baihof wurde es ruhiger. Wir arbeiteten angesichts guter Hilfskräfte mit Treueprämien, wenn sie es uns ersparten, rasch weiterzuziehen. Jener junge Bauer, Hans Vogelmeier, der die letzten fünf Jahre mit uns teilte, wurde für uns ein Freund. Er bewältigte mit und für uns auch den großen Umzug nach Mühldorf. Zu ihm und seiner Familie haben wir bis heute einen guten Kontakt.

Ebenso ist es mit dem letzten Lehrling Rosemarie Kraller. Sie half auch als Gehilfin einmal bei uns aus. Seitdem sie selbst auf einem eigenen stattlichen Hof bei Tittmoning sesshaft geworden war, ist die Verbindung nie mehr abgerissen.

Ganz wichtig ist es von unseren „Rübenfrauen" zu erzählen. Gleich im ersten Jahr, als der damalige Verwalter Hans Loebner den Betrieb übernahm, baute er Zuckerrüben an. Das war in unserer Region eigentlich neu. Auf dem elterlichen Gut in Schlesien hatte der Zuckerrübenanbau eine große Rolle gespielt. Der Boden war dafür sehr geeignet gewesen. Auch auf dem Baihof bot sich der Boden dafür an, lag unser Hof mit seinen Lehmböden doch auf einer Endmoräne der Eiszeit.
Der Anbau begann also 1948. Es war das Jahr der Währungsreform. Für die Plegearbeiten im Rübenanbau mussten saisonbedingte Arbeitskräfte angeheuert werden. Im Grunde hatte der „Verwalter", mein späterer Mann, kein Geld, den Lohn zu bezahlen. Die mögliche Zuckerrübenernte musste vom Betrieb vorfinanziert werden. Nochmals erinnere ich an das Kopfgeld von 48 RM pro Person. Was war zu tun? Hans Loebner versprach einer bereitwilligen Gruppe von etwa fünf Frauen aus Markt Schwaben einen Stundenlohn von 50 Pfennig, zum Teil in bar und zum Teil in Naturalien, auszuzahlen, wenn das Rübengeld im Herbst zur Verfügung stehen würde. Die Gruppe ging darauf ein und erfreute sich im Herbst an dem wohl- verdienten Barlohn, dem Zucker und dem Sirup.

Unsere Rübenfrauen, manchmal auch durchaus liebevoll „Rübenweiber" genannt, wurden uns unentbehrlich. Wenn sie mittags zur Arbeit kamen, lagen schon die frisch geschliffenen Hacken am Feldrand und dann setzte sich die Kolonne, oft fröhlich ratschend, in Bewegung. Auch ich habe später oft mitgearbeitet. Höhepunkt des Nachmittags war stets der Augenblick, wenn die Brotzeit aufs Feld gebracht wurde. So habe ich in meinen Baihofjahren Berge von schmackhaften und liebevoll gestrichenen Vesperbroten hergerichtet. Auch unsere Lehrlinge beherrschten dieses Ritual. Wir hatten ein hervorragendes Brot vom Bäcker Seidl in Poing. Woche für Woche wurde es auf den Hof gebracht.

Warum war der Rübenanbau seinerzeit noch derartig arbeitsintensiv? Es gab zwei Gründe, die uns in späteren Jahren die Arbeit sehr erleichterten. Pilliertes Saatgut war im ersten Jahrzehnt noch nicht zu haben. Das bedeutete bis dahin: Da jede Samenhülle mehrere keimfähige Sämlinge birgt, so gehen in jeder Reihe viel zu viele Pflanzen auf. Alle überzähligen Pflänzchen müssen mit Hand oder Hacke beseitigt werden, um den idealen Einzelabstand zu erreichen.

Es gab auch noch keinerlei Unkrautbekämpfungsmittel. Damit erfordete der Zuckerrübenanbau von Mai bis Juli Pflege durch Handarbeit.

Für den Betrieb wurde der Anbau zunehmend wichtig, denn nach dem Erfahrungsschatz meines Freundes Langeneke, wie aus dem Mund meines Mann, wusste ich: *„Wer Rüben anbaut hat einen sauberen Acker, hat im Herbst für die Rinder die Blätter, und der Betrieb hat eine zuverlässige Einnahme."*

Mit einem Blick auf die Arbeit meines Mannes möchte ich dieses Kapitel fortsetzen. Im Grunde machte er alles. Er war sicher im sachgemäßen Umgang mit allen unseren Maschinen. Er war vorsichtig und sehr abwägend mit Neuanschaffungen. Er liebte seine Zugmaschinen. Wir waren rundum der erste Betrieb, der einen Schlepper mit einem Frontlader hatte. Wir schafften auch sehr früh einen gezogenen, später einen selbstfahrenden Mähdrescher an. Ich denke, mein Mann war in erster Linie ein „Ackerwirt". Die Arbeit an der Erde lag ihm mehr, als der Umgang mit Vieh. Dennoch, die Pferde und die Geburten im Kuhstall, waren ihm absolut wichtig. Oft standen wir beide dafür in der Nacht auf. Jeden Abend war sein letzter Gang: *„Die Kühe schlafen legen, denn. . . das Auge des Herrn macht das Vieh fett!"*

Mein Mann war im Grunde traurig, dass er vorerst für den Betrieb nicht die besten Ergebnisse erzielen konnte, aber er liebte dieses unser Leben, und er war nie ohne Zuversicht in Anbetracht dessen, was uns das Leben schenkte. So konnte man gelegentlich ganz profitlich von ihm hören: *„Gut gefrühstückt hält den ganzen Tag, gut gepflügt das ganze Jahr, gut geheiratet das ganze Leben!"*

In diesem Reigen darf unsere Tante Reni nicht fehlen. Ja, sie ist unermüdlich um uns bemüht. Das Leben und Wirtschaften ohne sie, war in diesen Jahren fast nicht denkbar. Sie liebte die Kinder, und war in allem um sie besorgt. Sie liebte die Wäsche und das Weißzeug, bügelte gerne und schier unermüdbar. Sie hielt auch unsere Kleidung und Wäsche mit Nadel und Faden in Ordnung. Und. . . sie kümmert sich gern um das Obst im Garten. Auch werde ich nie vergessen mit welcher Freude sie stets unsere unzähligen Gelee und Marmeladengläser zuband. Dies war seinerzeit ein Ritual. Man benötigte etwas Alkohol zum Abdecken und Salizielpapier, später Zellophan, zum Verschließen. Ich glaube dass sie im Grund ihres Herzen glücklich darüber war, dass wir alle aus Tübingen mitgebrachten Schätze von Herzen gerne benutzten, liebten und pflegten. Ich denke oft, dass ihr das Leben mit uns und für uns letztlich *die* Erfüllung schenken konnte. Dieses Gefühl trägt mich bis heute.

Was meinen Haushalt anbelangte, durfte ich mich schon bald sehr fortschrittlich fühlen. Eine Wäschezentrifuge hatte schon „zum ersten Kind" gehört. Für den Küchenbetrieb gab es gutes Gerät zum Herrichten von Obst und Gemüse, sogar eine Kartoffelschälmaschine. Ganz zeitig schafften wir einen Drucktopf und eine Küchenmaschine an. Unser Patenonkel Hans Loebner verhalf uns zu einem sehr geräumigen Gefrierschrank. Nie waren wir weniger als acht Personen um den Tisch. Gern und voller Dank denke ich an unsere stets aus dem Vollen schöpfen könnende Küche.

Von unserem Rundum und der Familie

Der Baihof ist ein Einzelhof, 20 Kilometer Luftlinie von München entfernt. Die einzigen Nachbarn, mit denen wir etwas näheren Umgang hatten, waren Wachingers. Ihr Betrieb war dem unseren ähnlich. Das junge Ehepaar Wachinger hatte fast zur gleichen Zeit wie wir geheiratet, und so ergab es sich, dass auch ihre Kinder, ähnlich alt, denselben Schulweg hatten. Im nahegelegenen Gelting waren Kirche, Schule und Molkerei, in Pliening, die Gemeindeverwaltung. In Ottersberg, einem nahe gelegnen Weiler, gab es ein Wirtshaus und einen kleinen Kolonialwarenladen, damit verbunden, für uns sehr wichtig, eine Autoreparaturwerkstatt. Sowohl in Poing wie in Markt Schwaben gab es einen Bahnhof. Von letzterem aus fuhren unsere Kinder jahrelang, nach reichlich drei Kilometern Anfahrt mit dem Rad, zum Gymnasium nach Erding. Wollten wir nach München, so war der Weg zum Bahnhof Poing, den man auch leicht zu Fuß machen konnte, günstiger.

Meine Mutter lebte in Trudering. Mein Bruder war zwischenzeitlich einmal in Deutschland gewesen und hatte die Notwendigkeit erkannt, dass es gut wäre, wenn meine Mutter ein Auto bekäme. Damit wurde dann der Weg zwischen ihr und uns fließend.

Durch diesen befreienden Antrieb wurde es möglich, dass die Mutter in späteren Jahren unsere Kinder in den Sommerferien für vierzehn Tage an den Riegsee mitnahm. Dort gab es einen Hof direkt am See, wo die Kinder fast mühelos schwimmen lernen konnten. Die Wandervogelseele dieser Großmutter Ruth, die sich Mäti nennen ließ, war damit zu ihren frühen Erfahrungen und Erlebnissen zurückgekehrt.

Meine Schwiegermutter war das erste Jahrzehnt nach der Flucht im Tierpark Hellabrunn ansässig geworden, wo sie für den lebhaften und bewegten Haushalt ihrer Tochter Dorothee eine große Stütze sein konnte. Meine Schwägerin hatte sich aber vier Jahre nach der Geburt ihres Sohnes Wolfgang scheiden lassen und heiratete Dr. Rudolf Picard. Sie kauften 1967 ein Haus in der Virchowstrasse in München Schwabing, in der Nähe des Biedersteiner Krankenhauses. Der vierährige Sohn und unsere Großmutter Erika gehörten ab dieser Zeit zu der neuen Familie, die sich durch die Geburt einer Tochter, Christiane Picard ausrundete. Zwischen der Virchowstrasse und dem Baihof gab es viel Austausch und Bewegung. Wir, die junge Familie auf dem Hof, wir waren familiär dadurch gut „eingebettet", was nicht nur bei Familienfesten spürbar wurde, sondern auch in Zeiten, in denen wir Hilfe brauchten.

Auf dem Baihof hatten wir im Sommer viel Besuch. Sehr oft war es Kinderbesuch. Wolfgang Heck, der Sohn meiner Schwägerin Dorothee kam viele Jahre lang immer mal wieder zu uns. Er verstand sich gut mit Andreas. Mein Mann war sein Pate. Auch bei meiner Schwester Brigitte wuchsen inzwischen drei Söhne heran, Thomas, Walther und Peter Drescher. Letzterer war mein Patenkind. Ich drehte einen kleinen Film über sein immer mal wieder bei uns Sein.
Auch von Verwandten meines Mannes wurde der Baihof gern besucht. Sein Vetter Marianus Czerny, er war Professor für experimentelle Physik in Frankfurt, kam über viele Jahre hinweg jeden Sommer für vierzehn Tage zu uns. Im Laufe der Jahre habe ich auch noch die vier der noch lebenden Schwestern meiner Schwiegermutter kennen gelernt.

Und wie stand es um uns selbst, was unsere Freizeit anging? Zusammen mit meinem Mann konnte ich in den ersten Jahren nicht viel Eigenes unternehmen. Urlaub zu zweit, das war nicht drin. Aber da gab es dennoch, mal für den einen, mal für den anderen, etwas zum Erleben.

Mein Mann fuhr ganz getreu und gerne zu seinen Kameradentreffen. Er hatte ja zwei Divisionen angehört. Der Austausch unter denen, die die Hölle Krieg überstanden hatten, war für ihn wichtig. Er las auch viele Bücher zum Thema Krieg. Oft frage ich mich, warum ihn dies sein ganzes Leben nicht losgelassen hat. Vielleicht war es ihm, einem hart Betroffenen, wichtig zu erfahren: Wie haben die andern dies alles durchgestanden, dieses unsägliche Geschehen in unserem 20. Jahrhundert.

Ich freute mich, wenn ich zu meinem Klassentreffen in die alte Heimat fahren konnte, um dort auch meine Freunde Langenekes zu besuchen. Zwischendurch gab es da oder dort auch mal ein Familienfest, an dem wir sogar zu zweit teilnehmen konnten.

Andreas und Irene waren inzwischen Schulkinder geworden. Andreas musste im ersten Schuljahr ein Erschrecken durchmachen. Er hatte immer wieder Leibschmerzen, unerklärbare Leibschmerzen, bis wir unruhig wurden und ihn ins Kinderkrankenhaus nach Steinhöring brachten. Wir hatten Glück. Unvergesslich, das nachfolgende befreiende Erlebnis: Der Chefarzt, Dr. Kleinle, gewinnt das Vertrauen unseres Sohnes durch einen kleinen Affen, eine Handpuppe, die er aus dem Schrank holt. Durch und mit diesem Äffchen verhandelt er dann auf verführerische Weise mit dem verschüchterten Patienten und siehe da, Andreas lässt die unangenehme Prozedur der Untersuchung widerstandslos über sich ergehen. Das Ergebnis? Der Junge muss sofort operiert werden!

Ja, es war höchste Zeit gewesen für diesen Eingriff. Für Andreas kam eine harte Prüfung. Er durfte sicher drei Tage lang nichts essen. Er war in einem Saal mit sehr vielen Kindern untergebracht und die Schwestern waren einfallslos und streng. Ich sehe sie noch durch die Reihen der Betten gehen, bemüßigt, immer wieder die Bettdecken der Kinder gerade zu ziehen. Die ganze Familie atmete auf, als Andreas wieder etwas essen durfte. Ich nähte ihm ein neues Nachthemd und stickte auf eine Tasche am Oberteil einen Elefanten. Andreas liebte diese mächtigen Tiere. Konnte er doch schon ganz ganz früh und mit großer Sicherheit die indischen und die afrikanischen Elefanten auseinander halten.

Auch Irene machte eine Bekanntschaft mit dem Krankenhaus in Steinhöring und dem Affen vom Dr. Kleinle. Es ging bei ihr um einen Abszess, dem sich der Chirurg annehmen musste. Auch sie hatte ihr Erleben mit den Schwester. Sie meint heute noch, diese wären „ekelig" gewesen. . . kaum Hilfe nach dem Erwachen aus der Narkose, als sie erbrechen musste. Eine jedoch hätte abends gefragt, von welchem Märchen sie jetzt träumen möchte. Irene entschied sich ohne zu zögern für Schneewittchen. Doch wovon träumt die Vierjährige? Sie träumte, dass die Scheune vom unserem Hof lichterloh brennt!

1959 gehe ich selbst in dieses Krankenhaus. Zu unserer großen Freude hatte sich noch einmal ein Kind angemeldet und am 1.Dezember war es so weit, dass aus unserm Geschwisterpaar ein Geschwisterkreis wurde. Wir nannten unserem zweitgeborenen Sohn Hans Reinhard. Einmal musste der Vorname Hans doch auch in dieser Generation verankert werden. Reinhard, das wurde sein Rufname.
Etwas vorauseilend will ich noch einfügen: Auch Reinhard wurde im ersten Schuljahr der Blinddarm herausgenommen, und dies auch in Steinhöring. Zu unser aller Beruhigung begleitete ihn unsere fürsorgliche Tante Reni.

Meine Stillzeit war eine glückliche Zeit. Wir hatten Winter. Ich hatte zwar auch bei meinem dritten Baby noch keine Waschmaschine, aber was soll's, wir waren alle wohlauf, und auch die Tante, so spürte man es, bekam zu diesem Kind eine ganz besonderen Beziehung.

Im März feierten wir in der neu gebauten Evangelischen Kirche in Markt Schwaben Reinhards Taufe. Später, beim Fest in unserm Haus, machten wir zum ersten mal Hausmusik, denn wir hatten Ursel Werner, die Geigenlehrerin, als Patin gewählt. Nach dem Musizieren gestand ich ihr, dass ich es mir für die älteren Kinder sehr wünschte, sie könnten auch ein Instrument erlernen. Darauf ihre ganz nüchterne Feststellung: *„Dann musst Du sie eben unterrichten lassen!"* Und die Lösung? Unsere Tante Ursel kam fortan jede Woche einmal mit dem Auto aus München zu uns, spielte mit Andreas Flöte und begann mit Irene das Geigenspiel. Sie kam solange zu uns, bis Irene ins Gymnasium ging und am letzten Pult im Schulorchester mitspielen durfte. Das war der Anfang eines für Irene unbeirrbaren Weges.

Um etwas vorzugreifen sei noch erzählt, dass Irene es bis zur bestandenen Aufnahmeprüfung am Richard Strauss Konservatorium schaffte. Für ihre Liebe zur Geige wählte sie aber letztlich doch die Geigenbauschule in Mittenwald.

Erlebnis Argentinien

Wenn ich im vorigen Kapitel davon berichten konnte, wie sehr wir uns in die Familie eingebettet und in ihr aufgenommen fühlten, komme ich nun zu jenen Familienmitgliedern, die ausgewandert waren. Mein Bruder Lothar hatte in Argentinien als Arzt bei einer pharmazeutischen Firma eine gute

Anstellung gefunden und lebte mit seiner Frau Marianne und ihren inzwischen drei Söhnen in einem eigenen Haus in Buenos Aires. Er wünschte sich sehnlichst, dass einer von seinen Nächsten aus Deutschland ihn dort besuchen würde. Ich hatte Lust und Mut zu einem solchen Unternehmen und Geschenk.

Die Reise wurde für September bis Dezember 1960 geplant, und ich begann schon früh mit den notwendigen Vorbereitungen. Drei Monate lang für Haus und Hof nicht präsent zu sein, dafür brauchte ich Unterstützung von vielen Seiten.

Es ist April 1960. Unser Reinhard ist wohlauf und auch längst abgestillt! Doch ich, ich fühlte mich nicht gut. Zuerst wollte ich es gar nicht wahrhaben, aber dann wurde der Gang zum Arzt unausweichlich. Es war dasselbe „Elend" wie nach der Geburt von unserm Sohn Andreas. Meiner Schilddrüse war es nicht gelungen, mich in einem Gleichgewicht zu halten. Und das Ergebnis? Bettruhe! Dieses Mal sollte ich einfach zu Hause bleiben. Daneben bekam ich ein Medikament namens Irenat, ein Mittel, das einen Prozess der Beruhigung und des Ausgleichs bewirken sollte. Mit einem gewissen Bedauern hatte mir Dr. Picard erklärt, dass man in Deutschland noch nicht so weit sei, diese Erkrankung durch eine Operation zu heilen.

So erlebte ich – die geplante Reise dennoch fest im Sinn – einen etwas schwierigen Sommer. Es war für mich ein echtes Entbehren in einer Zeit angespanntester Arbeit, nichts für den Betrieb leisten zu können. Dies war auch für meinen Mann sehr hart.

Tante Reni nahm sich in diesem Sommer der Pflege unseres Jüngsten an, und ich denke, das war auch der Beginn einer besonderen Fürsorge und Hinwendung eben zu diesem Kind. Irene war Schulkind geworden und hatte tatsächlich mit der Geige begonnen. Mein Mann hatte mir zum letzten Weihnachtsfest einen Filmapparat geschenkt. So kann man heute noch sehen wie Irene sich bemühte, das Lied „Ist ein Mann in‘ Brunnen g‘fallen", auf Reihe zu bringen.

Es ging mir nach der Liegezeit besser, danach kam ich jedoch wie in eine Unterfunktion der Schilddrüse, ein Zeichen, dass ich in keiner Weise stabil war. Dennoch blieb ich zuversichtlich.

Beizeiten wurden Mitbringsel für Argentinien besorgt. Ich schaffte sogar die Herausforderung, mir die ersten Hosen meines Lebens zu kaufen. Das war nämlich der ausgesprochene Rat und Wunsch meines Bruders gewesen. Es war eine tiefdunkelgrüne Baumwollhose. Meine Enkelkinder sollen wissen, dass es noch keine Jeans gab und ihr Großvater diesem Kauf mit gemischten Gefühlen zusah.

Was unseren Haushalt betraf, würde meine Schwiegermutter mithelfen und zeitweise präsent sein. Wir hatten in diesem Jahr einen guten Lehrling, Rosa Grün. Sie kam aus dem Hohenlohischen und hatte doch tatsächlich nach der Prüfung bei der Fürstin von Hohenlohe die Stelle einer Art Zofe eingenommen. Ich glaube, dass diese Rosa in der Zeit meiner Abwesenheit sowohl von meiner Tante, als auch von meiner Schwiegermutter sehr gute Impulse bekommen hatte für gewisse Verhaltensweisen und Herausforderungen, die man in einem rein bäuerlichen Betrieb nicht unbedingt erfahren kann.

Unser Reinhard sollte die Zeit bei meiner Mutter in Trudering verbringen. Damit habe ich auch unserem zweiten Sohn nicht ersparen können, ihn in frühester Zeit einmal ganz meiner Familie zu überlassen.

Mitte September flog ich mit einer Super Constellation nach Argentinien und das in der 1. Klasse. Mein Bruder hatte schon lange vorher das Ticket bestellt und zu meiner Freude und Überraschung als Rundreise ausfertigen lassen. Die Stationen waren vorprogrammiert: München, Frankfurt, Buenos Aires, Santiago de Chile, Washington DC, – meine Schwester Gabriele zu besuchen – erst danach zurück nach München Riem. Mein Bruder hatte die ganze Reise finanziert und darüber hinaus auch den Aufenthalt. Letztlich bekam ich noch unvergesslich schöne Abschiedsgeschenke, eine traumhafte rote Ledertasche und eine graue Lammfelljacke.

Von all dem, was ich in Argentinien gesehen und erlebt habe, werde ich hier nur wenig berichten. Es gibt aus dieser Zeit Briefe und einen gelungenen Amateurfilm. Jedoch meine spezielle Geschichte, eingeflochten in das Neue dieser Reise, will ich skizzieren.

Bald nach meiner Ankunft werde ich erneut unruhig und krank, habe ununterbrochen Hunger und wahrscheinlich auch wieder einen erhöhten Grundumsatz. Nichtsdestotrotz machen wir erst einmal eine Autoreise nach Rio de la Plata. Danach erst bringt mich Lothar zu einem guten deutschen Arzt. Dr. Enzweiler war Internist und musste nach seiner Auswanderung noch einmal das ganze Studium absolvieren, um in Argentinien als Arzt an einer Klinik arbeiten zu können.
Dieser wunderbare Arzt erkennt sofort die Gefährdung, in der ich lebe. Sein Rat ist total schlüssig:
„Wären Sie meine Schwester oder meine Frau, wären Sie eine nahe Verwandte oder Gefährtin eines Freundes, in jedem Fall würde ich nichts anderes raten... lassen Sie sich operieren! Wir haben hier in Argentinien in diesen Dingen viel Erfahrung. Es kommen viele Schilddrüsenkranke aus den Anden zu uns. Ich habe einen Kollegen, Dr. Vollenweider, er ist Chirurg und hat sich in Amerika ein Jahr lang für diese Operationen ausbilden lassen. Ihm können Sie sich anvertrauen.

Ich übernehme alles Internistische. Er übernimmt das Chirurgische. Wir arbeiten in solchen Fällen immer zusammen."

Ich habe nicht lange gezaudert, dieses Angebot anzunehmen. Schließlich würde ich mit einer immer wiederkehrenden „Basedowschen Erkrankung" bald ein geschädigtes Herz haben. Wir versuchten durch einen raschen Kontakt nach Deutschland, die Einwilligung der Meinen einzuholen und die Krankenversicherung zu verständigen. Danach war der Weg zur Operation frei. Der Termin für die Zeit im Krankenhaus wurde festgelegt und zwar so, dass Lothar mit mir und einem Freund noch eine Autoreise ins innere Argentiniens unternahm, wo ich ein paar Tage auf einer Estantia zu Gast sein durfte, um danach mit dem Zug allein wieder in die Hauptstadt zu gelangen.

So dufte ich in kürzester Zeit zweimal, auf langen Fahrten durch das argentinische Land, die unendliche Weite und Eigenart dieses Teils von Südamerikas erleben. Voller Dank kehre ich ins Haus meines Bruders zurück und treffe meine Vorbereitungen fürs Krankenhaus.

Ich bekomme ein Einzelzimmer im Deutschen Hospital in Buenos Aires.

Ich habe es hinzunehmen, dass ich für zehn bis zwölf Tage lediglich interniert werde, um dreimal am Tag Jod einzunehmen. Damit soll sich die Drüse so vergrößern, dass sie fachgerecht operiert werden kann, und nach dem Eingriff nur noch ein wallnussgroßes Stück der Drüse für den Körper weiterarbeitet.

Es war gut, nicht genau gewusst zu haben, was mir bevorstand.

Am zwölften Tag wurde ich vorbereitet, bekam etwas zur Beruhigung und wurde dann in den OP gefahren. Dr. Vollenweider erklärte mir, bei örtlicher Betäubung arbeiten zu wollen und mich öfter auffordern würde, etwas zu sprechen. Er wollte auf jeden Fall vermeiden, dass die Stimmbänder irgend einen Schaden erleiden könnten.

Ich bekomme Betäubungsmittel injiziert. Die Operation beginnt. Ich spreche, wenn dies gewünscht wird. Ich höre das Klappern der Geräte und gelegentlich auch die Weisungen des Arztes. Die Operation zieht sich in die Länge. Immer wieder stärke ich mich selber mit dem dreiundzwanzigsten Psalm und spreche innerlich vor mich hin: *„Der Herr ist mein Hirte, mir wird nichts mangeln, er weidet mich auf einer grünen Aue und führet mich zum frischen Wasser. . . . .“*
Es muss erneut betäubt werden. Dr. Vollenweider spricht gelegentlich beruhigend auf mich ein. Ich bin nicht voll da, aber doch da. Dann weiß ich nur noch , dass ich im Hinausfahren kurz meinen wartenden Bruder sehe, der mir sagt, dass der Eingriff zweieinhalb Stunden gedauert hat.
Es folgt die ärgste Nacht meines Lebens. Ich darf im Bett nur sitzen! Ich fühle mich so elend wie nie. Doch ich bekomme eine ganz fürsorgliche eigene Schwester, die mich liebevoll und sachkundig durch die Nacht bringt.

Merkwürdigerweise ging es danach sehr rasch und spürbar bergauf. Der Organismus hatte die großen Dosen „Betäubungsgifte" bald verkraftet und am fünften Tag durfte ich zurück ins Haus meines Bruders. Bei der Entlassung verabschiedete sich Dr. Enzweiler mit der Versicherung, dass ich nun geheilt sei. Ja, ich würde wieder voll arbeitsfähig werden und. . . tatsächlich war ich 16 Jahre lang so gut wie nie krank!

Ich möchte nicht versäumen mich an dieser Stelle auch dankbarst an meine Schwägerin Marianne zu erinnern. Sie war mir nicht nur in der Krankenhauszeit eine besorgte Gefährtin. All die vielen Wochen war sie darum bemüht, dass Argentinien für mich zu einer ganz wohltuenden und harmonischen Zeit werden konnte.

Mit sehr vielen Freuden und vielfarbigen Erlebnissen geht die Zeit in Argentinien zu Ende. Ich reise mit meiner Schwägerin Marianne - die Anden ganz nah von oben sehend - nach Santiago de Chile, wo wir für drei Tage zwei ihrer Brüder besuchen. Ein kaltes Bad im Pazifik, es bleibt unvergessen! Danach darf ich Südamerika noch einmal aus der Luft sehen, und erschaue unter mir etliche Stunden lang. . . Wald. . . Wald. . . Wald. . .

Die Landung in Maimi war ernüchternd. Dieser Flughafen hatte für mich etwas absolut Steriles. In Washington DC erwarteten mich meine Schwester und mein Schwager, den ich zum ersten mal in meinem Leben sehe. Ich bin zutiefst betroffen über Gabrieles schlechte Verfassung. Schon auf der Heimfahrt eröffnet sie mir, dass sie drei Fehlgeburten hinter sich habe. Von dem oft sehr belastenden Leben meiner Schwester werde ich an anderer Stelle erneut berichten.
Ich blieb bis kurz vor Weihnachten in den USA und konnte auch noch Fanny David, die Schwester meines Vaters in Ann Arbor besuchen.

Es ist nicht leicht mit wenigen Worten Markantes zu sagen, welche Gestimmtheit ich von Süd- und Nordamerika mitbrachte.
In Argentinien war ich in einem weltoffenen Land gewesen, in dem man bis zu vier Sprachen spricht oder versteht. Noch lebte Argentinien im Überfluss. Der unbesorgte Umgang mit Nahrungsmitteln, war für mich kaum zu fassen. Die Menschen lebten in einer scheinbar noch heilen Welt. Und ich kam aus dem von zwei Kriegen heimgesuchten Europa, wo man

in Deutschland immer noch Trümmer wegzuräumen hatte. So fühlte ich mich im Grunde mit *meinem* Land *arm und angeschlagen*.

Argentinien beschenkte mich mit einer großen äußeren und inneren Wärme und einem wiedergewonnenen Stück Leben. Den Menschen, denen ich dort begegnen durfte, fühlte ich mich nah. Das Haus meines Bruders gab mir *mehr* als Gastlichkeit. Noch einmal durfte ich erleben, wie nah mir mein Bruder war und für immer bleiben würde. Nur noch zehn Jahre lang würde er unter uns sein.

Durch die Gemeinsamkeiten mit seinen Söhnen war der Grundstein dafür gelegt, bis heute einen ununterbrochenen aneinander anteilnehmenden Kontakt zu pflegen. Detmar, der älteste und Frank, der jüngste Sohn leben in Deutschland. Martin, der mittlere, ist mit seiner Familie in Argentinien geblieben. Er musste mit den Seinen all die unruhigen Zeiten mitmachen, denen dieses Land später ausgesetzt war.

In Amerika hatte ich das Gefühl, als Deutsche wie „aus dem Schatten zu kommen". So viele bunt strahlende Weihnachtsbäume, soviel Glanz und Reklame in den Straßen, so viel Verschwendung von Wärme und Energie! Das war für mich weniger Freude als ein Erstaunen, dass es ein Land gibt, das scheinbar im Reichtum schwimmt. Um einen Dollar einzutauschen, hatte ich vier Deutsche Mark hinzulegen. Dieses Gefälle allein sprach seine eigene Sprache.

Ich fühlte, dies würde nie *mein* Land sein können. Ich empfand das selbstbewusste WIR dieser Nation fast als eine Anmaßung. Ich war und bin bis heute dankbar, dies so eindeutig gespürt zu haben.

Mit großer Freude - im Gepäck jedoch mit einer Trübnis über das Los meiner Schwester Gabriele - landete ich dankerfüllt am Vormittag des Heiligen Abends 1960 wieder in München Riem.

Nach Weihnachten ließ ich die auf der Reise gedrehten Filme und Bilder entwickeln und lud im Februar zu einem Fest der Erstaufführung und des Erzählens ein. Eine besondere Freude war es, dass genau zu dieser Zeit Herr Dr. Enzweiler aus Argentinien nach Deutschland gekommen war, um hier zu hospitieren. So war auch er bei uns zu Gast und er konnte sich mit uns allen über „mein Gesund-geworden-sein" von Herzen freuen.

V

HERAUSFORDERUNGEN

1961 – 1970

Mit dem Mut zu Neuem
eröffnet sich Vielfalt

Blickpunkt Meisterprüfung

Schaue ich auf mein Leben zurück, so stelle ich fest, dass ich immer wieder das Glück hatte, sehr effektive und zielgerichtete Ausbildungen zu durchlaufen, durch die ich mich in nahezu idealer Weise auf neue Aufgaben vorbereiteten konnte.

Manchmal war ich traurig, dass ich nicht studieren konnte, so wie es in meiner Familie gang und gäbe war. Doch diese andere Form des Lernens war im Grunde viel mehr das Meine. Ich ergriff diese Chancen, in welcher Form auch immer, eigentlich lebenslang. So auch die für mich sehr bequeme Art, mich auf die Meisterprüfung in der ländlichen Hauswirtschaft vorzubereiten.

Der Lehrgang war an der Landwirtschaftsschule in Erding. Ich denke mit Hochachtung an unsere Leiterin, Frau Baumann, die für diese Aufgabe wie geschaffen war. Alle Teilgebiete unseres vielfältigen Berufszieles wurden auf gehobener Ebene unterrichtet, praktiziert und ausgeformt. Alles das stand unter dem Anspruch, das Gelernte und Erfahrene auf die leichtest verständliche und doch nachhaltigste Weise einem späteren Lehrling zu vermitteln.

Natürlich erforderte die Teilnahme an diesem Lehrgang nebenbei, eigenständig zu lesen, zu lernen und zu experimentieren. Der Stoff war im Grunde der ähnliche wie zur Lehrlingsprüfung. Diesen Stoff jedoch meisterlich zu beherrschen, das war der Reiz. Das erste, was uns Frau Baumann gebot, klang so: *„Sagen Sie nie, dass Ihnen Etwas genügt! Meisterhaftes zu leisten erfordert mehr!"*

Für die Prüfung wurde ich für zwei Tage in die Landwirtschafsschule Schrobenhausen einberufen. Mein Mann brachte mich mit dem Auto hin.

Als er mich absetzte, wollte er möglichen Enttäuschungen oder Entglei-
sungen vorbeugen und sagte: *„Denk dran, dass Du von Unteroffizieren geprüft
wirst!"* Fast weise, dieser Rat des alten Soldaten, dieser Prüfung so für
mich entgegen zu sehen.

Die Prüfungstage erforderten selbstverständlich totale Konzentration und
vollen Einsatz. Jeder hatte einen Lehrling zur Mitarbeit, ihn zu unter-
weisen, zu belehren und ihn zu fordern, dass auch er sein Bestes zu geben
bereit war. Mit der Prüfung waren außerdem verbunden „Vorführungs-
übungen" (z. B. Geräte, Maschinen, Arbeitsvorgänge. . . .) und
„Beurteilungsübungen" (z.B. Hausgeräte, Textilien, Gartengeräte oder gar
Kinderspielzeug. . .)
So, wie zur Lehrlingsprüfung hatte jeder Prüfling eine eigene umfang-
reiche schriftliche Arbeit zu erstellen, deren Thema langfristig bearbeitet
worden war. Die Aufgabe betraf irgend eine wirtschaftliche Notwendigkeit
oder Veränderung im jeweils eigenen Betrieb. Mein Thema kam mir sehr
entgegen: *„Welche Möglichkeiten zur Vereinfachung der Hauspflege sind Ihnen
bekannt. Welche davon sind in Ihrem Haushalt anwendbar?"* Diese Arbeit
wurde ein kleines Zeitdokument. Indem ich sie heute noch einmal lese, bin
ich erstaunt, wie sehr mir die Bearbeitung dieses Themas ein Leben lang
geholfen hat, meinen Haushalt arbeitstechnisch gut zu durchdenken.
Um es kurz und bündig zu machen, ich kam mit allem gut zurecht
und hatte letztlich eine Benotung von 1,34. Als ich dies meinem Mann
sehr stolz am Telefon verkündete, meinte er lakonisch: *„Dann war die
Prüfung für dich zu leicht!"* Und meine Schwiegermutter, die dann auch noch
den Hörer übernahm, konstatierte: *„Du hast aber auch was gekonnt!"*
Später dann erfuhr ich, dass ich unter achtzig Landfrauen in Bayern die
beste Prüfung abgelegt hatte. Und das als jene „Preußin", die nach der
Lehrlingsprüfung, etwas „gedämpft" heimgekommen war.

Bevor ich dieses Kapitel beschließe, möchte ich bekennen, dass ich mich erst jetzt wirklich gesichert fühlte, jungen Menschen durch unseren ländlichen Haushalt das zu geben, was ihnen für ihren eigenen späteren Betrieb wichtig sein könnte. Immerhin kamen die jungen Mädchen schon mit guten Kenntnissen und Antrieben von zu Hause und sie verdienten ja bei uns nicht viel. Ich war sehr darauf bedacht, dass sie, wenn möglich, stets die Arbeit oder Aufgabe übernehmen durften, durch die sie am meisten lernten oder sich in Selbstständigkeit üben konnten. So übernahm ich oft die weniger „attraktiven" Notwendigkeiten ungeachtet dessen, dass ich dennoch den ganzen Tag für sie präsent zu sein hatte.

In eben dieser Zeit wuchs bei uns eine tiefgreifende Einsicht, dass wir erneut eine bedeutsame Änderung für unseren Betrieb zu entscheiden hatten. Das nächste Kapitel wird zeigen, wie sinnreich es sein würde, auch dafür, einen Lehrling bei uns zu haben.

Unsere Hühnerhaltung

Bezüglich unserer Milchviehhaltung hatte es sich erwiesen, dass wir ohne langjähriges gutes Personal diesen Betriebszweig nicht aufrecht erhalten könnten. In Urlaubszeiten oder an Sonntagen hatte ich im Stall oft präsent zu sein. Das war auf die Dauer keine Lösung. So kamen wir ziemlich rasch zu dem Entschluss, uns vom Milchvieh zu trennen und eine Hühnerhaltung einzurichten. Ein früherer Geflügelzuchtmeister vom Staatsgut Grub, jetzt Vertreter für eine Futtermittelfabrik, beriet uns hervorragend für diese einschneidende Umstellung. Damals war es durchaus noch etwas Besonderes, im Betrieb eine größere Geflügelhaltung einzurichten. Für uns geschah dies nun in einem absolut übersehbaren Rahmen und ohne viel Risiko.

Im Kuhstall und Schweinestall wurden drei Legeställe für je 500 Lege-hennen erstellt. Im früheren fast noch neuem Hühnerstall sollten jeweils 500 Junghennen herangezogen werden. Das würde einen fliessenden Produktionszyklus für jeweils 1 500 legende Hennen sicher stellen. Eine Legehenne hat im Durchschnitt nach zwei Jahren ihr Bestes gegeben. Aus diesem Grund war diese Maßnahme für eine ausgeglichene gleich-mäßig fortlaufende Produktion so gut wie unabdingbar.

Der neue Betriebszweig brachte rasch die ersten Einnahmen. Der Lehrling und ich, schätzten die saubere Arbeit. Die Hennen lebten auf einem Laufgitter und hatten einen gepflegten Scharrraum. Das Abnehmen der Eier aus den Abrollnestern war eine Freude. Die Hühner wurden mit Zeitschaltuhren geweckt und auch wieder zur Nachtruhe gebracht. Die Grundnahrung war ein mehliges Fertigfutter, das von der Firma Deuka angeliefert wurde. Das im Grunde für uns unverkäufliche eigene Futtergetreide sicherte die einmalige tägliche Körnerfütterung. In einem ausgedienten nach Norden gelegenen Knechtezimmer wurde unsere Eierstube eingerichtet. Dort stand die Eierwiegemaschine, die auch unsere Tante Reni noch gerne bediente. Hier war auch der Platz für die gestapelte Produktion. Der Geflügelzuchtmeister, Herr Walther, bliebt unser ständi-ger Berater.

Die Buchführung hielt sich in Grenzen, jedoch machte ich mit einer jungen Kraft aus Weihenstephan über drei Jahre hinweg eine Kosten-Nutzen-Rechnung, um den durchschnittlichen Gewinn für ein Ei zu ermitteln. Ich meine mich daran zu erinnern, dass wir pro Ei erst einmal 13 Pfennig aufzuwenden hatten, ehe es verkauft werden konnte. Hatte *ein* Satz von Hennen, das Seine erbracht, wurde der jeweilige Stall leer geräumt, frisch geweisselt und alle Holzgitter und Nester im Freien sauber gescheuert und desinfiziert. Bei Letzterem, da haben der Lehrling und ich fleißig mit geschrubbt.

Von Anfang an war es unser Plan, die Eier selbst zu vermarkten. Natürlich hat auch unser Bäcker seinen Bedarf aus unserer Haltung gedeckt, wir aber wollten grundsätzlich einen letztmöglich guten Gewinn, indem wir mit dem Verkauf den Endverbraucher erreichten. Ein 70 Gramm Ei konnte durchaus über 30 Pfennig erbringen.

Nun trat genau das ein, was das Haus meiner Mutter in Waldtrudering für uns auch aus wirtschaftlicher Sicht so wichtig werden ließ. Von hier aus erreichten wir an die 200 Eierkunden, die wir wöchentlich anfuhren und die wir, meine Mutter und ich, jeder mit seinem Auto, von Haus zu Haus belieferten. Mitunter kündigte mich einer meiner Kunden bei seinem Nachbarn an, indem er rief: „Das Eierweib ist da!" An diese Jahre denke ich mit großer Freude zurück. Hatte ich doch dadurch auch jede Woche Kontakt mit meiner Mutter und wurde über neun Jahre hinweg durch ihre Treue und unermüdliche Mithilfe beschenkt.

Ich konnte bei ihr zu Mittag essen und an allem teilnehmen, was sie bewegte oder auch belastete. Familiäres stand da an erster Stelle; lebten doch zwei ihrer Kinder jenseits des Ozeans. Die Sorgen um meine Schwester Gabriele nahmen einen großen Gesprächsraum ein. Hatte sie doch inzwischen vier gehörlose Kinder, denen sie eine großartige Mutter war und dies bei einer unglaublichen Strenge des Ehemannes. Zweimal besuchte meine Mutter in dieser Zeit unsere Gabriele.

Natürlich brachten wir auch alle „ausgedienten" Hennen als Suppen-hühner zu unseren Kunden. Von Zeit zu Zeit fütterten wir über zehn

Wochen hinweg einen Satz von hundert Hähnchen oder Poularden. Auch diese Ware wurde in Trudering sehr gern abgenommen.

Das Schlachten? Auch das ging in eigener Regie, und natürlich waren an solchen Schlachttagen zwei unserer bewährten Rübenfrauen zur Stelle. Sie stammten aus ländlichen Räumen in Ungarn und brachten für diese Arbeit viel Erfahrung mit. Manchmal hatten wir an einem Tag hundert Tiere verkaufsfertig herzurichten. Wir hatten Schlachttrichter und auch eine Rupfmaschine. Unsere Küchenwaage wurde laufend geeicht. Wenn meine vegetarisch ausgerichteten Enkel diesen letzten Abschnitt lesen, werden sie den Kopf schütteln, wenn ich ihnen gestehe, dass die Arbeit des Schlachtens die meine war, und dass ich sicher nicht weniger als zwölftausend Tiere in diesen Jahren getötet habe.

Später aber, als wir keine Hühnerhaltung mehr hatten, hatte ich wegen diesem eigentlich unseligen Antrieb noch manchen Alptraum.

Dennoch, vielleicht waren diese neun Jahre meine „reichsten" Jahre im Blick auf das, was ich unbesorgt austeilen und verschenken konnte. Geschenke zu kaufen, das war für mich nur begrenzt möglich. Doch ich hatte ja Blumen in Fülle, hatte Spargel und oft auch viel mehr Tomaten, als wir verwerten konnten. Es gab Beeren in Menge, und Obst für den ganzen Winter samt dem Saft von vielen Zentnern Mostobst. Nun hatte ich Eier, Eier in Hülle und Fülle; jedes Ei mit einem Gegenwert von einer handgefertigten Praline. Und wie viele Suppenhühner oder Brathähnchen wanderten in die Küche von Verwandten und Freunden! Einen solchen Reichtum muss man in seinem Leben vielleicht einmal gehabt haben, um jene Freude zu ermessen, was es bedeutet, aus einer eigenen Produktion so viel verschenken zu können.

Feste und Reisen

Ja, auch das fehlte nicht in diesen Jahren. 1964 feierten wir die Konfirmation von unserem Andreas. Konfirmation wie auch die Firmung sind für einen Heranwachsenden im Grunde ein besonderes Fest. So war es mir ein Anliegen, für unseren Ältesten, am Nachmittag auch etwas Besonderes zu veranstalten.

Es gab in unserer Familie ein kleines Schattentheater, auf dem man allerlei ansprechende Szenerien mühelos gestalten konnte, indem man aus Pappe ausgeschnittene Figuren auf der geheimnisvollen von hinten erleuchteten Bühne agieren ließ. Das war's! Ein Musiklehrer, der seit einiger Zeit jede Woche in unser Haus kam, untermalte zu allem hin dieses Spiel, das uns in liebenswerter Weise so manches aus Kindheit und Alltag unseres Vierzehnjährigen erzählte.

Und was ließen wir uns zu Irenes Konfirmation einfallen? Ihrem bereits fortgeschrittenen Geigenspiel entsprechend, gab es eine Hausmusik. Aus dem Familien- und Freundeskreis kam eine ansehnliche Gruppe zusammen, und Irene war natürlich wie selbstverständlich dazwischen. Ich übernahm die Begleitung am Klavier.

Damit sind wir beim Thema Musik. Unsere Kinder wurden ja im Haus unterrichtet, und da ich es für sinnvoll hielt, ihnen auch die Möglichkeit zu geben, einmal etwas vorzutragen, begann ich mit unseren alljährlichen „Hauskonzerten".

Auch ich hatte wieder mit Klavierunterricht begonnen, und so war dies für mich eine Chance, das ein oder andere Stück vortragsreif zu üben. Auf schlichten weißen Postkarten lud ich Verwandte und Freunde zu diesem musikalischen Treffen ein, mit der Aufforderung verbunden, auch mit einem eigenen musikalischen Beitrag das „Konzert" zu bereichern.

Der Anlauf begann wirklich ganz anspruchslos und bescheiden, wurde dann aber über siebzehn Jahre hinweg zu DEM Herbstfest in userm Haus. Es hatte sich auch bewährt, zu einem bestimmten Thema einzuladen, was bereits im Vorfeld viel in Gang gebracht hatte. Solche Themen konnten zum Beispiel sein: „Im Grünen", „Fest der Märsche" (eine Gabe an meinen Mann), „An den Ufern der Donau", „Ein Lob dem Meister" (zu Irenes Meisterprüfung).

Unser großes Wohnzimmer auf dem Baihof war für dieses Fest wie geschaffen. Wir waren so manches Mal mehr als fünfunddreißig Leute. Jahr für Jahr kamen meine Schwester und mein Schwager mit ihren drei Söhnen aus dem Nürnberger Raum. Nie fehlten unsere Freunde Heinz Baron und Karen von Tucher. Stets dabei unsere Tante Ursel und Irenes Patin Marianne Zeitler mit Familie. Freunde aus Schule und Nachbarschaft gesellten sich später hinzu und dann machte natürlich auch unser Reinhard mit seinem Cello mit.
Zur Halbzeit des Hauskonzerts wurde auf einem Pappteller stets der gleiche Kuchen gereicht. Ein Stück brauner Honigkuchen, ein Stück selbst gebackener Apfelkuchen und vom Bäcker ein kleines cremiges Teilchen. Dazu gab es frisch gebrühten Tee aus dem Hause Schrader. Ich kann mich nicht entsinnen, dass auf den Papptellern je etwas übrig geblieben war.

Am Ende des zweiten Teiles spielte jeder mit, der sein Instrument mitgebracht hatte. Mein Klavierlehrer leitete dann das bunte freudige Musizieren. Meistens wählten wir eine einfache vierstimmige Musik aus der Zeit des Barock. Danach gab es bei einem kleinen Abendbrot noch ein geselliges Beisammensein. Unsere Hauskonzerte, sie zählten zu den am meisten Freude spendenden Ereignissen im Jahreslauf.

Von unseren Reisen möchte ich noch erzählen. Das waren natürlich in jeder Weise bescheidene Antriebe und dennoch sehr erfreuende und für uns bedeutsame Unternehmungen.

So machte ich eines Sommers mit Andreas eine siebentägige Autoreise bis Würzburg, unterwegs zu vielen Zielen für bayerische historische Sehenswürdigkeiten. Mit den beiden grossen Kindern ging es in einem andern Jahr nach Wien, um viele Klöster zu sehen und letztlich Österreichs weltberühmte Hauptstadt zu erkunden, zu bestaunen, zu erleben. Mit Reinhard fuhr ich einmal den ganzen Rhein entlang, vom Siebengebirge bis nach Speyer, um dann im Württembergischen die fast neunzigjährige Nelly Sarvey, die Schwester meiner Mütter, für einige Zeit mit nach Bayern zu nehmen.

Einmal lud ich auch meine Schwiegermutter zu einer Reise ein. Sie selbst sollte die Orte und die Familien wählen, die sie gern besuchen wollte. Auf diese Weise lernte ich eine entfernt verwandte Familie Retter in Coburg kennen. Wir kehrten im Hause unserer Freunde, den Ziemers, ein und besuchten Czernys in Frankfurt. In einer ausholenden Runde, mit zwei Besuchen in Württemberg, ging es dann mit zwei Säcken Äpfeln im Kofferraum zurück ins heimatliche Bayern.

Auch für meinen Mann und mich gab es manches Atemholen. Uns zog es einige Male nach Südtirol. Später nahmen wir mehrmals unseren Reinhard mit. So etwas war uns in den früheren Jahren für seine größeren Geschwister nie möglich gewesen.

In diesen Jahren waren wir im Grunde wenig auf Reisen, aber um so mehr auf Ausstellungen rundum. Die DLG (Deutsche-Landwirtschafts-Gesellschaft) kam nach München. Diese Chance wurde ausgeschöpft. Die Landwirtschaftsfeste auf der Theresienwiese haben wir selten versäumt. Auf der Handwerksmesse gab es unzählige Anregungen zur Verbesserung von Betrieblichem.

Wenn Freunde und Verwandte bunte Postkarten von Überallher zu uns sandten, während wir die Ernte einzubringen hatten... niemals hatte ich das Gefühl etwas zu versäumen. Manchmal jedoch wunderte ich mich schon, wie selbstverständlich das alles für jene war, die nicht landgebunden lebten. Damals konnte ich noch nicht wissen, wie sehr wir in der zweiten Lebenshälfte unserer Gemeinsamkeit alles nachholen konnten, was wir vielleicht in diesen Jahren doch manchmal entbehrten.

Die Hagelschläge

Wenn man eine Landwirtschaft betreibt, gibt es fortlaufend Schwierig-keiten oder Ereignisse, die den normalen Arbeitsablauf durchkreuzen oder erschweren. Es gibt Einbrüche, die auch im Hinblick auf die Einnahmen nicht leicht zu verkraften sind, weswegen man sich eigentlich nie wirklich gesichert fühlen kann. So trafen uns in der Mitte der sechziger Jahre jeweils im Monat August, zwei völlig einmalige und außergewöhnlich harte Hagelschläge. Die Region östlich von München wurde in diesen Jahren ausnehmend oft von schweren Gewittern heimgesucht. Unsere älteren Kinder erinnern sich an Situationen, dass wir früher - auch nachts in voller Kleidung - mit unsern wichtigsten Akten im Kinderwagen, das Vorübergehen der Gefahr, eines Blitzschlags oder Brandes wachen Sinnes und einsatzbereit entgegensehen wollten. Unser Nachbar in Giging hatte in diesen Jahren den Brand von Kuhstall und Wohnhaus zu erleiden.

An den ersten Hagelschlag kann sich Irene noch bildhaft erinnern: Der Mähdrescher ist auf dem Feld hinter der Scheune im Einsatz. Eine unheimliche dunkle, bis ins Gelbe hinein gefärbte Wolke zieht von Westen auf. Mit letztem Bemühen werden die Maschine und die Wägen unter

Dach gebracht. Rasch danach bricht das Unwetter herein. Wir sind im Flur des ersten Stockwerks an den Fenstern. Mit Angst und tiefem Erschrecken erleben wir, dass unser Haus unter der Wucht des Sturms erbebt. An der gegenüberliegenden Scheune wird vor unsern Augen eines der schweren Scheunentore wie in einem Horrorfilm einfach ausgehebelt. Auf der Nordseite kann man erleben, wie zwei sehr große würdige Eschen wie Streichhölzer umknicken. Es hagelt und hagelt so intensiv, dass der ganze Hof bald total weiß ist, und die Kinder später in ihren Gummistiefeln in einer zentimeterhohen Schicht von Eis, Wasser und Schlamm herumwaten. Die Bäume haben keine Blätter mehr. Der Garten büßt viel Gemüse ein. Mindestens fünf Tage ist Stromausfall. Ganz nebenbei: Den gesamten Inhalt unserer großen Kühltruhe schaffen wir zu unserem, für diesen Notstand verständnisvollen und kulanten Lieferanten.

Ich weiß nicht mehr, ob mein Mann noch am gleichen Abend den Wald anschaute. Jedenfalls war das, was wir danach erfuhren und sehen mussten ein ganz schwerer Schlag für uns.
Jeder Waldbesitzer plant und wirtschaftet mit jener uralten Erfahrung, dass ein Waldstück von jener Seite für Windbruch gefährdet ist, von der der meiste Wind kommt. Das ist in Bayern fast immer der Westen. Der zum Baihof gehörende Wald hatte durch eine frühere Abholzung an Schutz verloren. So erlitt er an diesem Tag einen enormen Einbruch.

Was finden wir vor? Samt ihrem Wurzelgeflecht umgebrochene Fichten. Mächtige, ja furchterregende, hohe, runde Erdscheiben ragen in die Höhe. An andern Stellen liegen, wie abgebrochen, dünnere Stämme wirr übereinander. Die Einbrüche sind nicht nur an einer Stelle. Der Wald ist an vielen Stellen elementar geschädigt.

Bislang war es so gewesen, dass sich die Waldpflege und auch der gelegentliche Holzeinschlag auf herkömmliche Art bewältigen ließ.
Jetzt aber wird als erstes eine Motorsäge gekauft. Für uns ist die Lage so, dass wir diesen Windbruch nicht mit unsern Kräften bewältigen können. Wir müssen Waldarbeiter anheuern, um diese Arbeit zu leisten. Was will ich damit sagen? Wir gewinnen zwei Männer aus der Nähe von Rosenheim, die bereit sind, den Schaden aufzuarbeiten. Sie arbeiten jeweils fünf Tage und bekommen dafür 500 DM Lohn. Mittags essen sie bei uns. Eine Schlafstelle finden sie in Ottersberg. Die Männer arbeiten unerschrocken gegen das Chaos an. Sie sind trotz allem frohgemut. Dies ist eben ihr Job!

Ein Händler aus Rosenheim ließ in dieser Zeit dann und wann für ein Sägewerk bereits Holz abfahren. Bis heute sehe ich mich, die eigene Arbeit unterbrechend, am Fenster oder im Garten stehen, wenn eines der großen, langen Lastfahrzeuge mit unseren schönsten Stämmen aus dem Wald durch den Hof gefahren wurde. Da war in mir ein Gefühl von Ohnmacht, Entsagung und Trauer, das mich von innen her ergriff.
Neben dem schweren Holz gab es natürlich auch leichteres Holz bis zur Papierholzstärke. Eine unserer großen Wiesen vor dem Wald wurde zum Holzlagerplatz. Der Leser oder Laie könnte meinen, dass wir durch dieses Holz nun steinreich geworden wären. Dem war nicht so. Der zu bezahlende Arbeitsaufwand war hoch, die Holzpreise nicht besonders, weil ja im ganzen ostbayerischen Raum viel Windbruch aufgearbeitet werden musste, und... Windbruchholz erzielt nie den vollen Preis.
Der Reinerlös gehörte der Tante. Sie legt es in einem Sparkonto an. Von den ersten Zinsen kaufte sie für Irene eine elektrische Nähmaschine, eine Bernina. Später wurde zu unserer Freude von dieser Rücklage, der Dachstuhl unseres neuen Wohnhauses in Hart finanziert.

Wenn ich nun berichte, dass wir im folgenden August das Ähnliche erlebten, dann liegt es nahe, das Phänomen der Duplizität der Fälle zu zitieren. Damals war es etwas später im August. Wir hatten nicht mehr denselben hohen Schaden von zerschlagenem Getreide, dafür aber wieder einmal zerhacktes Gemüse und wenig Tomaten, dazu Mengen von Fallobst, das wir in die Mosterei bringen mussten. Unsere Dächer, besonders das Scheunendach, hatte erneut erheblichen Schaden erlitten.

Die Waldarbeiter kamen erneut. Das Aufarbeiten zog sich hinein bis ins Jahr 1966. Wir waren darüber wald-müde geworden. Das zweite Jahr: wieder keine volle Ernte und erneut die Inanspruchnahme der Hagel-versicherung. Ich bekenne es ganz nüchtern. In solchen Jahren fallen auch die Weihnachtsgeschenke bescheidener aus als in guten Jahren.

Das Jahr danach

Auf meinen Mann wartet ein Geschenk. Mein Bruder plant mit seinem ältesten Sohn Detmar eine Autoreise nach und durch Spanien zu machen. Mein Mann wird von meinem Bruder eingeladen, sie zu begleiten. Und der Hof? Vier Wochen würden die Männer unterwegs sein. Bei uns musste aber in diesem Frühjahr die Arbeit des Wiederaufforstens geleistet werden. Wieder war es unser Freund Gotthold Ziemer, der eine Lösung wusste. Er würde aus dem Hessischen, wo er als Wirtschaftsberater viel unterwegs war, einen guten ausgedienten landwirtschaftlichen Verwalter vermitteln können, der mit Freude eine Vertretung übernehmen würde. Unter diesem Aspekt konnte mein Mann unbesorgt seine Reisevorbereitungen treffen und auch betrieblich alles so ordnen, dass wir ohne ihn zurecht kommen

würden. Für mich sah das so aus, dass der Hühnerbetrieb normal weiter-
lief, ich aber nebenbei auch eine Mitverantwortung für das Aufforsten zu
leisten hatte. Wieder halfen uns unsere Rübenfrauen bei dieser Arbeit.
Auch ich war sehr oft mit im Wald. Die abgeholzten Flächen waren
weitgehend frei. Die Daxen, also die kleinen unverwertbaren Äste, lagen in
unzähligen Häufen auf den frei gewordenen Flächen. Diese mussten vor
dem Pflanzen erst einmal verbrannt werden.
Es gab in den vielen Jahren und Jahrzehnten Waldarbeit für mich nichts
Schlimmeres als das Abbrennen von Daxen. Man stelle sich vor: Wir
entzünden nacheinander stets drei bis vier kleine Holzhaufen auf
Waldstücken, die in der Nähe von höheren und hohem Baumbestand liegen,
und diese Arbeit ist fortlaufend zu leisten: Entzünden, brennen lassen,
wohlmöglich bis zum letzten Glimmen das Abbrennen beobachten und
dann vollends löschen. Und das ununterbrochen bis die Fläche frei ist.
Diese Hitze, diese Ängste, sie hinterließen in mir eine Phobie bezüglich
Feuer.
Ich kann heute nicht mehr sagen, wie viel Wald wir aufzuforsten hatten.
Ich schätze, es waren weit über zehntausend Pflanzen, die von uns gesetzt
wurden. Im Juni 2011 bin ich von Markt Schwaben kommend an „unserm"
Wald vorbeigefahren. Mit einer unbeschreibbaren Freude, gepaart mit
Stolz und Dankbarkeit, kann ich nun das Bild von diesem vierzigjährigen,
dunkelgrünen und gesunden Fichtenbestand immer wieder mal in mir
erstehen lassen.

Das Jahr danach 1968 wurde für uns ein besonderes Jahr. Ich möchte
nachholend erzählen, dass die Tante zwischenzeitlich einen Teil ihres
Besitztums auf mich überschreiben ließ. Das wurde wirtschaftlich in keiner
Weise spürbar, denn alle Vereinbarungen, die durch den Pachtvertrag in
Gang gebracht worden waren, blieben bindend. Das Merkwürdige aber,

etwas das ich nicht erwartet hatte, waren ihre Worte, als wir nach der Verbriefung die Kanzlei des Anwalts verlassen hatten: *„Vielleicht kann sich der Hans nun eher zu einem Verkauf des Hofes entschließen!"* Dies traf mich hart. Hatte ich doch immer einen berechtigten Argwohn gespürt, dass die Tante mit der Lösung, wie wir miteinander lebten, nicht restlos klar gekommen war. Da meldete sich aus ihr wohl eine Stimme: *Das ist doch mein Besitz und ich habe doch durchaus das Anrecht, dazu meine Stimme abzugeben.* Wie dem auch sei, nun war etwas angesprochen, das uns sehr nachdenklich machte.

Mein Mann bewirtschaftete den Hof nun im 20. Jahr. Er war 58 Jahre alt, und eigentlich hatten wir selbst so einen Gedanken ernsthaft noch nicht an uns herangelassen. Mein Mann hatte in unserem ganzen Umfeld bis über die Landkreisgrenze hinaus ein gutes Ansehen. Er war in vielen Gremien und Verbänden, die seine Mitarbeit schätzten: Bauernverband, Arbeitgeberverband, Berufsgenossenschaft. Er rief für unsere Region den Maschinenring ins Leben. Letztlich wurde er auch noch in die Schulpflegschaft eingegliedert. Und nun ereignete sich für ihn noch Folgendes: Bürgermeister Huber, der uns getraut hatte, stirbt eines Tages von heute auf morgen. Was nun? Die Gemeinde Pliening, samt Gelting, Ottersberg und Landsham brauchte ganz rasch einen neuen Bürgermeister. Mein Mann bekommt eine Anfrage, ob er diese Aufgabe übernehmen will. Er sagt zu. Es gibt noch ein kleines ehrgeiziges Hin und Her mit einem möglichen zweiten Kandidaten, einem Mann, der mehr aus dem Handwerkerstand kam und in Pliening auch ein sehr gutes Ansehen hatte. Letztlich aber läuft die Wahl mit nur einem Kandidaten. Kein Wunder, dass Hans Loebner mit 96 Prozent der Stimmen gewählt wurde.

Erneut veränderte sich die Situation auf dem Hof. An den Vormittagen würde mein Mann nie anwesend sein und auch an den Abenden oft außer Haus. Vorerst wurde der neue Job wie ein Ehrenamt vergütet, erst später gab es eine ordnungsgemäße bescheidene Entlohnung.

Wie gut, dass wir maschinell gut eingerichtet waren, dass wir statt Milchvieh, Hühner hatten und die Ehefrau auch fast nie ausfiel. Wir hatten im Grunde eine sehr große Freude, dass meinem Mann für seine kommenden Schaffensjahre diese Aufgabe zugefallen war. Sie war für ihn wie maßgeschneidert. Ein Zugewanderter aus Schlesien war in Bayern Bürgermeister geworden. . . das hatte doch seinen besonderen Reiz!

Ohne dass das Hofgeschehen in irgendeiner Weise zu leiden hat, läuft die neue Phase sehr gut an. Mein Mann übernimmt die Gemeinde mit übersehbaren Schulden. Er verordnet jedoch dem Gemeinderat, solange eine Mäßigung bezüglich neuer Vorhaben oder Investitionen einzuhalten, bis der Kämmerer keine rote Zahlen mehr schreibt. In kurzer Zeit, war dies schon erreicht.

Wenn mein Mann am Morgen das Haus verließ, lief unser Hund oftmals hinter ihm her und durfte sich dann unter seinen Schreibtisch legen. Für seine Ehefrau galt die Bitte und das Gebot, ihn vormittags telefonisch in Ruhe zu lassen! Und die Tante? Sie ist sehr stolz auf den Herrn Bürgermeister.

Eine zukunftsträchtige Entscheidung.

Es gibt Zeitspannen im Leben eines jeden Einzelnen oder einer Familie, da bahnen sich Veränderungen an, mit denen man bislang noch nicht bewusst umgegangen ist. Ihre Vorzeichen stellen sich jedoch schon da und dort in den Raum. Diese werden dann wie zu Steinen eines Mosaiks, das nach und nach Gestalt annimmt.
Eine solche Phase erlebten wir am Ende der sechziger Jahre. Mein Mann war inzwischen Bürgermeister und dies möglicherweise, falls er arbeitsfähig blieb, für eine längere Zeit. Unser Andreas ging dem Abitur entgegen und wollte nach dem Wehrdienst Maschinenbau studieren. Irene dachte an einen Wechsel in ein musisches Gymnasium. Reinhard wurde Gymnasiast.

Die Tante hatte ihre Neigung zu einem möglichen Verkauf des Hofes in keiner Weise aufgegeben, aber sie sprach nicht davon. Mit dieser Tönung unserer Situation, mussten auch wir uns eingestehen, dass der Hof auf die Länge gesehen als Famlienbesitz nicht zu halten sein würde.
Es ist vielleicht zeichenhaft, dass in dieser Zeit ein Makler an uns herantrat, der sich erkundigte, ob eine Tendenz bestehe, das Anwesen eines Tages abzugeben und zu veräußern. Dieser Makler suchte im näheren und weiteren Umfeld von München Objekte, die dann von stadtvertriebenen Landwirten übernommen wurden. Anfänglich hörten wir ihm eher zögerlich zu. Letztendlich überdachten wir aber „gnadenlos" unsere Situation, dass wir hier ja wirklich keine eigene Nachfolge haben würden. Und wiederum war es zeichenhaft, dass sich plötzlich eine Möglichkeit ergab, die sich für uns als durchaus annehmbar erwies.

Einem kleineren Hofbesitzer aus dem Ismaninger Raum wurde der Betrieb durch den Bau einer großen Straße zerschnitten. Das Wirtschaften verlor für ihn seine natürlichen Vorbedingungen. Dieser Landwirt war ein Herr Bauer. Er hatte zwei Söhne, von denen der Jüngere unbedingt Landwirt werden wollte. So entwickelte er ein großes Interesse an unserm Besitz, aber. . . er würde die Bewirtschaftung unsres Hofes erst in fünf Jahren übernehmen können. Sein Sohn war noch zu jung und möchte vor allen Dingen noch die Landwirtschaftsschule besuchen.

Wir fangen an aufzuhorchen. Es scheint uns etwas entgegen zu kommen, das sich mit unserer Gestimmtheit durchaus verträgt: Einen Zeitraum von fünf Jahren zu erhalten, sodass sich für uns, ohne Druck und Übereilung, das Leben an einem neuen Ort einrichten ließe. Damit hatten wir den Mut, uns auf dieses große Projekt „Verkauf des Baihofs" einzulassen.

Wie würde ich diesen Schritt verkraften? Hatte ich doch nach meiner Heirat gedacht, mein ganzes Leben auf diesem Hof verbringen zu können. Spürbare Nachwehen, die kamen erst später. Die Sanierung des Baihofs war und blieb die Leistung unserer ersten zwanzig Schaffensjahre.

Wir würden mit dem Verkauf einen schuldenfreien, gut geführten Betrieb übergeben, und dazu hin die Freude haben, dass der Hof wieder in die Hände von bodenständigen Landwirten gelangt.

So wurde der Verkauf, das Vorspiel für ein großes Unternehmen, zu dem wir uns wie gewiesen fühlten. Für meinen Mann und mich war es wie selbstverständlich, dass wir sofort daran gehen würden, einen anderen und natürlich viel kleineren Hof zu erwerben. Ein Leben ohne Acker unter den Füßen, das war für uns beide kaum denkbar.

Der Hof wurde verkauft, und ich erhielt selbstverständlich meine Anteile. Auch meine Mutter zeigte sich bezüglich ihres Anteils mir gegenüber großzügig.

So fängt schon mit Jahresbeginn 1969 die Suche nach einem Hof an, der uns für die kommenden Jahrzehnte zur Heimat werden sollte. Nach unseren Erfahrungen mit den Böden des Baihofs und dem Klima im Münchner Raum tragen wir einige Bedingungen zusammen, mit denen wir an einen neuen frei zu wählenden Standort herangehen.

Wir möchten einen Hof auf einem etwas leichteren, durchlässigen Boden. Auch sollte er so gut wie kein Grünland haben, da wir nur noch Ackerbau betreiben wollten. Wir ersehnen eine Region mit weniger Regen und etwas mehr Sonnenschein. Wir möchten ein Anwesen mit einer guten Zufahrt zu einer nahe gelegenen Ortschaft, in der man alle laufenden Notwendigkeiten erledigen kann. Es grenzt schon an Unverschämtheit, auch das noch im Auge zu haben: Einen nahegelegen Bahnhof, die Schule, Gymnasium und ein Krankenhaus.

Nach einiger Zeit wussten wir, dass wir diesen „Traumhof" in östlicher Richtung von uns zu suchen hatten. So wuchs die Zahl der Messtisch-blätter und Karten, mit denen wir den Angeboten nachgingen. Vielleicht wird mir die Zahl nicht abgenommen, aber wir haben seinerzeit 52 Höfe aufgesucht oder angeschaut, ehe wir schlüssig werden konnten. Wie es dann letztlich zu dem „Treffer" kam, das ist eine besondere Geschichte.

Um das durch den Verkauf erlöste Kapital rasch anzulegen, hatte sich Tante Reni entschlossen, in Töging am Inn ein Rentehaus zu erwerben. Wir selbst begannen im Frühjahr, ebenfalls in Töging, mit dem Bau eines Mietshauses. So kamen wir oft in diese Region. Jedesmal wenn wir wieder heimfuhren, schwärmten wir davon, wie wunderbar es sein müsste, auf dem hohen, alten eiszeitlichen Innufer einen Hof zu finden. Auch auf dem Baihof konnten wir bei Föhn bis zu den Alpen sehen. Das wünschten wir uns sehnlichst auch für unseren neuen Platz auf dieser Erde.

Nun die Überraschung:

Ende Mai fahre ich zu unserer Baustelle nach Töging. Der Keller des Hauses ist schon ausgehoben. Der Polier und ein Maurer sind damit beschäftigt, Verschiedenes für den Arbeitsbeginn auszumessen und abzustecken.

Ich steige hinab und begrüße die Männer. Sie sind etwas befremdet, dass wir als Landwirte ein Mietshaus bauen können. Schnell ist erklärt, wie es dazu kam. Auch spreche ich davon, dass wir einen kleinen Hof suchen. Der Vorarbeiter meint: „Einen Hof? Da wüsste ich einen. Mein Schwiegervater will seinen Hof verkaufen.". . . Ich fühle mich wie elektrisiert.

Am nächsten Tag erkundige ich mich bei unserem Bauunternehmer nach eben diesem Hof und der dazugehörigen Familie. Unser Herr Baumgartner lobt die Besitzer als ganz arbeitsame und auch erfolgreiche Landwirte. Sie sind Truppenübungsplatz-Vertriebene, hatten eine hervorragende Milchviehhaltung und konnten durch ihr Schaffen bereits vier erwachsene Kinder auszahlen. Nun ist das Ehepaar arbeitsmüde und auch krank. Herr Adelhart, so der Name des Bauern, hatte sich schon öfter im Krankenhaus Mühldorf operieren lassen müssen. Nun ist eine Situation eingetreten, dass er im Mühldorfer Krankenhaus keine Hilfe mehr für seine inneren Verwachsungen erhalten kann. Der Chirurg meint, in München gäbe es einen Arzt, der ihm vielleicht noch helfen kann. Dies sei ein Professor Zenker an der Universitätsklinik.

Herr Adelhart fragt seinen Chirurgen nach den möglichen Kosten einer solchen Operation. Er bekommt die lakonische Antwort: *„Zehntausend Deutsche Mark."* Darauf die Reaktion von Herrn Adlhart: *„Dann verkaufe ich meinen Hof!"* Nur so würde er die Operation finanzieren können, denn es gab ja erst am Anfang der 7oer Jahre für uns Landwirte eine Krankenkasse.

Und so geht die Geschichte weiter:

An Christi Himmelfahrt - mein Mann ist nicht wohlauf - fährt Andreas
mit mir nach Mühldorf, um den Hof und das Ehepaar Adelhart aufzusuchen. Wir finden das Anwesen. Der Hof gehört zum Weiler Hart.
Das Hoftor ist geschlossen. Adelharts sind auf einer Familienfeier eines
ihrer Kinder. Andreas und ich gehen um den Hof herum und setzen uns,
mit Blick nach Süden, zu einer kleinen Rast vor das hintere Scheunentor.
Nie werde ich vergessen, was Andreas dann fast schon entsagend fest-
stellte: *„Den Hof kriegen wir ja doch nicht!"*

Doch dieser Hof war es, für den wir erst fünfzig andere in Augenschein
nehmen mussten. In der folgenden Woche fuhren wir erneut nach
Mühldorf. Wir wurden vom Ehepaar Adelhart sehr freundlich empfangen.
Frau Adelhart hatte für uns eine kleine Schale mit Erdbeeren aus eigener
Ernte auf den Tisch gestellt. Das Gesprächsklima war von Anfang an
geordnet und harmonisch.
Frau Adelhart hatte wegen ihrer Erschöpfung schon seit einem Jahr das
Melken verweigert. So gab es nur noch Jungvieh zu versorgen. Herr
Adelhart, der passionierte Landwirt, vollbrachte alle noch anfallende
Arbeit alleine. Wie lange würde er noch durchhalten? Ihm fiel der Verkauf
des Hofes sehr viel schwerer als seiner Frau. Doch was soll's? Noch ein
Stück Leben erwarten dürfen, oder bald sterben. . . da war es doch besser,
rasch mit einem möglichen Nachfolger ins Reine zu kommen.
So kauften wir bald danach, etwa drei Kilometer östlich vom Stadtrand
Mühldorf in Richtung Töging, den Hof Hart Nr.11.

Der Hof hat auf kiesigem Untergrund einen wunderbaren humusreichen
Boden. Die Straße bis zum Hoftor ist geteert. Die altbürgerliche Kleinstadt
Mühldorf erinnert mich an mein heimatliches Lippstadt. Wir haben Sicht

bis zum Gebirge. Auch ein kleines Stück Wald gehört zum Hof, in dessen Nähe wir später noch ein zweites Waldstück erwerben können. Ja, etwas Wald, das gehörte für meinen Mann fast unabdingbar zum Leben eines Landwirts. Er sagte oft: „In Knobelsdorf, da hätte ich mir ganz bestimmt noch ein kleines Waldgut gekauft!"

Vorausblickend möchte ich noch ergänzend erzählen. Herr Adelhart sollte seine Operation gut überstehen und wird uns nach dem Verlassen seines Hofes zu einem wunderbaren Freund. Er ist unendlich froh, dass er meinen Mann in der Bestellung und der Bearbeitung der Felder unterstützen kann. Wenn er auf dem Schlepper saß, war er glücklich. Er hat uns in vieles eingeweiht, was man als Neuankömmlinge wissen muss. Er hatte Kontakte zu Handwerkern und vielen landwirtschaftlichen Institutionen. Fast täglich spazierte er von seinem nahe gelegenen Haus zu uns.

Bei einem Steinmetz ließ ich für ihn und seine Frau eine Gedenktafel anfertigen, die neben dem Eingang zum Bauernhaus eingelasssen wurde. Auf ihr kann man lesen:

Johann und Johanna Adelhart

1938 bis 1971

bewohnt – bewirtschaftet – bewahrt

Darüber hat sich Herr Adelhart unendlich gefreut und sagte zum Dank: *„Dass Sie mich damit verewigt haben, das werde ich nie vergessen!"*

Lebensmitte

Alles war Fülle. Diese Überschrift wählte ich für mein Buch. Alles war Fülle, das durchtönt schon die Kindheit, das ist Bewältigtes und Unbewältigtes im Heranwachsen, das betrifft die dichteste Lebensphase der Wegfindung. Von Fülle durchwirkt und gezeichnet sind auch die vorerst gelebten zwanzig Schaffensjahre auf dem uns anvertrauten Hof. Es sind neben allem, was uns glückte, durchaus auch Jahre eines unendlichen Bemühes und mannigfacher Herausforderungen. Auch darin sehe ich Fülle. Nun erlebe ich meine Lebensmitte. Sie ist die Folge von allem je Gelebten und Erlebten, bis zu allem, was mir mitgegeben und geschenkt wurde und mich formte.

Das wichtige Jahr meiner Lebensmitte, das Jahr 1970 schenkt Erlösendes, stellt aber auch manches Ungelöste in den Raum. Es erspart mir nicht ein Erschrecken vor mir selbst, und es lehrt mich erneut, Verlust und bedeutsame Einsichten hinzunehmen. Und das alles in einem strahlenden Sommer auf unserem blühenden Hof. Fünf Jahre sollten wir noch hier sein können! Was sagte doch einmal unser viel erfahrener Makler nach dem Verkauf: „Wer das Land bestellt, dem *gehört* eigentlich auch das Land!" So sollte es vorerst noch sein dürfen. Noch waren wir hier.

Mein Hühner-Eierbetrieb lief bestens. Jede Woche kam ich zu meiner Mutter, die soeben 70 Jahre alt geworden war. In diesem Frühjahr kamen von meiner Schwester aus Amerika wieder einmal wenig gute Nachrichten. Ihr Ehemann bedrängte sie. Sie hatte wenig Freiraum und er konnte ihr gegenüber manchmal sogar tätlich werden, und das bei dieser Frau, die ein fast engelhaftes Kind gewesen war. Um seinetwillen hatte sie seinerzeit den katholischen Glauben angenommen. Aus unserer Sicht war sie ihrem Mann gegenüber von einer unendlich hinnehmenden Haltung. Nun steht plötzlich in einem Brief, dass sie wegen Problemen mit ihrem Byron Baer eine psychologische Beratung aufsuchen wird. Dieser Antrieb lässt mich aufhorchen. Hatte ich nicht auch ein Problem, das mich immer wieder mal herausforderte und für das mir niemand, aber auch wirklich niemand, einen schlüssigen Rat erteilen konnte... kein Arzt, kein Familienmitglied, kein Pfarrer, kein schlaues Buch. Lebte ich doch mit dem Gefühl einer gewissen Unstimmigkeit bezüglich meiner Tante Reni, meiner Patin und Adoptivmutter.

Hierzulande war die Zeit noch weit davon entfernt, solche seelischen Probleme ganz normal aufzurollen, um für und mit dem Ratsuchenden neue Perspektiven zu finden. Sehr rasch und fast wie gewiesen, fand ich eine Stelle in München, der ich mich anvertraute. Es war eine evangelische Familien- und Erziehungsberatung mit ihrem Sitz in einer bescheidenen kleinen Mansardenwohnung in der Tierschstraße. Das drei Personen- unternehmen bestand aus einer Sekretärin, einem evangelischen Pfarrer und einer Ärztin mit einer tiefenpsychologischen Ausbildung am C. G. Jung Institut in Zürich.
Die Beratungsstelle musste sich durch Spenden finanzieren. Ich bekam gleich gesagt, dass ich für eine Stunde, 100 DM zu leisten habe. Man eröffnete mir auch, dass ihre Beratung derartig gefragt und ausgelastet sei, dass ich nur einmal im Monat kommen kann.

Ich wurde von einer Frau Dr. Axhausen angenommen. Ihr Partner, ein Pfarrer, war Spezialist für Geistliche seiner eigenen Kirche, die berufliche und persönliche Probleme hatten. Diese Tatsache sprach für mich Bände! In der ersten Sitzung skizzierte ich in groben Zügen mein Anliegen:

Ich lebe mit Mann und drei Kindern in einer Lebensgemeinschaft mit einer Adoptivmutter, von der ich mich nicht voll angenommen fühlen kann, da sie immer wieder einen gewissen Druck auf mich ausübt, dem ich mich nicht gewachsen fühle.

Darauf bekomme ich die erste erlösende Antwort: *„Sie dürfen wissen, dass Sie mit dieser Schwierigkeit nicht alleine sind. Dies ist ein Problem Ihrer Generation. Diese hat nämlich nie gelernt sich zu wehren oder zu schützen."* Dr. Axhausen versichert mir, mir helfen zu können. Sie beteuert, dass es für mich ein mühsamer Weg sein wird und dass ich selbst viel lesen solle, um ihre Bemühung zu unterstützen. Sie bereitet mich darauf vor, dass mein Traumgeschehen dabei eine wichtige Rolle einnehmen wird. Das alles ist für mich überraschend und neu. Bevor ich einwillige, möchte ich mich durch eine für mich wichtige Frage noch absichern. Sie lautete: *„Kann ich damit rechnen, dass unsere Gespräche so verlaufen, als säße Jesus Christus mit am Tisch?"* Darauf ihre Antwort: *„Das können Sie!"*
Damit ging ich auf das Angebot ein und nahm es bis März 1971 in Anspruch. Für mich begann in dieser Zeit das Studium der Psychologie von C. G. Jung, das mich dann jahrelang beschäftigte. Damit verlasse ich vorerst dieses Thema, um es im zweiten Teil meines Rückblicks weiterführend aufzunehmen.

Wir haben einen strahlenden Sommer. Es wird Juli 1970. Wir hegen bereits Hausbaupläne auf unserem Hof in Hart und haben zu einem meiner Mutter befreundeten Architekten Kontakt aufgenommen. Ich fahre mit ihm nach Mühldorf, und er bekommt eine Vorstellung von unserem Vorhaben. Diese Sichtung bringt schon ein erstes wichtiges Ergebnis. Wir bestimmen den Platz, an dem das neue Wohnhaus seinen Standort erhalten wird.

Das Bauernhaus, in welchem Adelharts noch wohnen, war 1922 erbaut worden und hatte Nässe in den Wänden und wenig Sanitär. Es wäre für uns auch zu klein gewesen. Unser Architekt, Werner Mayer, geht daran, eine erste Zeichnung zu fertigen, nach der unsere Kinder für ihren Vater ein Modell aus starkem Zeichenpapier basteln, denn. . . mein Mann hatte am 25. Juli 1970 seinen 60. Geburtstag.

Ein paar Tage vor diesem Fest erhalten wir aus Argentinien die uns tiefbewegende Nachricht, dass mein Bruder freiwillig aus dem Leben gegangen ist. Ja, er hatte seit einiger Zeit mit einer Depression zu kämpfen gehabt, hatte sich aber wieder gefangen und stand soeben vor der Übernahme einer neuen Aufgabe in einem anderen pharmazeutischen Unternehmen. Dieser Bruder lebte nun nicht mehr, dieser Bruder, der mir so viel Wärme schenkte und mir dazu verholfen hatte, gesund zu werden! Diese Nachricht seines Todes ließ mich erst einmal verstummen. Es war das zweite ganz nahe Sterben, das mich traf, und es war der zweite Suizid, den ich hinzunehmen hatte. Es erfasste mich ein grosses Weh, das mich ein Leben lang begleiten würde. Jahrzehnte später widmete ich ihm ein Gedenken mit der Überschrift: EINFACH DA

„Und heute weiß Ich . . .
Dort auf der anderen Seite der Erde
in dem Haus und dem Land in dem mein Bruder lebte
habe ich jene Liebe erfahren
die uns annimmt, so wie wir sind
Eine Liebe die nicht rechnet und auch nicht rechtet . . .
die mit des Himmels Kräften verbündet
einfach DA ist"

Dennoch feierten wir den Geburtstag meines Mannes. Der Tag galt auch unserem Andreas. Er hatte soeben sein Abitur bestanden. Es kamen viele Gratulanten aus der Ortschaft. Schließlich hatte man ja den Herrn Bürgermeister zu ehren! Ich war froh, dass wir genug Kuchen gebacken hatten. Eine „rotgefärbte" Erinnerung ist mir noch geblieben. Da ich reichlich Himbeerkuchen anbieten konnte und ich schon fast der Beeren überdrüssig geworden war, pflückte sich einer unserer Gäste mit Begeisterung noch einen kleinen Eimer Himbeeren.

Das Jahr verlief vollends ohne Besonderheiten. Wir hatten uns an die neue Lebenssituation gewöhnt, dass mein Mann viel außer Haus war. Wenn er auch am Abend noch einmal fortgehen musste, habe ich Klavier geübt, denn ich hatte inzwischen regelmäßigen Unterricht bei dem jungen Schulmusiker, Arnold Jungnitsch. Er förderte mich sehr. Zum ersten Mal in meinem Leben erhielt ich eine wohl überlegte, zielgerichtete Unterweisung in Technik, etwas Fundamentales, das mir sehr behagte.

Auch verlangte er einen sicheren Umgang im Spielen von Kadenzen, was mir für das Erkennen von Klängen und musikalischen Zusammenhängen sehr hilfreich wurde. Eigentlich genoss ich diesen guten Unterricht sehr mit dem Nachteil, dass meine Begabung für dieses Instrument nicht besonders groß war und der Anspruch meines Lehrer eher etwas hoch. Von Kind an war es so gewesen, dass mir auch das Blattspielen nicht gerade zu fiel. Immerhin konnte ich soviel Gewandtheit erreichen, dass der langersehnte Wunsch eines neuen Flügels in Erfüllung gehen sollte. So streng war jedoch mein Mann im Umgang mit Geld, dass das neue Instrument erst angeschafft werden durfte, als die Zinsen dies erlaubten. Das neue Instrument beflügelte auch unsere Hauskonzerte und jegliches Begleiten.

Mich begleitete der in Nußbaum gekleidete Steinway bis in mein 84. Lebensjahr.

Und wie fühlte ich mich, angekommen in meiner Lebensmitte?

Ich sah mich in einem Umbruch. Fülle würde bleiben, denn ein „neues Land" war im Erwachen. Dieses Land war nicht nur außen, dieses Land war in mir selbst.

So verabschiede ich mich mit Dank für die Einmaligkeit dieser ersten Lebenshälfte, die ihre Wesenheit in die zweite trägt, denn nichts war und ist je ohne Belang für das Ganze.

VI

IN FLIEßENDEM UMBRUCH

1970 – 1979

Sich bekennen sprengt eine Enge . . .
nicht nur für uns.

Ein Bekenntnis

Zu Beginn des zweiten Teiles meines Lebensrückblicks lenke ich meine Gedanken noch einmal in die Zeit des Anfangs unseres Lebens auf dem Hof. Damals wurde ich gerade 24 Jahre alt. Heute, nach 60 Jahren, in meinem 86. Lebensjahr, möchte ich mich zu einem Geschehen bekennen, das sich zwischen mir und meiner Tante Reni ereignete, auf das ich in keiner Weise vorbereitet war, und dem ich mich auch nicht gewachsen fühlte. Ich kann das, was sich zwischen uns in den Raum gestellt hatte, nicht einfach übergehen, denn es sollte mich zeichnen und gehört deshalb unabdingbar zu meines Lebens Lauf. Im Blick auf das in diesem Zusammenhang Erlebte und Gelebte befragte ich vor einiger Zeit einen Seelsorger. Er wies mir den Weg. Zu Beginn unseres Gespräches fragte er: *„Glaubst du an die lebendige Gemeinschaft der Lebenden und der Toten?"* Als ich dies bejahte, meinte er:

„So beginne mit Deiner Tante das Gespräch." Dies befolgte ich über vier Monate hinweg und habe mich somit entschlossen, für dieses Kapitel die Briefform zu wählen. So möge es mir gelingen, die längst Verstorbene zu würdigen und mein Verhalten zu ihr so einzuordnen, wie es sich für einen jeden von uns gebührt.

Liebe Tante Reni,   Spätherbst 2010

Nach einer für Dich schweren Zeit des Niedergangs Deiner Kräfte hast Du uns und diese Erde im Jahr 1975 verlassen. Mein An-Dich-Denken begleitete mich in den zurückliegenden 36 Jahren in vielfältiger Weise. War doch mein Leben von Kind an auch durch die Patenschaft und durch die spätere Adoption von früh an bis zu Deinem Sterben von einem ganz besonderen Bezug geprägt, der für mich und meine Familie sehr bedeutsam und nachhaltig wurde.

Die letzten vier Lebensjahre waren für Dich schwer. Ich bin dankbar, dass wir, meine Mutter und ich, Dich mit Unterstützung einer wunderbaren Krankenschwester, unserer treuen Frau Peters, die letzten drei Monate in unserem neuen Haus in Hart pflegen und begleiten konnten.

Schaue ich zurück auf Dein Leben, so sehe ich, neben einer enormen Lebensintensität und einem beständigen Mühen um des Lebens Gelingen, viel Leuchtendes. So erzähltest Du oft von Deiner behüteten Kindheit im letzten deutschen Kaiserreich. Von den vielen Reisen mit Deinen Eltern brachtet Ihr Bilder und Andenken mit, nicht nur Schnitzwerk aus der Schweiz, auch Bilder aus Neapel, Capri und Sizilien. Davon hängen im alten Bauernhaus bis heute noch etliche bezaubernde Aquarelle. Darüber hinaus durftest Du sogar das für Europäer damals noch „märchenhafte" Tunesien erleben.

Nach dem ersten Weltkrieg, dem viel zu frühen Tod Deiner Mutter und dem Nicht-mehr-Heimkommen Deines Verlobten, gingst Du durch die erste große Trauer Deines Lebens. Du nahmst die Fürsorge für den altgewordenen Vater wie selbstverständlich mit in Deinen Lebensbereich, gingst aber dennoch an erster Stelle Deinen eigenen Weg mit Deinem Geschäft in Stuttgart.

Aus dieser Zeit übernahmen wir von Dir so manchen Nachlass. An dem Schatz gediegener Weißwaren und Spitzen, werden meine Enkel noch ebenso ihre Freude haben wie an einem Schaukelstuhl und Dein bis heute modern gebliebener Büroschreibtisch, den Andreas übernahm.

Ich benutze hier ein rundes Nussbaum-furniertes Tischchen das mir unentbehrlich ist. Wie sollte ich da nicht täglich an Dich denken.

Auch gibt es unter unseren Büchern noch einen Stapel von Opern- und Theater-Textbüchern, die uns von Erbauung und Genuss in Deiner Stuttgarter Zeit erzählen.

Du hattest Freunde und Ansehen in der Stadt, hast dabei aber nie die Fürsorglichkeit für die Familien Deiner Schwestern vernachlässigt.

Deine Heirat mit Adolf Walther (1934)... damit fand Dein Leben „die" Erfüllung. Das fühlten wir alle, nicht zuletzt dadurch, dass Du am Rand unseres Waldes für seine Urne eine kleine Gedenkstätte bauen ließest, ein der Umgebung gut angepasstes Urnenhäuschen, dazu eine Bank. Damit gehörte für Dich der Gang zum Grab zum Täglichen. Unzählige Male nahmst Du auch unsere Kinder mit.

Welches Vertrauen muss dieser Mann, „Dein Adolf", in Dich gehabt haben, auch unter dem Blickwinkel, dass er tatsächlich, als er die Hochschule in Hohenheim verließ, wegen finanzieller Ansprüche seiner ersten Frau, auf seine Pensionszahlungen verzichtete.

Ich könnte noch so manche Seiten mit bemerkenswerten Erinnerungen füllen, möchte aber nun davon sprechen, was sich etwa drei Wochen nach unserer Hochzeit zwischen uns ereignete. So lenke ich meinen Blick in jenen August 1949, als ich, damals noch bis zum November Lehrerin in Westfalen, meine Sommerferien auf dem Hof verbrachte.

Es war ein normaler Werktag. Da Du oft im Haus unterwegs warst, erlebte ich mit, wie Du in unserer Küche mit Deiner Köchin und ihrer vierzehnjährigen Hilfe wegen einer nicht zufriedenstellenden Arbeit in einem unangemessenen Ton umgegangen warst. Das hatte auch mich betroffen gemacht. Deshalb sprach ich Dich daraufhin kurz danach an. Deine Reaktion?... Sie kam prompt und entschieden, mit der Aufforderung, mit in Dein Zimmer zu kommen, um mit mir darüber zu sprechen. Dort erklärtest Du mir mit Nachdruck:

„Hiermit verbiete ich Dir jegliche Kritik an mir, am Onkel und an meinen Eltern." (Marie und Ludwig Lust) *„Wenn Dir das nicht passt, dann kannst Du gleich wieder gehen."*

Liebe Tante Reni: Damit hattest Du für mich etwas Ungeheuerliches in den Raum gestellt. Von diesem Augenblick an entbehrte ich Dein Angenommensein aus der Tiefe Deines Herzens. Heute weiß ich, dass mich damit die ganze überalterte Ethik aufs Neue überrollte und ich ihr im Grunde preisgegeben war. Es war für mich wie selbstverständlich, dass ich Dein Gebot befolgen würde. Das hatte ich von Kindheit an so gelernt. Blinden Gehorsam hatte auch das Regime gefordert, und zuerst und zuletzt wurde zu meiner Zeit das „Du sollst" des Mosaischen Gesetzes noch in keiner Weise infrage gestellt. Wie heißt es bei Luther in der Erklärung zum Vierten Gebot?
„Wir sollen Gott fürchten und lieben, dass wir unsere Eltern und Herren nicht verachten noch erzürnen, sondern sie in Ehren halten, ihnen dienen, gehorchen, sie lieb und wert halten." Das beherzigte ich fortan bedingungslos.

Damit begann mein Leben in Deinem Haus. Du hattest um mich und meinen Mann geworben. Wir hatten miteinander einen Adoptionsvertrag abgeschlossen, womit die Weichen für uns gestellt waren. Wir, Hans und ich, wünschten uns nichts sehnlicher, als in Ordnung und Frieden unser Werk anzugehen und eine Familie zu gründen.
Hans blieb Dir gegenüber, wegen diesem für mich geltenden Gebot, völlig gelassen. Er hatte zu einer guten Umgangsweise mit Dir gefunden, und Du warst ihm nach wie vor sehr zugeneigt. Er, wie ich, wussten genau, dass wir nichts aufs Spiel zu setzen hatten, um unsere Zukunft und damit auch Deine Zukunft nicht zu gefährden. Wir trugen eine gegenseitige Verantwortung für das Gelingen unseres Vorhabens.

Dein Gebot, so sehe ich es heute, lehrte mich, wie eng Liebe und Macht miteinander verbunden sein können. 21 Jahre lang hielt ich mich an Deine Weisung, und ich vergaß auch nie unsern Hochzeitsspruch aus dem Korintherbrief: *„Die Liebe ist langmütig und freundlich"*. Damals wusste ich noch nicht, dass Paulus jene Liebe gemeint hatte und beschrieb, die die Griechen „Agape" nannten, jene göttliche, vollkommene und bedingungslose Liebe, die wir Menschen wohl nur sehr selten oder nie erreichen.

Was ich in den zwei Jahrzehnten mit dieser „meiner Ethik" innerlich erlebt und auch erlitten habe, trug ich in die Familienberatungsstelle in der Münchner Thierschstraße. Meine Therapeutin, Dr. Axhausen, führte mich durch einen analytischen Prozess, der mir folgendes offenbarte: Da ich mich Deinem Willen, liebe Tante Reni, bedingungslos gefügt hatte, war ich in eine befangene und einseitige Haltung gekommen. Ich selbst hatte mir Fesseln angelegt. Ich fürchtete mich vor Deiner Kritik und verlor Vertrauen. Ich wollte Dir alles recht machen und Dich zufrieden stellen. Damit konstellierte sich in Dir ein *dem-* entsprechend herausforderndes Verhalten. Du wurdest nicht müde, an mir und meinem Tun Fehler zu finden. Ich hingegen versuchte, bezüglich Fehlern möglichst nicht ertappt zu werden. Ein Aufbegehren wagte ich nicht. Ich war Dir eben in keiner Weise gewachsen, hatte auch nie gelernt mich zu schützen. So lebte jeder von uns in dieser Szenerie auf seine Weise das Seine, ohne zu wissen, was damit für den jeweils anderen heraufbeschworen wurde. Ich wusste nicht, das dies, wann auch immer, seinen Preis fordern würde.
Verletzungen, Kritik und Beleidigungen nahm ich widerspruchslos hin. Sie rollten an mir aber keineswegs nur ab, was ich aber nach außen hin weitgehend verbarg. Das betraf auch tiefer Einschneidendes, was für mich oft bedrohlich sein konnte. Dieses *„wenn du nicht. . . dann"*, schwebte in all

den Jahren immer wieder im Raum, bis es, gleichsam stufenweise, eine Intensität erreicht hatte, über die ich zutiefst erschrak. Anlässlich einer Spannung zwischen uns, dessen Grund ich heute nicht mehr benennen könnte, entfuhr Dir einige Male die Feststellung: *„Dann muss ich mir eben das Leben nehmen."*

Dr. Axhausen durchschaute die Situation. Ich lernte meine Verstrickung zu begreifen und half mir, mich innerlich zu festigen und zu orientieren. Mein Traumgeschehen, das ich aufzeichnete, ließ mich erwachen. Es stellte mir bildhaft vor Augen, was ich mir angetan hatte.
Ich wurde von wilden Tieren (meinen Trieben) verfolgt, und zwar bis in eine Kirche, in der ich mich auf die Orgelempore flüchtete, um entsetzt zu erwachen. *Meine* Kirche würde für mich keine Rettung sein können.
Die Kirche meiner Kindheit sah ich ohne Türme und ausgebrannt stehen. Danach wurde mein Blick auf ein hell erleuchtetes Fenster in der Kuppel des Münchner Justizpalastes gelenkt. Endlich sollte ich erkennen lernen, was meine Sache ist, die Wahrheit über meine Situation begreifen und bekennen.
Letztlich erlebte ich im Traum auch „die" Stimme. Fünfmal klopfte jemand an unsere Haustür. Ich weiß, dass es Frau Dingelreiter war, eine einfache Frau, die mit ihrer Ziege und ihren Hasen gegenüber meiner Mutter lebte. Sie sagte in mahnendem Ton ein einziges Wort: *„Verstehe"*, und noch ein zweites Mal: *„Verstehe!"*
Auch mich selbst, in meiner elenden Körperlichkeit, hatte ich anzuschauen. Nirgends konnte ich einen Ab-ort finden, mich zu entlasten und zu reinigen. Wenn ich tatsächlich eine Toilette gefunden hatte, brachten mir hilfreiche Schattenfiguren in Gestalt unserer braven Rübenfrauen Binden und waren bemüht, mein Blut vom Fussboden aufzuwischen.

Ich war in all den Jahren an mir selbst schuldig geworden. An jenem Tag, der mir diese Einsicht offenbarte, saß ich nach der Sprechstunde noch lange weinend auf einer Bank an der Isar, ehe ich den Weg nach Hause antreten konnte. Ich erlebte den Tiefpunkt meines Lebens und sehnte mich fortan nach Erlösung und Heilung.

Gleichzeitig, liebe Tante Reni, war ich natürlich auch Dir gegenüber schuldig geworden, indem ich die Art Deines Gebarens wuchern ließ und nie dagegen aufbegehrte. Woran ich danach noch lange trug, gemäß C. G. Jung, dass ein Schuldigwerden an sich selbst höher zählt als die Schuld einem anderen gegenüber und. . . *„dass man von seinen eigenen Tugenden ans Kreuz genagelt werden kann"*.

Nach sieben Monaten war ich innerlich so erstarkt, dass ich mich Dir gegenüber bekennen konnte. Keiner von uns, weder Hans noch Irene oder ich, werden den Tag dieses Ereignisses vergessen, als ich Dir in der Küche unseres Baihofs in einer großen Erregung eingestand, mit einem Menschen, der sich möglicherweise meinetwegen das Leben nehmen müsste, nicht mehr leben zu wollen.
Von Dir kam danach lediglich eine karge Entschuldigung. Ich hingegen hatte mich mit diesem verzweiflungsvollen Schritt lediglich von jener „hörigen Frau" verabschiedet, die ich Dir gegenüber 21 Jahre lang gelebt hatte. Nach diesem Geständnis fühlte ich mich vorerst entlastet und zukunftsfähig.

Damit möchte ich diesen Brief an Dich beenden. Vor uns beiden lagen noch etwas mehr als vier gemeinsame Jahre, die wir, jeder auf seine Weise zu durchwandern hatten und in denen ich Dich nie ohne Zuwendung, Besorgnis und Hilfe ließ.

Was Dir meine damals noch junge Familie zu verdanken hat, grenzt an „etwas von Unendlich". Was wir auf Deinem Besitz miteinander erarbeiten konnten, hat eine große Strahlkraft behalten, die unser Leben fortlaufend bereicherte. So begleiten uns Deine Hingabe und Dein Fleiß weit über das Heute hinaus, und ich begleite Dich mit einem lebenslangen Dank.

Nachdem ich Dir dies alles geschrieben habe, fühle ich mich mit mir selber im Frieden. Längst wirst Du im klaren Lichte Gottes unsere Gemeinsamkeit angeschaut haben, und so bin ich fest davon überzeugt, dass wir uns eines Tages umarmen werden, dann, wenn auch ich nach „drüben" komme und in die zeitlose Zeit aufgenommen werde.

In Liebe, Dein Patenkind und Deine „Nichtentochter",
- wie Du mich manchmal liebevoll nanntest -
Renate Loebner geborene Lust-Heidenhain

Eine Vielfalt von Antrieben

Die Jahre, die bis zu unserer Übersiedlung nach Mühldorf am Inn (1974) vor uns lagen, waren von vielfältigen Antrieben gezeichnet. Mein Mann hatte Freude an seiner „Bürgermeisterei". Inzwischen ging es um den Bau einer Turnhalle und der Suche nach einem Platz für einen neuen Friedhof. Es gab eine interessante Ausgrabung nahe Pliening, die er mit Interesse begleitete. Er genoss Ansehen in der Ortschaft, und von den Gemeinderatssitzungen kam er stets sehr angetan nach Hause.

Im Umgang mit Menschen, hatte er sich im Krieg vielfach bewähren müssen. So war die damalige Aufgabe für ihn wie maßgeschneidert. Bis 1979 sollte er dieses Amt inne haben. Dass ihm dies noch zufallen sollte, hatte für ihn etwas von Erfüllung.

Gleichzeitig hatte er Hof und Familie fest im Auge und Griff. Da der Vorbesitzer sich von unserem Hof in Hart langsam in ein eigenes Haus am Stadtrand zurückzog, übernahmen wir die Bewirtschaftung der Felder. Unser wieder gesund gewordener Herr Adelhart hat uns stets unterstützt. Doch blieb für meinen Mann und unseren Gehilfen, Hans Vogelmaier noch reichlich Arbeit. So bewirtschafteten wir mehr Land als je zuvor, und das in einer Entfernung von 70 Kilometern. Mein Mann hatte einen Unimog angeschafft, der jeglichen Transport erleichterte und die Fahrzeiten verkürzte. Dieses Fahrzeug wurde für unsere älteren Kinder zu einem begehrten Gefährt.

Eine Freude war es für mich, das alte Bauernhaus in Beschlag zu nehmen. Wir brachten überzähliges Bettzeug nach Hart, gaben den Räumen einen frischen Anstrich und fingen an, uns darin einzurichten. Eine meiner Eierkundschaften war dabei, ihr Haus und Grundstück aufzugeben, wo sie eine kleine Fischzucht betrieben hatte. Sie überließ uns einen Gummiwagen beladen mit brauchbarem Gerät und Einrichtungs-gegenständen. Damit möblierte ich das 1922 erbaute Bauernhaus, unser erstes effektiv eigenes Haus.

Ich überlegte lange, wann ich meine Hühnerhaltung aufgeben sollte. Die Eierwirtschaft war eine derart gute Einnahmequelle, dass meine Überlegungen nicht unberechtigt waren. Wieder war es das Traumgeschehen, das mir die Augen öffnete. Da gab es Situationen, wo unterm Verkauf mein VW Bus plötzlich versagte. Oder ich kam erst so spät am Nachmittag nach Trudering, dass die Belieferung unmöglich wurde. Die Hinweise verdichteten sich und wurden eindeutig: Ich sollte die Produktion und den Verkauf aufgeben. So trennten wir uns in der ersten Hälfte des Jahres 1972 von unserer Hühnerhaltung. Auch für meine mithelfende Mutter war dies angebracht und in Ordnung, war sie doch inzwischen 73 Jahre alt geworden.

Von da an lief unser Haushalt ruhiger, was mir neuen Spielraum schenkte. „Spielraum" floss mir soeben aus der Feder. Ja, ich spielte in dieser Zeit sehr fleißig Klavier. Eines Tages sagte mein Lehrer zu mir: *„Mit der Literatur, die Sie bis jetzt erarbeitet haben, könnten Sie sich ohne weiteres zu einer Aufnahmeprüfung am Richard Strauss-Konservatorium anmelden."* Ich war sehr überrascht, denn diese Möglichkeit hatte ich noch nie erwogen. Ich winkte ab. Er aber blieb beharrlich und meinte: *„Sie brauchen ja niemandem etwas davon zu sagen. Im Grunde haben Sie mit einem solchen Versuch doch nichts zu verlieren!"*

Das ging nun fortan mit mir um. Ich hatte mich in dieser Zeit bereits so intensiv auf die Psychologie von C.G. Jung eingelassen, dass ich schon manchmal daran dachte, die Tiefenpsychologie als „Fach" für mich selber voll aufzunehmen. Aber siehe da, wieder wurde ich gewiesen: Da gab es in unserer Eierkundschaft einen Grafologen, Markus Müller. Praxis und Wohnung waren in einem geräumigen ebenerdigen Haus. Sein Büro war neben der Haustür, und wenn ich schellte, ging oftmals *er* als erster an die Tür. Dort haben wir uns dann, bis seine Frau mit dem Eierkörbchen kam, über Psychologisches unterhalten, und das war für mich sehr belehrend. Einmal erzählte ich ihm wie nebenbei von dem

Vorschlag meines Klavierlehrers und meinem inneren Abwägen, was für mich wichtiger werden könnte, die Psychologie oder das Klavier.
Gelassen und entschieden meinte Herr Müller: *„Bleiben Sie beim Klavier!"*

Und wie reagierten die Träume? Ich begnüge mich mit Andeutungen: Ich gehe in meiner heimatlichen Oberschule für Mädchen bis zu einem Raum, fast unterm Dach. Von weitem höre ich Stimmen, und meine alte Musiklehrerin winkt mir entgegen und sagt: *„Die Mädchen warten schon auf Sie fürs Singen".*
Ein andres Mal werde ich vom Geigenlehrer meiner Tochter Irene aufgefordert, schnell in den Musiksaal zu kommen, um seine Schüler mit dem Klavier zu begleiten. Unvergesslich bleibt mir folgende kleine Szene: Ich komme in ein schulartiges Gebäude. Ich weiß nicht, was ich suche. Plötzlich bleibe ich im Flur stehen, horche und denke: *„Das ist doch Klavier-Anfängermusik, da gebe „ich" doch Unterricht!"*

So einfach wurde es für mich, mich in München vorzustellen. Ich hatte, gemäß der Anforderungen, Werke aus vier Stilrichtungen einstudiert, denen ich durchaus gewachsen war. Eigentlich konnte ich alles auswendig: ein Präludium mit Fuge aus dem „Wohltemperierten Klavier" von J. S. Bach, den ersten Satz der Pathetique von L. van Beethoven, eine leichte Etüde von Fr. Chopin und von Claude Debussy, aus „Children's Corner", Dr. Gradus ad parnassum. Zu spielen hatte ich jeweils nur etwas mehr als eine Seite. Theorie gehörte ebenfalls zu dieser Prüfung, auf die ich auch gut vorbereitet war. Und wie ging die Prüfung für mich aus? Man sagte mir: *„Leute wie Sie sind uns sehr willkommen. Behalten Sie Ihren Lehrer bei. Er leistet gute Arbeit. Sie können sich bei uns als Gaststudentin einschreiben lassen, um sich auf die Prüfung zur Klavierlehrerin vorzubereiten. Daneben können Sie einen zweijährigen Abendkurs besuchen, durch den Sie das Rüstzeug erhalten, als*

Musiklehrerin an einer Sing- und Musikschule zu arbeiten." Das war es dann, was ich ab September 1972 anstrebte.

Ich möchte dieses Kapitel von der Vielfalt der Antriebe damit beschliessen, indem ich bekenne, wie sehr mich die tiefenpsychologische Lehre von Carl Gustav Jung fortgesetzt beschäftigte. Ich spürte in den acht Monaten 1970/71 unter der Führung von Frau Dr. Axhausen, dass der begonnene Weg nach innen fortan der meine bleiben würde, und so begann ich ein Eigenstudium mit gezieltem Lesen. Neben manchen Bänden aus der Studienausgabe von C.G. Jung wurden zwei Bücher unentbehrlich: Jolande Jakobi: „Die Psychologie von C.G. Jung", ein Buch, das für Studenten geschrieben worden war, und das Werk von Ernst Äppli: „Der Traum und seine Deutung".
Im Lauf der nächsten zwei Jahrzehnte sollte sich mein Bücherschatz auf etwa zwei Meter Länge erweitern. Ich ging meinen Weg fortan von einem Meilenstein zum nächsten, bis ich in meinem 58. Lebensjahr von einem für mich fast „epochalen" Erleben ergriffen wurde.

Mein Weg in Richtung Musikerziehung

Wieder einmal schenkte mir das Leben die Möglichkeit, mich für etwas Neues ausbilden zu lassen. Da ich schon Lehrerin war, würde ich für das Fach Musik eine gewisse Qualifizierung erreichen können. In der Ausbildung zur Klavierlehrerin lag für mich vorerst der Schwerpunkt. Ich hatte das Glück für die ersten beiden Seminare einen dafür geradezu begnadeten Lehrer zu bekommen. Es war ein Herr Rösler. Er hatte für das so genannte „Klavierseminar" in jahrelanger Arbeit Tonbänder erstellt, die Klavierkompositionen vom Frühbarock bis zur Moderne für uns hörbar werden ließen. Damit stand alles, was er aus den verschiedenen Epochen verbal übermittelte, klangreich im Raum. Gleichzeitig wurden wir, die 30 bis 40 Studierenden, über die Schwierigkeitsgrade der Kompositionen informiert und bekamen Hinweise für das eigene Studium und das Unterrichten.

Der zweite Teil des Klavierseminars befasste sich mit der elementaren Unterweisung „wie unterrichte ich Klavier". Dafür sollten wir uns ein oder zwei Anfänger suchen, um das neu Erworbene begleitend auszuprobieren. Seinen Unterricht begann Herr Rösler ganz gelassenen mit der eindeutigen Feststellung: *„Dann werden Sie ein guter Lehrer werden, wenn sie für ihre Aufgabe passioniert sind und von der ersten Stunde an sagen: In diesem Schüler könnte ein zukünftiger Pianist stecken!"* Der Schüler *„sollte dafür einen ausgesprochenen Spieltrieb mitbringen, ebenso Intelligenz und Fleiß."* Damit war der Maßstab gesetzt. Ich habe beide Seminare mit Interesse und Freude besucht. Ich fühlte mich für mein späteres Unterrichten sehr gut belehrt und vorbereitet. Harmonielehre kam noch hinzu. Zu diesem für mich sehr schweren Fach muss ich sagen: Musik zu analysieren war und blieb für mich davon das Reizvollste.

Das Abendseminar entpuppte sich für mich als eine Zusatzausbildung zu meinem erst erlernten Beruf der Grundschullehrerin. Die etwa acht Teilnehmer kamen mit dem Ziel, an der Münchner Sing- und Musikschule Grundkurse und Singklassen übernehmen zu können. Für mich würde es die Mühldorfer Musikschule sein, mit der Aufgabe, Kindern im Grundschulalter ein musikalisches Rüstzeug zu vermitteln, das sie befähigt, ein Instrument zu erlernen. Der Tonraum von C dur war dafür systematisch zu erschließen, sowohl durch Handzeichen, Notenlesen, Gehörbildung und Singübungen wie auch mit und unter Einbindung von Orff Instrumenten. Das war das Eine. Daneben musste eine Sicherheit für Metrum, Takt und Rhythmus angebahnt werden. Das zum Grundkurs auszuwählende Liedgut war dem Liederbuch „Wir kleinen Sänger" zu entnehmen. Wir wurden ermutigt, alle Lieder auswendig auf dem Klavier zu begleiten.

Im zweiten Seminarjahr erweiterte sich der Unterricht in Richtung Perkussion und „Musik und Bewegung", im Blick auf das Gehör, in Richtung Dur und Moll und musikalische Ausdrücke und Zeichen. All diese Erfahrungsprozesse hatte ich mir in unseren zwei letzten Baihof-Jahren zugemutet. Meine Familie, besonders meine Mutter und die großen Kinder standen voll hinter mir. Mein Mann unterstützte alles, was mein Leben bereicherte. Tante Reni hat sich über meine Entschiedenheit vielleicht nur gewundert. Im Juli 1974, einem knappen Monat vor unserem Umzug, legte ich die Prüfung mit Erfolg ab. Ich durfte mich fortan Musiklehrerin nennen, für die Fächer Klavier, Grundkurs und Singklasse.

Kaum hatten wir im August 1974 den Umzug hinter uns, rief mich Herr Bartos, der Leiter der Musikschule Mühldorf an, ob ich bereit wäre, im neuen Schuljahr zwei zweistündige Grundkurse zu übernehmen. In einem Vorgespräch hatten wir uns schon kennen gelernt. Er schenkte mir für ein Mitwirken an der noch sehr jungen Schule sein Vertrauen, und ich sagte zu. Die Mühldorfer Musikschule war, als ich mit der Arbeit begann, erst zwei Jahre alt. Neben mir gab es nur noch eine fest angestellte Lehrkraft für Akkordeon, Klavier und Blockflöte. Ich sollte miterleben dürfen, wie rasch sich die Schule zu einer angesehenen und vielbesuchten Einrichtung entwickelte.

1974, ein geballtes Jahr

Die Vielfalt des Jahres 1974 lässt sich nur darstellen, indem ich die Ereignisse in einer Kurzform schildere. Der Leser wird verstehen, dass ich von diesem „geballten" Jahr lediglich *das* beleuchten werde, was als Ergänzung für den Fortlauf der Ereignisse notwendig ist. Es war das Jahr von unserer Übersiedlung nach Mühldorf.

Mein Befinden

Dass ich den Mut gehabt hatte, mich meiner Tante gegenüber zu bekennen, läutete bei mir ein jahrelanges Bemühen um Selbsterfahrung und Selbsterkennen ein. In den Monaten mit meiner Therapeutin war ein Tiefgang zu bewältigen gewesen, durch den ich manches von der Grundstruktur meiner Seele zu begreifen lernte. Das Selbsterkennen sollte mir zu einer lebenslangen Aufgabe werden. Für jeden Entwicklungsschritt bedarf es ja einer gewissen Reife des Gefordertseins, dazu Langmut und Vertrauen. Ich fand in C. G. Jung *den* Lehrer für eine gut verständliche *Anatomie der Psyche*. Das fesselte mich. War doch mein Großvater Martin Heidenhain Anatom gewesen, der die *Anatomie des Körpers* gelehrt hatte. Diesen Zusammenhang zu sehen, ermutigte mich, den eingeschlagenen Weg weiterzugehen. Ich hatte damit begonnen ein Traumtagebuch zu führen. Was bedeutet in einem Traum „*was*", das war wichtig für die Deutung, die oft mühsam war. Das Interesse für mein Verhalten und Sein war und blieb mehr als ein Hobby.

Im Rückblick auf den Verkauf des Hofes

Es war inzwischen für uns außer Zweifel, dass es richtig gewesen war, unsren Lebensschwerpunkt zu verlagern. Damit kamen die vier Baihof-

Jahrzehnte meiner Familie zu einem sehr organischen Abschluss. Unser neues Werk begann sich rasch zu ordnen. Unsere Tante verlor sehr an Kraft. Sie magerte ab und war auch durch Alterszucker gezeichnet, sodass die Zehen eines Fußes blau wurden. Eine selten gewordene Operation, eine, durch unseren Arzt Dr. Picard vermittelte Nerv-Durchtrennung, bewirkte erneut eine normale Durchblutung. Die Tante war in den letzten Jahren auf dem Hof oft krank und etliche Male auch im Krankenhaus. Bezüglich unserer Umsiedlung nach Mühldorf hatte sie sich im Törringhof, einem Altersheim in Töging am Inn, ein freundliches Appartement gesichert.

In den Osterferien

Am Palmsonntag 1974 feierten wir Reinhards Konfirmation, das letzte große Fest auf dem Baihof. Tante Reni holten wir für zwei Nächte aus dem Krankenhaus. Ein Familienfoto bewahrt das Andenken an die zahlreichen Gäste, darunter, viele inzwischen heimgegangene Verwandte und Freunde. Unser Geschenk an Reinhard war eine zwölftägige Reise durch Israel. Reinhard und ich würden sie unternehmen. So hatten wir es geplant. Auf dem Höhepunkt der Reise sagte Reinhard zu mir: *„Dass diese Reise so schön sein würde, das hätte ich nicht gedacht."*

Unsere Silberhochzeit (24. Juli 1974)

Fast wie nebenbei feierten wir am 24. Juli unsere Silberhochzeit. Sie fiel in die Zeit meiner Prüfung am Konservatorium. Wir machten lediglich einen Stadtbummel durch die Innenstadt von München, um beim Nikolodi, einem Juwelier im Rathaus, eine Kette für meine Schwiegermutter zu erstehen. Meine Leser werden fragen: „Warum nicht für mich?" Ich hatte von meinem Mann schon vor längerer Zeit den „Freibrief" für einen Ring erhalten. Diesen hatte ich mir auf der Israelreise mit Reinhard eingelöst. Anlässlich der Besichtigung einer Diamant Schleiferei entdeckte ich *den* Ring in einer Vitrine zwischen edlem Geschmeide. Auch Reinhard gefiel er sehr. So kam ich von unserer Reise mit jenem Ring zurück, den ich von unserm Silberhochzeitstag an bis heute trage.

Unser Haus in Mühldorf Hart 11a

Zwei Jahre hatte der Bau gedauert. Der Architekt Werner Maier hatte unsere Wünsche sehr gut umgesetzt. Der Verwalter unseres Mietshauses hatte die Bauaufsicht übernommen. Nun wartete das Haus auf uns; ein freistehendes Einfamilienhaus mit der landesüblichen Dachneigung und. . . ohne Hausboden, denn wir hatten im alten Bauernhaus genug Hausboden. Werner Maier hatte reichlich Stellwände geplant, um die schönen alten Möbel aus der Tübinger Neckarhalde weiter benutzen zu können. Es war ihm wichtig gewesen, dass die Funktionen fürs Wohnen und Bewirtschaften stimmten und damit letztlich auch das Wohlbefinden. Der Bau war geglückt. Im Lauf der Jahre erhielt dieses Haus einige wichtige Verbesserungen für eine noch vielfältigere Ausnutzung des umbauten Raumes.

Meine Mütter

Der Umzug im August war für mich kaum verkraftet, da erklärte mir meine Mutter, dass sie ihr Haus in Trudering verlassen möchte, um auch nach Mühldorf umzusiedeln. Das kam für mich sehr überraschend. Der Baihof und die Verbindung zu uns, waren für sie lebenswichtig gewesen, nun war der Hof „familien-leer". Ich hielt mich für ihren Wunsch offen. Ich konnte zu diesem Zeitpunkt noch nicht ermessen, dass mir meine Mutter später noch so manche Sorge machen würde. Die Tante war vorerst noch im Heim, aber ich fühlte, dass dies auch für sie nicht die Lösung bleiben würde, denn sie wurde zunehmend orientierungsloser. So blieb ich wachsam für meine beiden Mütter.

Was meine leibliche Mutter betrifft, so war für sie seit etlichen Jahren die Sorge um meine jüngste Schwester in Washington fast beherrschend geworden. Sie hatte ihren ersten psychischen Schub erleiden müssen und war dabei, einigermassen erstarkt, sich von ihrem Ehemann zu trennen. Von da an war das Thema „Gabi" (Gabriele) zum Brennpunkt des Lebens der Mutter geworden, *Brennpunkt* im wörtlichen Sinn. Niemand aus der allernächsten Familie konnte sich jenen Sorgen und Beunruhigungen entziehen, die die Familie vom andern Kontinent erreichten und die fortan 15 Jahre lang anhielten. So kaufte sich meine Mutter in einem modernen Wohnblock in der Nähe des Mühldorfer Bahnhofs eine kleine Wohnung. Ende Oktober 1974 zog sie ein.

Tante Reni erlitt im Dezember 1974 einen starken Rückgang ihrer Kräfte. Zu meiner und ihrer Freude hatte sie jedoch die Umsiedling insofern noch miterleben können, indem sie mit mir viele Umzugskartons auspackte, um sich zum letzten Mal in ihrem Leben an all dem schönen Geschirr, den Gläsern, Bildern, Stoffen und der Wäsche zu erfreuen, die sie, nicht zuletzt für uns, gepflegt und bewahrt hatte. Das Weihnachtsfest sollte sie nicht mehr mit uns teilen dürfen. Zum ersten Mal lag sie im Mühldorfer Krankenhaus. Bald nach den Festtagen holte ich sie zu uns. Zum ersten Mal würden wir in Mühldorf einen Hausarzt brauchen. Der behandelnde Arzt im Krankenhaus riet mir, einen Dr. Hartmuth Frühbrot zu bitten, sich unserer Tante anzunehmen. Dr. Frühbrodt hatte im Krankenhaus praktiziert und sich soeben niedergelassen. Auf meine Frage, ob er den Zeitraum für Tantes Leiden und Sterben abschätzen kann, meinte er: *„Ich denke ein viertel Jahr".* Und damit behielt er Recht.

Kurz vor Ostern geleiteten wir die Tante auf dem Töginger Friedhof zur letzten Ruhe. Sie selbst hatte sich dort eine Grabstätte ausgewählt, in der auch schon die vom Baihof mitgebrachte Urne ihres Mannes einen würdigen Platz gefunden hatte. Mit einer Leichenfrau hatte ich unsere Tante für den Sarg vorbereitet. Wir legten ihr das Hochzeitskleid an, ein bezauberndes festliches Gewand aus schwerer gelber Seide aus ihrer Stuttgarter Zeit, ein Kleid, das sie auch bei uns zu feierlichen Anlässen sehr gern getragen hatte. Mit zarten Spitzen aus ihrem reichhaltigen Nachlass umhüllte ich ihren Kopf wie mit einem Schleier. Das Grab in Töging ließ ich fortan vom Friedhofsgärtner pflegen. Wann auch immer ich hinkam, es war und ist stets eine Freude, es anzuschauen und dort zu verweilen.

Musik . . . Musik

Meine Musikschularbeit war mir vom ersten Tag an ans Herz gewachsen. Innerhalb des ersten Jahres kristallisierte sich für mich heraus, wie sehr vieles, was mir zu vermitteln und zu lehren aufgegeben war, mit Bewegung zu tun hatte. Ein Wort meines Vetters Mathew David, Bratschist im Nürnberger Sinfonieorchester, ließ mich früher schon einmal aufhorchen: *„Alle Musik ist Bewegung".* . . So kam ich im ersten Jahr zu dem Schluss: Mit *„Musik und Bewegung"* würde ich meine Schüler zu guten Ergebnissen führen können.

Die Vorbedingungen waren ideal: ein geräumiger Unterrichtsraum mit Bänken, einer großen Tafel und genug Bewegungs-Freiraum, dazu ein Klavier, alle gängigen Orffinstrumente, bis hin zu Tamburin und Bongo. Es fehlte nicht an Handinstrumenten wie Triangeln, Zimbeln und Rasseln. Es gab für jedes Kind einen Ball, einen Reifen, ein Seil; alles in allem, ein Rausch von Möglichkeiten für meine Arbeit.

Um meine vielgestaltige Ausbildung auszurunden, entschloss ich mich für einen Sommerkurs am Orff Institut in Salzburg. Damit durfte ich in eine Klang- und Erlebniswelt eintauchen, die mich faszinierte und durch die ich zielgerade zu meinem Unterrichtsstil fand. Ich habe in den Salzburger Wochen nichts Herkömmliches erlebt, alles war überraschend neu, stets kreativ und schlüssig für jene musikalischen Phänomene, deren Erschließung gefordert waren.

Ich blühte auf durch eigene Einfälle. Mein Ohr gewöhnte sich an alles, was mir helfen würde, eigenständig und sicher meinen Unterricht so zu gestalten, sodass das Kind nicht nur verstehen lernt, sondern das Fundamentale fürs Musizieren auch körperlich erfahren kann. Salzburg sollte mich verwandeln. Ich kaufte mir das gesamte Orffschulwerk als Notenmaterial und auf Schallplatte. Dies war für mich ein Vorstoß in die Welt eines zeitgemäßen Bereiches der Musik, der mir entsprach.

Bei unseren Jahreskonzerten durften die Kinder der Grundkurse stets mitmachen. Das war jedes Mal eine Herausforderung und Belohnung für alle Mühe.

Meine Stundenzahl an der Musikschule war im Steigen. Ich hatte jeweils zwei Gruppen mit Doppelstunden für zwei Grundkurs-Jahre, daneben die ersten Klavierschüler.

Ich arbeitete mit großer Freude und hatte Erfolg. Nichts, was mir an Raum oder Unterrichtsmaterial zur Verfügung stand, blieb unbenutzt.

Lernen mit Bewegung wurde so bestimmend, dass ich auch versuchte alle Phänomene der Dynamik oder gar des Ausdrucks für die Kinder körperlich erfahrbar oder darstellbar zu machen. Diese Begeisterung dann, wenn von kaum hörbar tippelnd bis trampelnd, piano bis forte, also ein Crescendo, zum Erlebnis wurde. Vom Klavier aus ließ ich die Kinder durch eine freie Bewegung im Raum auf verschiedene Tempi oder Ausdrucksformen reagieren. Von langsam und schleppend bis presto, von schleichend, bedachtsam oder zögerlich bis fröhlich und ausgelassen. Dieses freie neuzeitliche unterrichtliche Schaffen war mir eine Herzensfreude.

Und wie ging es mir mit dem Klavierunterricht? Ich begann mit zwei gleichaltrigen Schülern, von denen ich hoffte, dass sie Spielfreude und Fleiß mitbringen würden. Ich wurde nicht enttäuscht. In der allerersten Zeit hatte ich sie gleichzeitig, zu zweit am Klavier. Auch das hatte ich in München gelernt. Bald aber ging jedes der Kinder seinen Weg. Als das Mädchen sich unter anderem ziemlich rasch bis zur ersten Bach-Invention vorgearbeitet hatte und der Junge eine Clementi-Sonatine überzeugend und sicher vortragen konnte, meldete ich sie mit Einverständnis von Herrn Bartos zu „Jugend musiziert" an. Das war gewagt. Jahre später hätte ich mich vielleicht anders entschieden. Sie bekamen natürlich keinen Preis, aber eine beachtenswerte Belobigung, und damit einen großen Ansporn für ihr weiteres Spiel. So fing es an mit dem Unterrichten. Von meinem Leben und meiner Arbeit mit und für die Musik werde ich fortan immer wieder erzählen, denn auch darin wurde mein Schaffen nie eintönig.

Unfälle und Krankheiten

Schaue ich auf die beiden Jahrzehnte zurück, in denen meine Mutter in ihrem Truderinger Haus gelebt hatte, so sehe ich diese sonnenbeschienen. Auch ihr Haus war auf seine Weise ein Anziehungspunkt und familiärer

Mittelpunkt geworden. Sie hatte viel Besuch und, nach dem Tod meines Bruders, fanden ihre Enkelsöhne Detmar und Frank eine stets offene Tür. Vielleicht waren diese Münchner Jahre für sie die erfüllteste Zeit seit unseres Vaters Tod. Und nun, die Mutter in Mühldorf?

Zu rasch und zu planlos hatte sie sich zu diesem fast abrupten Ortswechsel entschlossen gehabt. So erlebte ich in ihren drei Mühldorfer Jahren manches Ungemach. Meine Mutter wurde depressiv. Depressiv nicht im Sinn von krank, mehr als eine Unerfülltheit und Richtungslosigkeit. Sie erlitt zwei Unfälle, durch die sie hätte aufhorchen können, aber sie deutete sie nicht als eine Weisung. Es war ein Zeitpunkt gekommen, wo das Muster ihres Lebens von Grund auf zu überdenken war. Das erste Mal brach sie sich in unserm Haus die Kniescheibe. Das zweite Mal stürzte sie auf dem Parkplatz vor ihrer Wohnung gegen ein Hauseck, wodurch sie einen Muskelriss im Bereich einer Schulter erlitt und in München operiert werden musste. Diese Unfälle waren begleitet von einer unseligen Gestimmtheit, die ich an ihr bislang nie erlebt hatte. Ich fühlte, dass ihr „die Erde unter den Füßen fehlte". Sie lebte in einer Wohnanlage, auf deren Grünflächen standen Schilder mit „Betreten verboten". Das passte nicht zu unserer Mutter.
So entschloss sie sich Haus und Grundstück in München an ihren ältesten Enkel Detmar zu verkaufen, um in Mühldorf ein ebenerdiges Wohnen mit einem kleinen Garten zu suchen. Wir hatten Glück. Für die Frauenhofer Straße waren Reihenhäuser geplant, die den Wünschen meiner Mutter voll entsprachen. So entstand für sie ein Reihenmittelhaus nach Maß. Zum zweiten mal würde ich in diesem Jahrzehnt einen Hausbau begleiten. Doch dann, als der Spediteur für den Umzug bestellt und die Ölrechnung für die Heizung schon bezahlt waren, verunglückte unsere Mutter zum dritten Mal.

Ende Juni 1977 erhielt ich vom Hausmeister ihrer Wohnung in der Schillerstraße einen Anruf. Er hatte Hilferufe meiner Mutter gehört und fand sie. . . liegend, im Flur. Er informierte mich kurz über die Situation und reichte danach meiner Mutter das Telefon. Ich hörte ihre Worte: *„Ich bin gestürzt und bin querschnittgelähmt".*

Der Hausmeister kümmerte sich sofort um die Einweisung ins Krankenhaus. Ich weiß nicht mehr, wie es für mich an diesem Tag weiterging. Ich kann nur davon berichten, was ich in den nächsten drei Wochen erlebte: Eine völlig niedergebrochene, von Schmerzen gequälte Mutter. „Schmerztherapie" im heutigen Sinn gab es noch nicht. Ihr Jammern und Stöhnen hatte etwas Verzweifeltes. Sie war zu einer Ausgelieferten geworden. Vom Hals ab war sie so gut wie bewegungslos. Sie verweigerte oft das Essen, das man ihr eingeben musste und sie hatte natürlich einen Katheder. Trotz dieser schrecklichen Situation beteuerte sie immer wieder: *„Ich will aber noch nicht sterben!"*

Ich war in hohem Maß gefordert, erhielt aber auch Unterstützung von meiner Schwester Brigitte, der Ärztin. Sie fuhr zur Nervenheilanstalt in Gabersee, um zu klären, ob man durch eine Einweisung Mutters Lage bessern oder sogar durch einen Eingriff erleichtern könnte.
Der Leser möge bedenken, dass es seinerzeit noch keine Neurochirurgie gab, die für unsere Mutter erreichbar gewesen wäre. So musste sie die Zeit der schlimmsten Schmerzen in Mühldorf über sich ergehen lassen, bis sich die geschädigten Nerven beruhigen konnten.
In ihrem Angegriffensein sprach sie viel von unserer Schwester Gabriele. Sie wusste genau, dass gerade dieses Kind sie weiterhin brauchen würde, und wäre es nur durch eine finanzielle Unterstützung.

In unserer Mutter drängte in dieser Zeit aber auch Eigenes ans Licht. Dies konnte ich aus ihren Andeutungen schließen. Im Rückblick auf ihr Leben stieß sie auf Unebenheiten und Unerlöstes. Auch aus diesem Grund wünschte sie sich wohl noch ein Stück beruhigte Lebenszeit. Zweifellos war sie in diesen ersten Wochen in Lebensgefahr, das fühlte sie sehr wohl, und darum erbat sie sich den Besuch eines Notars zur Erstellung eines Testaments.

Da sie es eigenhändig nicht unterschreiben konnte, mussten wir dafür einen Vertreter finden. Der Vorbesitzer in Hart, unser Freund Johann Adelhart, war dazu bereit. In seiner, des Anwaltes und meiner Anwesenheit wurde dann an Mutters Bett ihr letzter Wille dokumentiert.

An dieser Stelle muss ich um meinetwillen Willen den Bericht über Mutters Ergehen unterbrechen, denn es hatte sich erneut etwas völlig Unerwartetes angebahnt: Mein Körper meldete sich auf seine Weise. Inzwischen war es Juli geworden. Eines guten Abends ertastete ich durch Zufall an meiner linken Brust einen Knoten. Gottlob war dies in jenen Tagen der Woche, die mein Mann in Hart verbrachte. Gleich am nächsten Morgen ging ich in die Sprechstunde der Oberärztin im Krankenhaus. Sie zögerte nicht lange und entnahm eine Gewebeprobe. Auf der Stelle meinte sie: *„Das sieht nach Krebs aus!"* Zuerst nahm ich dies gelassen hin. Als sie jedoch empfahl, ich sollte mich auf eine Operation einstellen, begriff ich erst den Ernst der Lage. Zwei Tage später stellte ich mich dem Unabänderlichen. Im gleichen Stockwerk des Krankenhauses, wo meine Mutter auf Intern untergebracht war, bekam ich mein Bett in der Abteilung für chirurgische Fälle. Es ging alles ganz rasch. Mein Anästhesist, der damals noch junge Arzt Dr. Hans Dworzak, klärte mich auf und stimmte mich zuversichtlich. Am nächsten Tag erwachte ich nach der Operation ohne meine linke Brust.

Ich erholte mich planmäßig. Zur Sicherheit wurden mir zwölf Bestrahlungen verordnet, die ich in Landshut erhalten konnte. Damit begannen für mich, über mehrere Wochen hinweg, Bahnfahrten nach Landshut. Das Bestrahlen nach Krebsoperationen steckte seinerzeit noch in den Kinderschuhen, und ich darf von Glück sagen, dass ich durch sie keinen Schaden erleiden sollte. Insgeheim trug ich hart an dem, was ich hinzunehmen hatte. Nach außen hin ließ ich mir nicht viel anmerken. Eine junge Kollegin in der Musikschule sagte einmal ganz lässig, aber doch herausfordernd zu mir: *„Sie sind wohl gar nicht krank gewesen!"* Eine tiefgreifende Verarbeitung kam erst im Mai 1978, als sich mein Körper noch einmal sehr entschieden zu Wort meldete.

Dennoch, vorerst zurück zum Leiden der Mutter

Ihre Versorgung und Pflege war sehr mäßig. Fast täglich kam ich zum Essen eingeben. Im September begann für sie das Wundliegen. Gottlob hatte sie sich schon mit siebzig Jahren, falls sie einmal Pflege brauchen würde, für ein ganz bestimmtes Heim entschieden. Es war ein von Diakonissen geführtes und betriebenes Altersheim mit Pflegestation in Puschendorf in der Nähe von Nürnberg. Im benachbarten Siegelsdorf führten mein Schwager Dr. Helmuth Drescher mit seiner Frau, meiner Schwester Brigitte, eine Arztpraxis. Auch das Heim hatten sie in Betreuung. Seinerzeit hatte meine Mutter nach einer Operation bei den Puschendorfer Schwestern eine Erholungszeit verbracht und diesen Platz zu schätzen gelernt. Leider hatte das Heim im Augenblick kein freies Bett. So litt die Mutter in Mühldorf weiter. Aus der wunden Stelle am Rücken wurden Löcher. *Nicht einmal* wurde sie in diesen vier Monaten gebadet, nicht *einmal* wurden ihr die Haare gewaschen. Sie war in einem elenden Zustand, aber sie hatte ja ein Ziel: die Übersiedlung nach Puschendorf.

So fuhr ich am zweiten November 1977 dem „Sanka" 265 km voraus nach Puschendorf. Als der Krankenwagen ankam, stand Schwester Helene von der Pflegeabteilung mit mir schon am ebenerdigen Eingang im Untergeschoß. Als die Bahre zu uns gerollt wurde und Schwester Helene die Mutter begrüßte, beugte sie sich etwas über sie, ließ ein wenig von Mutters Haar durch ihre Hände gleiten und sagte ganz liebevoll und zuversichtlich: *„Das machen wir gleich morgen!"*

Damit begann eine Pflege von neun Jahren. Neun Jahre, in denen ich fast jeden Monat für drei Tage meine Mutter besuchte, neun Jahre, in denen sich meine Schwester Brigitte täglich um sie kümmerte. Neun Jahre in denen auch meiner Schwester eine Brustoperation erlitt. Einmal musste sie sogar für ein paar Wochen in ein Sanatorium, um eine Überbeanspruchung in ein neues Gleichgewicht zu bringen. In diesem Lebensrückblick werde ich von meiner Mutter erneut sprechen, denn diese Jahre waren für unsere Familie sehr bedeutsam. Zwischen meiner Schwester und mir gab es eine stille Übereinkunft: Sie kümmerte sich Tag für Tag um alles. Ich war ein zuverlässiger Besuch aller Entfernteren. Nach der Begrüßung sagte die Mutter stets freudig und erleichtert: *„Jetzt können wir wieder miteinander sprechen!"*

In all den Jahren fand ich im Haus meiner Schwester eine für mich sehr wohltuende und fürsorgliche Aufnahme. Fortlaufend konnte ich ihren strammen Arbeitsalltag miterleben und meine Beziehung zu ihren drei Söhnen pflegen. Mein Schwager Helmuth wie auch mein Mann halfen uns Frauen sehr durch ihre Mitsorge um unsere Mutter; Helmuth als ihr Arzt und mein Mann durch seine Großzügigkeit meine Fahrten nach Franken zu unterstützen.

Die Flöte

Im zweiten Jahr meiner Arbeit an der Musikschule (1976) fragte mich Herr Bartos, ob ich eventuell auch eine Anfängergruppe für Blockflöte übernehmen könnte, es gäbe dafür zahlreiche Anmeldungen. Ich war sehr skeptisch, hatte aber den Mut dennoch zuzusagen. So erlebte ich genau das, was ich einsehen musste: Nach kurzer Zeit war mir bewusst, dass ich für die Flöte auch eine Ausbildung brauchte. So entschloss ich mich zu einem ersten Schritt und meldete mich für die Sommerferien 1978 zu einem Flötenkurs in Bad Hersfeld an. Ich wollte das Instrument durch fachliche Kompetenz von Grund auf kennen lernen.

Für mich gab es bis dahin jedoch eine weitere Hürde zu überwinden. Kurz vor Ostern musste ich erneut ins Krankenhaus. Ich wusste, dass ich in der Gebärmutter ein Myom hatte, zuerst nussgroß, dann so groß wie eine dicke Pflaume und dann. . . musste es so gewachsen sein, dass ich zwischen Palmsonntag und Ostern 1978 eine nicht mehr aufzuhaltende Blutung bekam. „Frohe Ostern" waren angesagt!
Ich folgte dem Rat eines befreundeten Arztes, (mein Arzt, Dr. Frühbrodt war in Urlaub). In Anbetracht dessen, dass es im Krankenhaus Burghausen eine Gynäkologische Station gab, sollte ich dorthin gehen. (In Mühldorf gab es lediglich Belegbetten.)
Ich hatte bereits einen großen Blutverlust erlitten und war natürlich auch besorgt, dass dies erneut Krebs sein könnte. Ich sollte aufatmen: Die Operation glückte. Meine Gebärmutter musste ich hergeben, aber die Gewebeuntersuchung war negativ. Ich war nach der Operation noch viele Wochen recht mitgenommen. Jetzt erst fing ich an, den Sinn meiner beiden Operationen für mich zu deuten: Die „natürliche, mütterliche" Phase meines Lebens war beendet. Merkwürdigerweise schrieb ich in der

Krankenhauszeit an die Spenderin eines großen wunderschönen Blumenstraußes (einer Schülermutter) einen Dankes-Gruß in Gestalt eines recht gelungenen Gedichtes.

Meinen Unterricht nahm ich bald wieder auf und freute mich auf die Sommerferien mit dem Flötenkurs.

Der Flötenkurs in Bad Hersfeld

Wir waren etwa dreißig Teilnehmer. Drei erfahrene Lehrer vertraten jeweils besondere Aufgabengebiete wie Einzelunterweisungen, Arbeit in kleinen Gruppen, Theorie oder Ensembles für das Plenum.

Im Jahr 1978 war die Blockflöte als wiederentdecktes hochkarätiges Instrument erst im Kommen. Es gab kaum solistische Sterne am „Blockflöten-Himmel". Sehr viele Kompositionen aus Renaissance und Barock warteten darauf, wiederentdeckt zu werden. Das Auffinden von alten Blockflötenwerken griff erst um sich. Was das Instrumentarium betraf, lag vieles im Argen. An den Musikschulen war die barocke Griffweise noch selten die Regel. Der Blockflöten Bau und auch der Nachbau barocker Instrumente hatte erst begonnen. Dies alles wurde ich in Bad Hersfeld gewahr.

Meine Lehrerin für die Einzelunterweisungen war Frau Friedersdorf aus Köln. Sie war eine Pionierin unter den Blockflöten Lehrern. Durch ihre Führung wurde eine ihrer Schülerinnen Bundessiegerin bei „Jugend musiziert". Ihre Lehrer, durch die sie sich selbst durch Kurse nach oben gearbeitet hatte, waren Hans Brüggen und Werner Braun. Diese Lehrerin ging sehr achtsam mit mir um. Sie erkannte bald, dass ich mit vielen musikalischen Grundkenntnissen vertraut war, und sie forderte mich auch manchmal auf, auf dem Klavier etwas zu begleiten. So wurde diese Woche für mich zu einem Geschenk. Ich blühte mit der Flöte auf. Dieses

Instrument war vielleicht noch mehr das Meine als das Klavier. Den Ton mit dem Atem zu erzeugen und unter Einbeziehung einer „kunstgerechten" Mitarbeit von Lippen, Zunge, Zwerchfell und einer Gewandtheit der Finger Musik zu gestalten, entsprach meinen Befähigungen und meiner Musizierfreude. Als ich mich von meiner Lehrerin verabschiedete, meinte sie: *„Suchen Sie sich einen guten Lehrer. Sie können auf Ihrem Fundament rasch zu guten Fortschritten gelangen."*

Sehr beglückt kam ich von Hersfeld zurück. Mein erster Schritt war, die Schulleitung dahingehend zu bewegen, dass bei uns ab sofort die barocke Griffweise eingeführt wurde.
Zwei Jahre später nahm ich erneut an einem Lehrgang von Frau Friedersdorf teil. Dieses Mal ging es um Technik und Artikulation. Was ich aus Köln heimbrachte, wurde zum Fundament für mein eigenes Üben und für einen dem Instrument zu gute kommenden Unterricht.
Die Arbeit in der Schule brachte erste Erfolge. Ein besonders begabtes und fleißiges Mädchen holte bei „Jugend musiziert" tatsächlich einen ersten Preis und durfte in Augsburg am Landeswettbewerb teilnehmen. Wir wussten im Voraus, dass es für sie und ihre Klavierbegleiterin lediglich ein Kräftemessen ohne Preise werden würde. Doch wir hatten einen Meilenstein erreicht. Vor mir lagen neben dem Eigenstudium mehr als zwanzig Jahre fortlaufende Arbeit mit Flötenschülern.

Ein Nachwort zu diesem Kapitel „In fließendem Umbruch"

Ich bin inzwischen im 54. Lebensjahr angelangt und möchte meinen Lesern versichern, dass ich mich bei dieser Arbeit des Erzählens sehr wohl fühle. Es war ein jahrelanger Wunsch gewesen, diesen Lebensrückblick zu schreiben und zu gestalten.

Wie aber sollte ich meine Lebenszeit nun *ein-teilen*, oder *auf-teilen*, um Struktur ins Ganze zu bringen. Jeweils eine Zeitspanne von zehn Jahren, das wäre zu einfach, meinte mein jüngerer Sohn und hatte spontan die Idee: *„Nimm doch neun Jahre! Mit neun Jahren ist der Übergang zur höheren Schule, im 18. Jahr ist das Abitur, mit 27 bist du voll erwachsen, mit 36 Jahren stehen schon große Herausforderungen an und mit 45 Jahren ist die Zeit der Lebensmitte erreicht...*" So einfach wurde es, für meinen Lebensrückblick eine Zeitspanne von jeweils neun Jahren zu wählen, womit die Gestaltung der Jahre, nach meines Mannes Tod von 1997 bis heute, noch nicht übersehbar wurde. Ebenso wird mir jetzt klar, dass die Neun in meinem Leben schon öfters eine Rolle gespielt hat. Neun Jahre betrieb ich meine Eierwirtschaft. Neun Jahre fuhr ich zu meiner Mutter ins Heim. Neun Jahre lang arbeitete ich in der Musikschule mit dem Schwerpunkt Grundkurse. Und was darf ich nachlesen über die Symbolik der Neun? *„Sie ist die Zahl des Himmelsweges der Seele. Sie führt zur Erlösung!"* Damit schließe ich mein sechstes Kapitel und freue mich auf das siebte.

VII
AUF DEM WEG NACH INNEN

1979 - 1988

Mit dem Unerwarteten tritt Gott spürbar ein
in unseres Lebens Spiel

Traumerfahrungen

Auch dieses Kapitel möchte ich in eine Briefform kleiden. Es geht um das Phänomen, das uns Menschen beigegeben ist, um uns den sinnfälligsten Zugang zu uns selbst zu offenbaren. Es ist der Traum. Da ich am Ende meiner ersten Lebenshälfte in aller Härte auf mich selbst gewiesen wurde, erkannte ich sehr rasch, dass der Traum für mich eine entscheidende Aussagekraft hat, die uns Menschen zukommt, um an den Lösungen für unsere Entwicklung mitzuarbeiten. Da ich dafür nur ein Dreivierteljahr lang die Führung durch eine Analytikerin hatte, lernte ich nachfolgend selbstständig mit meinem Traumgeschehen umzugehen.

Ich dachte lange darüber nach, wie ich diesen fundamentalen Antrieb meines Lebens in diesen Rückblick einflechten könnte und begann deshalb schon in vergangenen Kapiteln, den Traum einzubeziehen. Diese Thematik ist aber derartig vielfältig und umfangreich, dass ich ihr ein eigenes Kapitel widmen muss und möchte.

Da es nicht mein Anliegen sein kann, in einen belehrenden Ton zu verfallen, kam ich auf den Gedanken, einen nahestehenden Briefpartner zu gewinnen, der diese Welle meines Lebens gerne und willig aufnehmen würde. Ich dachte dabei an meine Freundin, Heike Reitzlein, die ich vor vierzehn Jahren kennen lernte, und die mir in all den Jahren eine verständige und kluge Gefährtin für alle Ereignisse wurde, in denen es um unsere innere Entwicklung ging. Unsere Gesprächsfäden wurden eigentlich nie abgerissen. Sie selbst durchläuft soeben ihre Lebensmitte. Heike Reitzlein hat in all den Jahren unseres Begegnens und Austauschs ein großes Gespür für meine Lyrik entfaltet und auch unveröffentlichte Texte gern für sich selbst abgelichtet. Ebenso hat sie Interesse an Familiärem und übertrug eine von mir handschriftlich niedergelegte

Dokumentation über den Baihof in ihren Computer. Das war und bleibt
für mich ein wahrhaft nachhaltiges Geschenk.

Das alles belebt mich zu einem ganz entspannten und wie selbstverständlichen Ton, von meinen Traumerfahrungen zu sprechen,
ohne jeden Anspruch auf Gültiges. Alles kann somit meinem Erleben und
meiner Deutung zugeordnet werden.

Im Blick auf meine Freundin, die inzwischen ihre Zustimmung gab,
möchte ich noch anfügen: Viele Jahre spielten Heike und ich miteinander
Flöte. Auch sie ist auf ihre Weise der Musik sehr zugeneigt, ist auf der
Orgel ausgebildet und spielt von Jugend an in den verschiedensten Kirchen
zum Gottesdienst. So beschäftigten wir uns in unsern Gesprächen auch oft
mit religiösen Fragen, und dies nicht gerade nur nebenbei.

Liebe Heike   Januar 2011

Da diese *Vorrede* wie zu meinem an Dich gerichteten Brief gehört, will ich
gleich mit einem Erlebnis aus meiner Kinderzeit beginnen. Es ist ein
kurzes Traumgeschehen, das mir, seit ich etwa sieben Jahre alt war, noch
bis heute vor Augen steht: Eine mannshohe, dunkle, metallene Kugel rollt
langsam auf mich zu, um mich möglicherweise zu überrollen. Ich erwache
mit Entsetzen. Dieses Erleben verlöschte nie. Darüber hinaus möchte ich
im Voraus noch betonen, dass ich in meiner ersten Lebenshälfte dem
Träumen keine Aufmerksamkeit schenkte.
Dieses symbolische Bild von der großen Kugel ist das einzige Traumbild
aus meiner frühen Zeit. Ich möchte mit ihm in die vielgestaltige Bilderwelt
jener Träume einsteigen, die für mich in den Jahren meiner
Neuorientierung und des Wandels einen wichtigen Platz einnahm.

Als ich damit begann, meine Träume aufzuschreiben und ihrem Sinn nachzuspüren, wurde mir sehr rasch Grundsätzliches klar. Es muss eine Instanz in mir geben, die von mir sehr viel mehr weiß, als ich erahne. Diese Instanz kennt mich mit meinen Lebensmöglichkeiten, hat Interesse an mir und begleitet meinen Entwicklungsweg.

Was heißt Entwicklungsweg? C. G. Jung bezeichnet damit den Weg zu einer uns möglichen Ganzheit und nennt diesen Weg, *Individuation*. Vielleicht verstehe ich erst heute die Gültigkeit dieser Wortschöpfung. Es geht um eine mir mögliche Entwicklung unter dem Aspekt, letztlich *mein Selbst* zu erreichen. Ich war in den Monaten, in denen ich die Aufgabe hatte, mich von meiner Fehlhaltung eines unabdingbaren Gehorsams zu befreien, in einer solchen Sehnsucht nach Erlösendem, dass ich jede Angst vor dem Traumgeschehen verlor und bereit war, auch Unglaubliches hinzunehmen, das mir durch Bild und Wort eröffnet wurde. Ich vertraute dem Traum als etwas Zielgerichtetem und Göttlichem. Später lernte ich zu begreifen: „Wir werden geträumt!" Der Traum sagt aus, *was ist* und auch *was sein kann*. Er kennt unsere Grenzen und arbeitet beharrlich für unser Selbsterkennen.

Der Traum hatte für mich so viel Weisheit und schenkte mir neben seiner Unerbittlichkeit auch so viele gute Weisungen, dass er zum aufrichtigsten und kenntnisreichsten Freund dieser Jahre wurde. Er hat mich aber auch einsam werden lassen, denn ich konnte mich mit niemandem über meine Traumerlebnisse austauschen. Kleinste Fortschritte des Selbsterkennens machten mich zunehmend sicherer und von Grund auf zuversichtlich.
So arbeitete ich getreulich die Bilder und Erlebnisse der Nacht ab, denn ich hatte die Verantwortung für meine Lebensgestaltung in die eigenen Hände genommen.

Doch nun zur Jung'schen Lehre

Die Tiefenspychologie ist ein Studium für sich. *Mein Eigenstudium* erforderte keine *Lehranalyse*, wie sie jeder Student durchlaufen muss, um Erfahrungen und Erkenntnisse *seiner selbst* zu verstehen. Ich durchlief seinerzeit eine Neurose, ich war eben *krank*. Dieser Fakt forderte meinen analytischen Weg unter Einbeziehung der Träume geradezu heraus. So war es auch für mich ganz wichtig, mich mit den Jung'schen Grundbegriffen zu befassen. Wenn ich Dir nun in diesem Brief von meinem Umgang mit dem Traum erzähle, so gehört es sinnvollerweise dazu, auch einiges aus Jungs Lehre zu beleuchten. So hoffe ich, dass ich die rechte Form finde, Dir Wesentliches unkompliziert zu übermitteln.

Weit bekannt sind die Begriffe der *Einstellungstypen*, der *Extroversion* und *Introversion*. Das bedeutet: entweder ist man vorwiegend nach innen oder nach außen orientiert. Auf meine Person lässt sich das ganz einfach übertragen. *Extrovertiert* habe ich das Leben angetreten, um mich ab der Lebensmitte in Richtung der *Introversion* zu öffnen.

Um C. G. Jungs Grundbegriff *des Schattens* auszuloten, muss ich ausführlicher werden. Alles was wir an uns noch nicht erkannt haben, ruht oder wirkt noch in der Unbewusstheit oder im Schatten. Deshalb wurde mir rasch klar, dass das Kennenlernen meiner dunklen, von mir noch unentdeckten Seite, für mein Selbstverständnis eine zentrale Rolle spielt. Das Schatten-Erhellen wurde für mich wie zu einer existenziellen Aufgabe. Ich sah mich fortan mit meinen Schwächen und Fehlern aber auch mit Unbewältigtem und noch zu Erreichendem in anderen Menschen meiner Umgebung. Mein Traumgeschehen arbeitete hellwach für mich und mein Werden. Für alles Bildhafte fahndete ich nach dem symbolischen Sinn.

Wurde ich von einem wilden Tier getrieben, dann ging es darum, Triebhaftes zu erkennen. Sah ich jedoch unsern Boxer, mich bedenklich und ruhig anschauend, auf unserm alten Bürosessel sitzen, so trug mir dieses Traumbild etwas Verstehendes und sogar Weisendes zu. Alle Bilder sind ambivalent.

Die Arbeitstechnik des Traumes ist grenzenlos. Er stellt uns selbst auf eine Bühne, um uns gleichzeitig zum Zuschauer zu machen, ersinnt Szenerien und Kurzfilme, benutzt verschlüsselte Ausdrücke für eine unserer Eigenheiten oder fällt Urteile, die uns aufhorchen lassen. Da wir unsern Schatten auf andere Personen projizieren, stehen wir damit wie uns selbst gegenüber. Wenn es uns aber gelingt, uns mit unserer Wesenheit oder unserm Gebaren in jemand anderem zu erkennen, dann ist das stets ein Erwachen, und wir hören auf, den anderen für etwas zu verachten, zu beschuldigen oder gar zu beneiden. Das wurde für mich zu einem überzeugenden Erlebnis. Ich erkannte eine meiner Wesenheiten in einer meiner frühen Freundinnen. Denn, so höre, liebe Heike: Strahlend kam mir diese Freundin in meinem Lieblingskostüm entgegen. Sie konnte schon „dichten", als ich solches nicht einmal in mir erahnte.

Und weiter, zur Sache

Das *Männliche* und das *Weibliche* spielt im Traum eine alles durchwirkende Rolle. Ich bin eine Frau, und alles was an mir Frau ist, benennt Jung mit *Anima*. Dementsprechend wählt er für alles, was am Mann männlich ist, den Begriff *Animus*. Es gibt aber auch eine elementare *Überschneidung* von beidem, denn sowohl in der Frau wie im Mann sind auch alle Seelenanteile des jeweils anderen Geschlechtes angesiedelt.

Das zu begreifen war für mich eine Wucht. Dies anzuerkennen ist wichtig für das Deuten von Träumen. In meiner Analyse kristallisierte sich nämlich sehr schnell heraus, dass es nötig wurde, meine männliche Seite in mir zu entdecken und zu aktivieren.

Später dann, als ich im Selbsterkennen fortgeschritten war und für meine Person etwas Übersicht gewonnen hatte, wurde mir ein Traumbild zuteil, das mich über die Vielgestaltigkeit meines *Animus* belehrte. Viele Männer, die in meinem Leben bislang eine gewisse Rolle spielten oder noch spielen, saßen wohl geordnet an meinem ausziehbaren ovalen Esstisch, ich an einer der Schmalseiten. Gleich links von mir die Anzüglichen, daneben ein zynischer Typ und ein Besserwisser, gefolgt von zwei Männern mit *animalischer Wärme*. (Dieses Wort kommt aus dem „Mund des Traums".) Mir gegenüber sah ich die mir sehr ähnlichen oder gegengleichen Männer. Ich möchte sagen, lauter Männer, denen ich äußerste Sympathie schenkte: Mein Vater, mein Pate, mein Mann und ein Freund des Vaters. Die rechte Tischseite war wohl der Besonnenheit und Weisheit vorbehalten. Die Namen derer, die dort saßen, würde mir der Traum erst heute akkurat vor Augen führen. Damals gab es noch kaum einen Pfarrer, der dorthin gepasst hätte. Heute weiß ich längst, wer auf dieser Seite einzuordnen ist. Sicher wäre C.G. Jung dabei, wie auch zwei Seelsorger und zwei Künstler.
Bei Jung lernte ich: In der Frau hat der *Animus* eine vielgestaltige Auffächerung. So bekam ich mit dieser bildlichen Aufklärung eine Ahnung für manches Behagen oder Unbehagen bezüglich meiner Begegnungen mit Männern.

Auch die *gleichgeschlechtlichen Schattenfiguren* spielten in meinen Träumen jahrelang eine wichtige Rolle. Mein *Schattenkind*, ein Mädchen aus meiner

Nähe, im Traum ein Baby, mussten wir - mein Mann und ich in einem Boot auf einem See - aus dem Wasser retten. Immer wieder erlebte ich dieses Kind im Traum. Es wuchs neben mir heran, bis ich begriff, welche Befähigungen mir durch dieses Kind zuwachsen sollten: Selbstbewusstsein, Selbstsicherheit, Selbstbestimmung, Selbstschutz. . . Ich hatte mich selbst ja verloren gehabt und nun endlich den Weg zur Selbsterfahrung angetreten. Später dann, wie zur Krönung, erschien mir in einem Traum mein Schattenkind als junges Mädchen: Eine strahlende Gestalt mit einem wunderschönen bunten Hut mitten in einem runden, voll erblühten, vielfarbigen Blumenbeet. Diese Erscheinung war für mich *ein Symbol des Selbst.*

In der Jung'schen Lehre hat das *Selbst* einen hohen Rang. Gemeint ist die für uns erreichbare Ausprägung unserer Gesamtpersönlichkeit. Für mich bedeutete dies, ein Ausrunden meiner Möglichkeiten in meiner Person. Darüber hinaus hat das Selbst aus Jung'scher Sicht auch mit der Erfahrung des Göttlichen zu tun. Beim Nachlesen meiner Aufzeichnungen aus diesen Jahren hatte ich meine helle Freude an den vielfältigen dafür gültigen Symbolen: Ein vierteiliges Fenster mit einer mystisch glühenden Mitte. . . Vier Hunde um einen schimmernden gläsernen Kelch (der Hund als ein Symbol eines getreuen Weggefährten). . . Ein Baum im Freien, silbern geschmückt. . . Silber steht für das Männliche. Und immer ging es für mich auch um *das Kind*, meist sinnhaft für jeden Beginn eines neuen Antriebs meines psychischen Lebens.

Vom *Selbst* noch einmal zurück zum *Schatten*

Denke ich an die positiven Seiten meines gleichgeschlechtlichen Schattens, gibt es dafür erfreuende Personen. So waren z. B. alle hilfreichen Schattenfiguren in meinen Träumen lauter Frauen, auf die ich mich verlassen konnte. An erster Stelle nenne ich meine braven *Rübenfrauen*, diese kraftvollen, in sich selbst so sicheren Bäuerinnen aus Ungarn und Rumänien und unsere Bäckerin Frau Seidl, die treue Eierkundin. Zu dieser Reihung gehört auch eine Gestalt aus meinem Freundschaftskreis. Es ist Lotte, die ältere Schwester meiner Schulfreundin Freundin Christa. Zweimal erschien sie mir im Traum; eine heile Frau, gütig und begütigend, verständnisreich und tolerant, fleißig und in wunderbarer Weise um alles Familiäre bemüht. In ihrer Schlichtheit und Bescheidenheit ein Juwel inmitten schwerster Nachkriegszeiten und jetzt, fast neunzigjährig, immer noch liebevoll verwoben in das Leben und Werk einer großen Familie.

Dies, liebe Heike, sind lauter Bilder aus meiner inneren Welt, und ich spüre, wie sehr mich dieses Thema herausfordert, deshalb bitte ich Dich zu einem kleinen Eigenstudium, das mein Erzählen erweitern kann. Lies im Matthäus-Evangelium (Kap. 4, 1 - 11) die Versuchungsgeschichte nach. Auch Jesus wurde es nicht erspart, sich mit seinem Schatten auseinanderzusetzen. Und soeben fällt mir noch eine Feststellung von C. G. Jung ein, die mich immer wieder mal nachdenklich macht: *In jedem Verbrecher steckt auch ein Kriminalbeamter.* Unsere Möglichkeiten und Talente so oder so zu nutzen, das ergänzt sich erst zu unserer „Ganzheit".

Jetzt möchte ich noch von zwei Vorgängen berichten, die zu jenen Klärungswegen gehören, die ich oft zu durchwandern hatte. Es ist der bildhafte Abstieg in die eigene Tiefe und danach das Bewältigen einer notwendigen Höhe für Umsicht und Übersicht. Dafür findet der Traum wirklich *seine* ureigenen Bilder, um unseren Werdegang symbolisch zu begleiten und zu illustrieren.

In der ersten Zeit meiner Analyse, die ich verwundet antrat, und wo ich mit meinem eigenen Inneren erst einmal Freundschaft schließen musste, gab es wenig Erfreuendes zum Durchatmen. Eigentlich ging ich im Traum sehr häufig abwärts. Da war z. B. im Keller aufzuräumen, und die Stufen der Treppe waren zu scheuern, und ich traf auf Vorräte die mit Ungeziefer behaftet waren. Ich traf dort auf Räume mit blind gewordenen Fenstern, bis sich immerhin so viel in mir geklärt hatte, dass mich ein Abstieg in die eigene Tiefe letztlich beschenken sollte.

Ich musste tief absteigen. Es wurde immer enger, die Stufen wurden holpriger. Ich hatte eigentlich keine Angst. Es war mehr Neugier, die mich Schritt für Schritt, indem ich mich an den Wänden abstützte, abwärts wies. Dann kam ich unversehens in einen dunklen Raum, der ein aus sich selbst leuchtendes vielfarbig bis goldenes Mysterium barg, wohl ein Symbol des Selbst. Die Wände waren schwarz, und das sakrale Unbekannte schenkte mir neben meinem Erstaunen eine beseligende Ausgeglichenheit, indem ich mir dachte: Ach, diese kaum auszudeutende Kostbarkeit kann man finden und antreffen, wenn man den Weg in die eigenen Abgründe nicht scheut.

Desgleichen waren meine Wege nach oben für lange Zeit nur mühsam. Einmal schaffte ich z. B. kaum ein nächstes Stockwerk und brach den Weg ab. Ein anderes Mal sah ich sehr traurig anderen nach, die sich dann auf einem Aussichtsturm an einer herrlichen Sicht erfreuten. Vieles blieb einfach noch unwegsam. Der Traum belehrte mich, wie beschwerlich der Weg von Einsicht zu Einsicht sein kann, bis man endlich rundum zu freier Sicht gelangen konnte, um sich befreit zu fühlen.

Und so will ich Dir nicht vorenthalten, davon zu schwärmen, welch traumhaft befreiende und wunderbare Sichten ich erleben durfte.

Ich stehe z.B. mit Reinhard auf einer sonnigen Höhe und genieße mit ihm einen bezaubernden Rundblick.

Ein anderes Erleben:

Auf einer nach rechts ausgerichteten Wendeltreppe (nach rechts bedeutet in Richtung Bewusstheit) erreiche ich mühelos einen Kirchturm und schaue auf eine Stadt mit einer aus sich heraus strahlenden Mitte, einem prächtigen Schloss. Auf einer freien Bergeshöhe finde ich ein „Mahn-mal" von Harmonie und Schönheit. Von dort schaue ich fast begehrlich in Richtung Landshut. (Lands-hut steht sinnbildlich für unsern Entschluss, weiterhin land-gebunden zu leben)

Nicht nur diese Ereignisse waren Bestätigungen für den eingeschlagenen Weg. Auch symbolisch wurden mir laufend positive Zeichen für meine Bemühungen geschenkt. Ich bekomme Brillantschmuck geschenkt. (Eine „Kostbarkeit" kam mir zu, vielleicht eine Bestätigung für meine innere Arbeit.) Mich selbst erlebe ich, wie ich mich bemühe, aus Stroh Sonnenräder zu flechten.

Mit diesen Erlebnissen bin ich nun bei der Deutung von Traumsymbolen angelangt. Dieses schier endlose Thema überlasse ich nun vertrauensvoll einem Lexikon der Symbole, in welchem auch die Bedeutung von Zahlen, Farben und geometrischen Figuren zu finden sind. Ich kann nur beteuern, dass mir die Entschlüsselung meiner Traumbilder zu einem großen Reichtum wurde, bis hin zu den sprachlichen Gestaltungen, die mich in späteren Jahren beschäftigten.

So will ich mich für heute vom Phänomen des Träumens verabschieden. Im Blick auf die 12 Jahre, in denen ich fast täglich von meinem Traum-

geschehen etwas aufzeichnete, danke ich dem Leben, das es mir diese
Chance zugespielt hat. Aus der intensiven Beschäftigung mit der Deutung
und den Symbolen des Träumens eröffneten sich für mich ungeahnte und
heilbringende Weisungen und Erkenntnisse. Diese lehrten mich, mein
Verhalten oder ein Geschehnis zu verstehen, um sie in mein Leben
sinnreich zu integrieren. So beschließe ich den Brief an Dich mit dem Blick
auf jenen Traum den die achtjährige Renate nie vergessen konnte.
Er drehte sich um eine große metallene Kugel, die mich schier überollen
wollte. Ganz schlicht gesagt, erfuhr ich: Die Kugel steht immer für
DAS GANZE und ihre Mitte ist GOTT.

Mir ist bewusst, dass das, was ich hier zusammentrug, nur ein Naschen
sein kann, an dem, was sich Nacht für Nacht für unsere Entwicklung und
unser Selbstverständnis ereignet. Alle Bilder sind symbolhaft aus einer
Palette unendlicher Farben und Formen gestaltet.
Ich danke Dir von Herzen für Dein Zuhören. Niemals habe ich über mein
Träumen so anhaltend und bedachtsam erzählt. Bleib wohlauf in allem
Bemühen um gewinnbringende Einsichten für Dein eigenes Leben. Ich
freue mich auf die Stunde, wo wir uns über dieses Kapitel unterhalten
können. Vielleicht. . . ja vielleicht, ist für Dich etwas dabei gewesen, das
Dich für die Deutung eines Traumes erwärmt.

Stets Deine Freundin Renate Loebner

Rundblick Familie

Es ist der Zeitpunkt gekommen, wo ich erneut von meiner Familie erzählen möchte. Das ist wichtig für ein Gegengewicht zu all dem, was mich selbst betrifft, berührt und formt. So finde ich einen fast nahtlosen Übergang an die Traumerfahrungen und denke in Freude und Dank an meinen Mann. Wenn er je in meinen Träumen in Erscheinung trat, hatte er eine positiv mitwirkende Funktion für mein Werden und Sein. Er war immer derjenige, der dazu beitrug, Situationen zu ordnen. Er hatte stets die volle Übersicht. Dies hatte aber nie etwas mit Überlegenheit zu tun. Er war eben stets der „gute Geist". Wie könnte es auch anders sein; hatte er doch durch die fünf Jahre Krieg und danach für unsern Betrieb sehr viel Verantwortung übernehmen müssen, warum sollte er nicht auch für mich - in meinem Traum - einfach mal „das Steuer in die Hand nehmen".

Mit ihm und für ihn haben wir 1980 seinen 70. Geburtstag gefeiert. Es war Ende Juli, an einem strahlenden Tag mit viel Besuch von Nachbarn, Freunden und Mitarbeitern aus unserer ehemaligen Gemeinde Pliening. Im Schatten von Bäumen, auf der Wiese nah dem neuen Haus hatten wir die Kaffeetafel hergerichtet. Natürlich war auch die nahe Familie geladen, aber meine Schwiegermutter Erika Loebner sollte diesen frohen Tag nicht mehr miterleben. Wenn ich an sie denke, die Großmutter Erika, kann ich im Grund nur strahlen, denn sie war zu mir wirklich gut. Ich war in ihren Augen genau die Frau, die für ihren Sohn die richtige war. Das spürte ich fortlaufend. Dennoch hatte ich am Tag ihrer Beerdigung ein bemerkenswertes Erlebnis. Sie war im Oktober 1979 verstorben, und da es noch keinen Frost gegeben hatte, band ich aus Rosen und Sonnenhut eine lange Girlande für ihren Sarg.

Auf dem Friedhof, als auch ich an der Reihe war, noch etwas Erde auf den Sarg zu werfen, war in mir nur eine Leere. Während um mich herum geweint wurde, starrte ich wie wesenlos in die Grube und auf den Sarg. Damit begann für mich eine fundamentale Besinnung. Denn, wie hätte es auch anders sein können: Einige Tage nach der Beerdigung hatte ich einen Traum, der mir gebot, ich solle meine Schwiegermutter noch einmal *ausgraben*. Ich verstand zunächst wirklich nicht, warum. Als sich der Traum aber wiederholte, wurde ich unruhig. Bezüglich der Deutung eines Traumgeschehens stand ich erneut vor einer Herausforderung.

Schon sehr bald kam ich auf die Idee, die Typenlehre von C.G. Jung zu Rate zu ziehen. Ich wusste, dass ich zu den Menschen gehöre, dessen Hauptfunktion *das Fühlen* ist. Nach C. G. Jung ist das Fühlen eine *wertende Funktion*. Diese Personen haben Mitgefühl und vertrauen eigenen Wertmaßstäben. Man wertet nicht rational, es geht um die unendliche Skala von Gegensätzlichkeiten angenehm bis unangenehm oder allen Schattierungen von strahlend bis düster usf.

Meine Schwiegermutter war aber bezüglich ihrer Hauptfunktion mit *dem Denken* einer *rationalen* Grundfunktion ausgestattet. Das bedeutet: Man richtet sich nach Grundsätzen, für Urteile gelten die allgemein gültigen Regeln und nicht die eigenen Wertmaßstäbe. Das ist ein bedeutsamer Gegensatz. Mit der Funktion *des Empfindens* jedoch, einer *sinnlichen* Funktion, darin konnten wir Ähnlichkeiten leben.

Es gab auch noch einen anderen Aspekt, den ich erneut hervorholte. Wie verschieden war doch unser Herkommen. Meine Schwiegermutter, zu Kaisers Zeiten in Schlesien aufgewachsen, ist dort als Gutsherrin sesshaft gewesen. Ich hingegen hatte in Westfalen meine Jugend verbracht und war als Hiltlermädel und Arbeitsmaid *verpflichtet* gewesen, zu dienen. Mit diesen eigenständigen Sichten fühlte ich mich wohl.

Ich hatte für mich zu einem ganzheitlichen Zugang zur Großmutter meiner Kinder gefunden und brachte ihr fortan zusammen mit meinem Mann nur zu gerne Blumen aus unserm Garten für ihr Grab.

Mit meiner Schwägerin Dorothee, die inzwischen auch ihren Mann verloren hatte, habe ich nie über diese meine Befindlichkeiten gesprochen. Auch wir waren ja gegensätzlicher Natur und gegensätzlichen Herkommens. Sie durfte als Frau in finanziell gut gesicherten Verhältnissen leben. Für mich und uns hieß es, uns mit Fleiß und Umsicht einem oft harten Tagwerk zu stellen. Doch wir lebten in einer stets wohltuenden wechselseitigen Beziehung und Ergänzung. Wir waren einander von Herzen zugetan. Als sich Dorothees Leben zum Ende hin neigte, wurden uns unsere Gespräche immer wichtiger. In einem großen gegenseitigen Vertrauen gingen wir miteinander um. Sie wurde 93 Jahre alt und starb im Herbst 2008.

Den frühen Heimgang ihres Mannes Dr. Rudolf Picard im Jahr 1972 möchte ich an dieser Stelle in mein Gedenken einbeziehen, um ihm dafür zu danken, wie er durch seine Präsenz und seine ärztliche Kunst so manche heikle Situation für uns gewendet hat. Ihm war eine große Sicherheit zu eigen. Er hatte für seine Patienten eine besondere Gabe, für sie wie selbstverständlich Rettung und Heilung auf den Weg zu bringen.

Indem ich mich nun meiner Herkommens-Familie zuwende, möchte ich mit meinen Lesern zuerst unsere Mutter Ruth in ihrem Puschendorfer Heim besuchen. Dort lebte sie, zusammen mit einer alten ruhigen und frommen Bäuerin, die an Parkinson erkrankt war, in einem kleinen bescheidenen Zimmer. Sie hatte sich abgefunden mit ihrem Geschick, hatte aber den Willen nicht aufgegeben, doch noch etwas beweglich zu werden.

Meine Schwester unterstützte dies in effektiver Weise, indem sie sie jahrelang immer wieder zur Krankengymnastik fuhr. So konnte sie ihre Arme abbiegen und, außer dem Mittagessen, auch selbstständig etwas zu sich nehmen. Ein auf einem kleinen Ständer vor sich stehendes Buch, konnte sie selbst-umblätternd lesen. Das war ein Reichtum für diese Jahre. Meine Schwester Brigitte wurde nicht müde, ihr Bücher zu bringen. Sie las gern Biografien. Dies war in ihrer Behinderung für sie eine Hilfe, auch von anderen Schicksalen zu erfahren. Zu allem hin übertrug das religiös ausgerichtete Haus für seine Bewohner tagtäglich eine eigene Morgenandacht. Dafür stand auch ihre Bibel, leicht greifbar, hinter ihr auf der Fensterbank.

Woche für Woche kam mein Schwager Helmut als Hausarzt zu ihr, und auch die Siegelsdorfer Enkelsöhne besuchten sie immer wieder und fuhren sie gern mit dem Rollstuhl durchs Dorf. Eine treue Hilfe, unsere Frau Rupprecht, kam jede Woche, schrieb für sie Briefe nach Diktat und verweilte gern mit ihr in dem von ihr so geliebten großen Garten des Heimes.
Einmal noch holten wir die Mutter zu uns nach Hart. So konnte sie ein letztes Mal, übers freie Feld hinweg bis zu den Bergen, einen Blick in die Weite genießen.

Anfang der achtziger Jahre bat uns die Mutter, für ihren Mann, unseren Vater, einen Gedenktag vorzubereiten, um ihn mit der erweiterten Familie bei ihr hier im Heim zu begehen. Damit kam auf uns, die Kernfamilie, eine Herausforderung zu. Ich fürchtete mich fast davor, denn wir hatten in unserem Keller einen von uns bislang noch ungeöffneten Koffer aus dem Nachlass meiner Großeltern Heidenhain. Er war gefüllt mit Briefen meines Vaters. Hatte er doch von 1913, dem Jahr, in welchem er mit seinem

Studium begann, bis zu seinem Tod im Mai 1947, jede Woche an seine
Eltern einen Brief geschrieben. Ich fürchtete mich davor, diesen Koffer,
eine Offizierskiste aus dem ersten Weltkrieg, heraufzuholen und zu öffnen.
Wieder war es der Traum, der die Führung übernahm. Ich sah mich vor
dem ungeöffneten Koffer stehen und las darauf in aufdringlichen Lettern:
„Du kannst, denn Du sollst." Das war's.
In den nächsten Wochen verwandelte sich unser Wohnzimmer in Hart in
einen Leseraum. Jeder von uns las und las. Es wurde miteinander
gesprochen und verhandelt. Wir erfuhren sehr viel Neues, denn das Ganze
war für uns ja auch ein Stück Zeitgeschichte. Mein Mann bündelte die
Briefe nach Lebensabschnitten, denn wir hatten die Idee, dass jeder von uns
am Gedenktag über eine Phase von Vaters Lebens sprechen sollte. Damit
erfüllte sich für meine Mutter eine späte Würdigung seiner Person und
alle, die sich zum Fest eingefunden hatten, konnten ihm auf diese
Weise zum ersten mal wie bildhaft begegnen. Für unsere Kinder bin ich
von Dank erfüllt, dass sie dieses Gedenken noch im Beisein meiner Mutter
erleben durften.

Damit richte ich nun meinen Blick auf ihre augenblicklichen Wege.
Andreas und Irene waren schon selbstständig, nur Reinhard war noch
intensiv in unseren Lebensbereich einbezogen. Er hatte schon als
Gymnasiast und später als Student für Maschinenbau unseren Hof, wie ein
Werkstudent, in Pacht übernommen.
Auf diese Weise kam mein Mann zu seiner wohlverdienten bescheidenen
Rente aus der Landwirtschaftlichen Alterskasse und genoss darüber hinaus
das Interesse und Mitwirken des Sohnes für unseren kleinen Betrieb.
Das ganze war für Reinhard insofern verkraftbar, da mein Mann noch
gesund und arbeitsfähig war und auch unser Freund Adelhart noch gerne
mithalf. Ich denke in Dankbarkeit und Freude an diese Jahre zurück. Auch

in den fünf Jahren von Reinhards Gymnasialzeit war uns manche Gemeinsamkeit geschenkt worden, so, wie es für die älteren Kindern eben nicht sein konnte. Ein Ferienaufenthalt führte uns ins Brixener Tal, um bis an den Fuß der drei Zinnen aufzusteigen. Einmal starteten wir zu dritt über Pfingsten mit einem Autoreisezug nach Rimini für eine Rundreise durch Italien. Die Abteilung meines Mannes hatte lange Zeit südlich von Neapel, über Gaeta, in Stellung gelegen. Vom höchsten Standort seiner Feuerstellung aus, noch einmal aufs Meer zu sehen, das war für meinen Mann vielleicht der Höhepunkt der Reise.
Der Rückweg folgte genau der Rute des Rückzugs seiner Division, wo wir auch das Grab seines Burschen besuchten, um dessen Sterben er eigentlich noch immer trauerte.

Auch ins Elsass begleitete uns Reinhard. In Italien hatten wir miteinander den riesigen Soldatenfriedhof von Monte Cassino erlebt. Dies hatte mich wie benommen gemacht, als ich mich den Gräbern von unzähligen Australiern und Engländern gegenüber sah. In den Vogesen fanden wir erhabene, gut gepflegte Soldatenfriedhöfe von Gefallenen aus dem ersten Weltkrieg. Auch diese Eindrücke sind für mich unauslöschbar. Allesversöhnend für diese Eindrücke, war das milde Klima vom Elsaß. Felder, Gärten und Weinberge von Regen und Frost weniger bedroht, als in Bayern. . . für uns Landwirte fast beneidenswert.
Erst 1988 verliess Reinhard unseren Raum und die Münchner Hochschule, um als werdender Maschinenbauingenieur seine Diplomarbeit in Lyon zu schreiben, wo wir ihn 1988, mit Andreas und Irene, besuchten.

Irene hatte 1977 ihre Gesellenprüfung im Geigenbau abgelegt und gleich danach in der Werkstatt von Wolfgang Zunterer, nah dem Münchner Marienplatz, eine Stelle angetreten. In der Barerstraße hatte sie eine

kleine Wohnung und war an Wochenenden und in arbeitsfreier Zeit auch
oft in Hart. Hier hatte sie sich im alten Bauernhaus eine Werkstatt
eingerichtet, denn sie bereitete sich in diesen Jahren intensiv auf die
Meisterprüfung vor. Sie war die erste und damals noch einzige Geigenbau-
Meisterin in Bayern, die zur Aushändigung des Meisterbriefes mit anderen
Besten aus andern Berufen zu einer großen Feier ins Deutsche Museum
eingeladen wurde. Auch wir durften an dem Festakt teilnehmen und
miterleben, wie ihr von Franz Josef Strauß, unserem Minister-
Präsidenten, die Urkunde und eine goldene Plakette überreicht wurden.
Ein Foto dieses Augenblicks hing danach, zu unser aller Freude und zu
ihrem Stolz, noch lange Zeit in ihrer Küche. Sie selbst beschenkte sich 1983
für ihren Erfolg mit einer Rundreise durch China.

Andreas war 1974, dem Jahr unseres Umzugs, von einem Praktikum aus
England heimgekehrt, um bald danach in der Firma Esterer in Altötting
(Herstellung von Sägewerks-Einrichtungen) eine Stelle als Maschinen-
bauingenieur anzunehmen. Dort blieb er tatsächlich ein gutes Jahrzehnt.
So war auch dieser Sohn noch viele Jahre in unsrer Nähe. Andreas hatte in
Altötting eine schöne Wohnung. Er lud uns oft zum Essen ein und einmal
auch zu einer Reise. Es wurde eine Rundreise durch seine geliebte Schweiz,
wo er schon viele Bergtouren gemacht hatte.
Mir kam dabei ein besonderes Geschenk zu. Wir besuchten am Zürcher
See jenes Grundstück, das C. G. Jung schon bald nach dem ersten
Weltkrieg erworben hatte, und dort für sich *seinen Turm* erbauen ließ.
Dies war für ihn *der* Platz, um in aller Ungestörtheit und Einfachheit,
ohne Strom und fließendes Wasser, naturnah zu leben, zu arbeiten und zu
schreiben.
Andreas heiratete 1983 Susanne Finsterer. Auch sie hatte eine Neigung

hin zur Schweiz. 1988 siedelten sie ins Rheintal über, wo unser Sohn in der Nähe von Sargans eine für ihn reizvolle Stelle angenommen hatte. So blieb die Schweiz auch für uns weiterhin ein wichtiger Bezugspunkt und bis heute schon seit zwei Jahrzehnten, unser Urlaubsland.

Vielleicht mag der Leser fragen, wie es sein konnte, dass es uns möglich geworden war, in diesen Jahren immer wieder auf Reisen gehen zu können. Das verdanken wir unserer Frau Peters, jener wunderbaren Helferin, die uns seit 1975 für die häusliche Pflege unserer sterbenskranken Tante Reni unentbehrlich geworden war. Ihr gefiel es seinerzeit so gut bei uns, dass auch sie weiterhin bei uns bleiben wollte. Sie liebte die Lage des Hauses, sie liebte den Hund. Sie war einfach glücklich über diese Chance. Etliche Jahrzehnte hatte sie in Berlin als Krankenschwester in einer psychiatrischen Klinik gearbeitet, davon die letzten fünf Jahre als Nachtschwester. Sie war nach Mühldorf umgezogen und hatte eine hübsche Wohnung und auch ein Auto. Wenn wir auf Reisen gingen, wurde unser Haus zu *ihrem* Haus. Sie kam mit eigenem Bettzeug und richtete sich auf *ihre Ferien* ein.

Wenn wir wiederkamen, war das Haus von oben bis unten tiptop, meistens war sogar noch das Silber geputzt. Das war für uns einfach herrlich. Ohne unsere Frau Peters hätte ich auch niemals so unbesorgt die vielen Besuche bei meiner Mutter möglich machen können, denn sie kam in diesen Tagen zum Kochen, Putzen und Bügeln. Diese Frau war für uns ein Geschenk wie aus gediegenen alten Zeiten.
In einem Gedichtband mit Frauentexten widmete ich ihr mein Gedenken. Was hatte sich doch für sie, seinerzeit als Jugendliche, ereignet gehabt? Diakonisse wollte sie werden, doch ihre Bewerbung wurde abgewiesen...
„weil sie eine Uneheliche war".

Im Zauber vom Höfischen Tanz

Bezüglich des Musizierens und Unterrichtens begann für mich in den Sommerferien 1979 auf Burg Rothenfels eine neue Epoche. Ich hatte schon aus Salzburg die Einladung zu diesem Lehrgang mitgebracht. Seitdem war für mich dieses Angebot wie zu einer Sehsucht geworden. Geleitet wurde die Woche von dem Schwägerinnen-Paar Roswitha und Lenchen Busch, die diesen Sommerlehrgang schon mehrere Jahre geleitet hatten und jedes mal auch tanzgewandte Freunde mitbrachten. Für mich war der Höfische Tanz Neuland.

Da ich auf der Flöte schon recht gut voran gekommen war, hatte ich vermehrt barocke Musik kennen gelernt, die mir, selbst musizierend, bislang nur durch das Bach'sche Klavierwerk eröffnet worden war. Schon dort begegnete ich nicht nur im Notenbüchlein für Anna Magdalena sondern auch in den deutschen, französischen und englischen Suiten all die Tänzen, die ich auf Burg Rothenfeld erleben sollte. Ich fiel aus allen Wolken. Was ich in dieser Woche erleben sollte, war *Musik und Bewegung* in einer eigenen Kunstform. Unsere Leiterinnen und etliche schon geübte Lehrgangsteilnehmer beherrschten all die Tänze in einer bezaubernden Weise. Schon am ersten Tag, beim Einstudieren einer Pavane, einem Tanz aus der Zeit der Renaissance, wurde mir bewusst, wie die entsprechende Schritt-, Gebärden- und Tanzform, das jeweilige Tempo für die Musik bestimmen.
Der Kurs war so angelegt, dass meine Gruppe am Vormittag im großen Saal der Burg in den höfischen Tanz eingeführt wurde, während wir am Nachmittag in einem leer geräumten Vortragsraum englische Tänze kennen lernten. Alle Kursteilnehmer waren auch Musizierende, sodass ich

mich in ein Flötenensemble einreihen konnte, um Stücke einzuüben, die wir dann sogar zum Tanzen aufspielen durften. So erlebten wir beides, sich selber zur Musik zu bewegen und. . . sich als Musikant in die Tänzer einzufühlen. Das hatte für mich etwas derart Ganzheitliches, dem ich mich beseeligt öffnete. Im Laufe der Woche ging es für uns von Tanz zu Tanz.

Unsere Lehrerinnen waren sehr belesen und erzählten nebenbei sehr viel Wissenswertes in Bezug auf die jeweiligen Epoche und deren Allüren. Es fielen auch immer wieder Namen von Tanzmeistern aus den vergangenen Jahrhunderten, deren Anweisungen sie fleißig studierten, um jener Zeit nahe zu kommen, in denen die Tänze entstanden waren und sich entwickelten. Ein Name aus unserer Zeit, auf den sie sich häufig beriefen, galt Karl Heinz Taubert, Professor an der Hochschule für Künste in Berlin. Er hatte höfische Tänze aus vier Jahrhunderten erforscht, und mit seinen Schülern wieder zum Leben erweckt. Anlässlich einer Studienwoche für Rhythmik und Tanz auf Schloss Elmau lernte auch ich Professor Taubert noch kennen. Ich erlebte einen genialen Lehrer, in dem die Sicherheit und das Gespür für die alte Zeit, Genauigkeit, Liebe und Hingabe für den zu gestaltenden Tanz wie verschmolzen waren.

In Rothenfels erhielt ich einen fundamentalen Überblick über die Haupt-tanzformen von 1600 bis 1800. Die leichteren Tänze packte ich einiger-maßen rasch und gewann darin auch eine gewisse Gewandtheit samt einem Tanzgenuss. So war die *Allemande* sehr eingängig und insofern beliebt, als wir sie auch in alten Volksliedern wiedererkannten. Schwierig oder gar kompliziert erwies sich die Galliarde. Das war insofern lehrreich, als ich dadurch auch die schwierige Darstellbarkeit der Musik zu würdigen lernte. Ähnliches galt für die Courante, einem Hüpftanz. Was hatte ich doch für ein Glück, dies alles ertanzen zu dürfen.

Indessen konnte für die *Gavotte* das Tempo auch variiert werden, ob für junge Tänzer oder Omas, ebenso für die aus England kommende sehr beliebte *Gigue*. Die Krone von allem wurde für uns *das Menuett*. Wir erfuhren, dass es 72 verschiedene Menuett-Schritte gegeben hat, die seinerzeit bei Hofe zu erlernen waren. Wir erprobten Tag für Tag ein bestimmtes Menuett zu vier Paaren mit mehreren Durchgängen verschiedener Art. Auf unsere Weise konnten wir es dann fast perfekt, um es am festlichen Abschiedsabend aufzuführen.

Den höchsten Genuss im Zuschauen erlebte ich, als gut fortgeschrittene Tänzer wie vollendet eine *Sarabande* darboten. An die Geschmeidigkeit, die Eleganz, den souveränen Umgang mit den Figuren, erinnere ich mich nur zu gerne, wenn ich eine Sarabande einübe, um sie vorzutragen.

Die englischen Tänze waren wieder eine Welt für sich: Kreistänze und und Gassentänze mit viel „Gegenüber" von andren Personen und Paaren, deshalb auch *Kontratänze* genannt. Viel Übung war nötig, bis man sich einem Tanz, mit seinen variierenden Wiederholungen zügig, freudig und sicher hingeben konnte.

Von unserem Abschlussfest bleibt mir eine wirklich einmalige Erinnerung. Mit dem ersten Satz der Orchestersuite von J. S. Bach zogen wir die breite Treppe zum Festsaal der Burg hinauf, um oben angelangt, eine Polonaise zu zelebrieren. Das bleibt ein unvergessenes Erlebnis. Denke ich ans Musizieren von Tanzmusik aus der Zeit von Renaissance bis Barock, fühle ich mich einfach wohl. Ich denke an Rothenfels und weiß *„wie sich's gehört."*

Durch die Bereicherungen dieser Woche erhielt mein Eigenstudium Blockflöte und mein Unterrichten einen enormen Impuls. Ich hatte inzwischen *den* Lehrer gefunden, der mich auf Linie brachte. Es war Dr. Jochen Gärtner, Dozent für Querflöte und Blockflöte am Richard Strauss-Konservatorium in München. Er hatte sich in Mühldorf ein Haus gekauft.

Dr. Gärtner war sowohl Flötist als auch Arzt, daher der Doktor-Titel. Dies bewog ihn, eine später weltbekannte Veröffentlichung über *das Vibrato auf der Flöte* zu schreiben und eine Forschungsarbeit über die *Schnelligkeit* des Spielens zu leisten. Dieser Lehrer hatte ein echtes Interesse, mich so zu fördern, dass ich befähigt sein würde, auch fortgeschrittene Schüler nicht zu schnell weiterreichen zu müssen. Wenn wir Erfolg bei „Jugend musiziert" hatten, und in späteren Jahren zwei meiner Schüler jeder ein Flötenkonzert mit Orchester aufführen durften, dann weiß ich, wem das zu danken war.
Durch das Unterrichten fand mein eigenes Musizieren die meiner Begabung angemessene Art und Form. Auf dem Klavier mühte ich mich nicht mehr um schwere Kost. Ich hatte viel Freude daran, meine Schüler zur Flöte begleiten zu können und auch die Flötenstimme wirklich *im Griff* zu haben. Alles war Neuland. Ich hatte so viel Freude an und mit der Flöte, dass ich manchmal sagte: „Wenn ich noch einmal auf diese Erde komme, dann studiere ich Blockflöte".

Das Unerwartete

Liebe Leserinnen und Leser und
      liebe Freunde meiner Texte und Gedichte.

In der Mitte des siebten Kapitels erreiche ich einen Meilenstein meines Werdens. Mein Leben sollte sich von heute auf morgen erweitern und verändern. Dies war etwas Unerwartetes und Ungeahntes.
Es war die *Geburt des Wortes.* In jedem Fall war es *„eine Geburt ohne Eltern".* . . *ein geistig Kind.* Dies lehrte mich um die Jahrtausendwende das Buch *„Die Antwort der Engel"* von *Gitta Malasz.*

Dieses Erleben noch einmal in mir aufsteigen zu lassen, das war der vorläufige Sinn der schon geschriebenen sechs Kapitel, um nun, vor Ihnen und Euch, lieben Lesern und Freunden, zu offenbaren, was mein Leben vertiefte und gewichtiger machte.
Zu jenem Zeitpunkt schrieben wir 1983. Ich war in meinem 58. Lebensjahr angelangt und sollte von seinerzeit bis heute, da ich 86 Jahre alt bin, nicht weniger als 1700 Texte und Gedichte verfassen und archivieren. Dieses Geschehen von Grund auf zu begreifen, darüber dachte ich immer wieder nach, bis ich mich zu diesem meinem Lebensrückblick entschloss. Von Grund auf wollte ich mein Leben betrachten und beleuchten, damit ich lernte die inneren Zusammenhänge zu verstehen und meine Begabung und meinen Weg in einem angemessenen Licht betrachten zu können.

Heute nun soll es sein, dass ich für Euch, liebe Leser und Freunde, davon erzähle wie es dazu kam, zu diesem *Dichten.* Ich möchte *das* beleuchten, was sich für mich zu Beginn des Jahres 1983 zwischen Heilige Drei Könige und Aschermittwoch ereignete. Heute soll es sein, dass ich davon schreibe, heute, am 14. Februar 2011 dem 112. Geburtstag meiner Mutter, die als junge Frau für meine Familie und mich überleben sollte, um 1925 mich, eine Renate, in dieses Leben zu bringen. Und ebenso heute, nach einer überwundenen Grippezeit, die mich auf ihre Weise in jene Wochen zwischen Epiphanias und Aschermittwoch zurückführte. So fühle ich mich vorbereitet, in aller Besonnenheit davon zu sprechen:

Es war ein Epiphaniastag, ein Föhntag wie nur selten.
Die Berge nah, und die Landschaft wie vom Lichte übergoldet.
Ich gehe hinaus bis ins freie Feld,
lass mich von seinem Zauber umarmen.
Ich komme heim und halte es fest. . .
Dies wurde *mein erstes Lied.*

Nachmittags zieht's mich noch einmal hinaus.
Mein Mann geht mit. Gemeinsam woll'n wir die Sicht genießen.
Ich komme heim und. . . überlasse dem Stift diesen Zauber.
Das Lied steht da, in herkömmlichen Versen. . . .
vier an der Zahl.
So geht es weiter Tag für Tag.
Ich lass mich erwecken zu vielen Texten.
Noch einmal las ich sie alle nach,
mehr als neunzig konnte ich zählen.

Um mich herum: Natur in Fülle,
in meinem Alltag ein frohes Schaffen

und manch sinnreiches Begegnen.
Wie sollte ich davon nicht singen. . .
Das Wort in gebundener Sprache nahm an, eine Gestalt.
Doch die wichtigsten Zeilen aus dieser Lebensspanne,
die galten mir selbst, meinem Befinden und Werden.
So hört, liebe Freunde, etwas aus jenen Gedichten,
die ich in diesen so besonderen Wochen verfasste.
Nur drei Vertraute kennen bislang diese Texte,
aus denen ich Euch sieben Gedanken zitieren möchte.

„Ich kann's kaum fassen, mein Gott hat mich durchweht.

Nur jetzt nicht sterben müssen, da mich der Weg zur Mitte führt.
Ein gnädig Schicksal mög' mich leiten, den angebahnten Weg zu gehen.

Hätt' ich niemals Musik gemacht, nie wär' ich zu diesen Versen erwacht.

Mir zuteil wurd' des Himmel Lohn, blieb ich doch stets der Erde Sohn.

Nun weiß ich, dass ich aufgerufen bin,
zur Stimme zu werden, wenn Gott es will.

Indem mein Sein sich dem Himmel vermählt,
horche ich in mich: Was aus mir spricht, ist mein Selbst. . .
So kam es mir zu, so wurd' es für mich gefügt.

Wägt nicht die Worte, als seien es die meinen. . .
Sie wurden diktiert. . .
Sie wurden diktiert von himmlischen Kräften,
nicht kann ich „meinen". . ., was ER musiziert"

So viel hatte ich inzwischen erkannt:
Ein *Jung'sches Kind* war ich geworden.
Hatte keine Tiefe gescheut, so manche Höhe verkostet.
Mein Selbst war fassbar geworden
in der Gestalt von Versen oder einem Lied.
Und wie war der Fortgang all dieses Treibens?
Ich schrieb und schrieb auf, was mich bewegte,
spürte *nicht*, dass mich ein Dämon trieb.
Ich überzog meine Kraft. Alles war für mich viel zu viel.
So kam der Aschermittwoch herauf,
gepaart mit der dunkelsten Nacht meines Lebens. . .
in der Gestalt *meines Schattens*:
Der Ehrgeiz war es.
Ich hatte das Gefühl, er wolle mich spalten.
So übernommen hatte ich mich.

Die Nacht schritt voran.
Unermüdlich rief ich den Himmel an. . . Und dann. . .
Plötzlich durchfuhr - den Raum und mich -
ein blitzartig Leuchten.
Ich richte mich auf,
sprech' an, meinen Mann und frage:
„*Der EHRGEIZ*, wie heißt *sein GEGENTEIL?*"

Sicher und warm tönt es durch den Raum:
„*GELASSENHEIT*". . .
Mein Mann legt sich auf die andere Seite.
Ich stehe auf. . . zur Toilette zu gehen. . .
und. . . verlier' unterwegs mein *Wasser*.

Liebe Lesefreunde

Würde ich einen Roman über mein Leben schreiben,
dann hätte ich dieses Erleben einer erdachten Gestalt zugeordnet.
Doch das erlaubt dieser Rückblick nicht.
Es war nicht ganz leicht, mich zu bekennen.
War es *der Ehrgeiz* gewesen in den vergangenen Wochen
oder war es ein sich *Selbst überheben,* das wir *Hybris* nennen?
Bezüglich der Antwort muss ich für mich selbst eintreten:
Vor etlichen Jahren mahnte mich einmal der Traum,
ich solle aufgeben. . . mein *Imponiergehabe.*
Darüber hab ich viel nachgedacht. . . denn. . .
wenig Lob wurde mir als Kind zuteil,
also musste ich mich vor mir selber und andern beweisen:
„Schaut her, was ich kann, ich will Euch zeigen, wie tüchtig ich bin."
So manches wollte ich einfach erreichen, das brachte Gewinn
und später dann . . . Gewinn, nicht nur für mich,
auch für die ganze Familie.
Aus dieser Sicht schaute ich noch einmal mein Leben an.
Den *blanken Ehrgeiz,* in seinem *wortwörtlichen* Sinn,
den durfte ich korrigieren.

Für mich folgten überschattete Wochen.
Etliche Zeit wollt ich mein Tagwerk nicht tun,
doch ich hielt mich dennoch bei Kräften und
besuchte einen Freund unseres Hauses.
. . . Unter uns galt er *als weise.*
Ich erzählte, was ich soeben erlebte und
wodurch ich mein *Gleis'* verlor.

Die Stimme des Freundes:
„Sie sind in eine neue Schulklasse gekommen.
Nun müssen Sie sich dem Neuem stellen."
Ich fragte: *„Wie lang wird es dauern*
den Ehrgeiz zu überwinden?"
Er schaut wie ins Nichts. Doch dann sieht er mich an
und spricht: *„Ich denke, Sieben Jahre.".* . . Im Heimgehen dann
wurde mir bewusst: „So lange kann eine Wandlung dauern."

Gewandelt für Neues

Mein Leben war um eine Dimension reicher geworden. So sehe
ich es heute. Es sollte fast ein halbes Jahr dauern, bis ich mich innerlich
wieder gefangen hatte.
Durch die Erfahrungen mit dem Beginn des Schreibens bin ich sehr
bescheiden geworden und habe mich in mich zurückgezogen. Doch ich
hatte für alles, was mich bewegte im heimatlichen Westfalen eine Freundin.
Es war Frau Dr. Walwei - Wiegelmann, die mich begleitete und der ich
vertraute. Laufend hatte ich ihr meine Texte und Gestaltungen zugesandt.
Für sie, einer Kennerin der deutscher Sprache und Poesie, war es etwas
Besonderes, dass eine ihrer Schülerinnen in diese Richtung gelangen sollte.
Ich blieb mit ihr in lockerer Verbindung, bis sich im Sommer und Herbst
erneut Texte meldeten.

Ich packte in jener Zeit die Mappe mit meinen Texten beiseite und fing an,
mit Wasserfarben zu malen. Dies war mir sehr hilfreich. Mit gewandeltem
Blick sah ich Pflanzen, Himmel und Berge. Dies war für mich eine Schule

des Sehens. In mir war *jenes Empfinden* erwacht, wie ich es früher schon einmal angedeutet habe.

Im März 1983 war unser Klassentreffen anlässlich *30 Jahre Abitur*. Bei diesem Zusammensein mit meinen Schulfreundinnen fühlte ich mich vereinsamt. In den folgenden Jahren hob sich dies wieder auf, bis ich zu einem späteren Treffen ein *Poem* mitgebracht hatte mit dem Titel: „Unsere prägsamsten Jahre".

In meinem Zuhause hatte ich Liebe und Wärme. Das bedeutete mir alles. Mein Mann plante mit mir und seiner Schwester Dorothee eine Reise nach Schlesien. Auch ich sollte einmal seine Heimat kennen lernen. So fuhren wir im Frühling mit einem Bus in die Nähe von Liegnitz, um von dort aus, per Taxi, so manches zu erkunden und wieder zu sehen. Wir waren entsetzt von dem Zustand des seinerzeit stattlichen Gutes. Doch die Felder waren tadellos bestellt. Wir besuchten Kirchen, die nach dem Dreißig jährigen Krieg gebaut worden waren. Wir fuhren mit einer Seilbahn auf die Schneekoppe im Riesenbirge, um einen traumhaften Blick ins flache Land und in die Tschechei zu genießen.

An diesem Tag mit dem weiten Blick starb Oberst Urban, einer der verehrtesten Vorgesetzten meines Mannes. Auch mir und den Kindern war er von Herzen zugetan. Sein Vater hatte seinerzeit, am Anfang des Jahrhunderts, das Gutshaus von Knobelsdorf erbaut. Mir war es, als hätte er durch unsere Augen von der geliebten Heimat Abschied genommen.

In Goldberg, am Haus der Großeltern Retter, fand ich einen Spruch, der sich mir tief einprägte. Dort war zu lesen: *„Da pacem domine in diebus nostris"*. (Gib Frieden Herr in unseren Tagen.)

Dieser Spruch hatte es mir so angetan, dass ich beschloss, für unser neues Wohnhaus in Hart auch eine Tafel anfertigen zu lassen.

Die Familie war einverstanden. So ist dort, in Stein gemeißelt, bis heute zu lesen: „Der Friede in unserer Zeit beginnt in eines jeden Haus. "

Einen kräftespendenden Sommer durfte ich erleben. Im September machten wir eine Reise nach Tramin in unser geliebtes Südtirol. Dies war für uns nur Freude. Wir hatten ein ideales Quartier. Unvergesslich blieben, dank unserer Beweglichkeit mit dem Auto, Ausblicke von größeren Höhen.

Nach unserer Heimkehr durfte ich für drei Tage nach Bad Wörishofen reisen. Frau Dr. Walwei war dort zur Kur. Die Gespräche mit ihr waren für mich sehr wesentlich, denn sie war, bezüglich meiner Texte, um mich sehr bemüht und besorgt. So verdankte ich ihr fortan den kritischen Blick für alles, was mir aus der Feder floss. Schlank sollte mein Sprechen werden und wesentlich. . . kein Wort zu viel. Das war damals der Trend.
Sie mahnte mich auch zur Geduld mit mir selbst. Sie meinte, es würde noch länger dauern, bis ein Text so reif sein würde, dass man ihn wie selbstverständlich ein *Gedicht* nennen könnte.
Ihr intensivstes Gebot hieß: *„Sagen Sie nie, Sie hätten ein Gedicht geschrieben. Diese Bewertung muss von außen kommen, Ihnen steht das nicht zu. "* Das war für mich nicht zu streng. Seit meinem Erleben vom Aschermittwoch war ich bescheiden geworden.

Später dann waren mein Mann und ich einmal bei unseren Freunden, den Gärtners in Polling, eingeladen. Dr. Hans Gärtner ist ein Literat und schreibt selbst sehr viel. Das Gespräch floss unter uns munter dahin. Als auch ich mich mal meldete, um mich in einer etwas nachdrücklichen Weise zu beteiligen, tönte mein Mann dazwischen:
„Heute hast Du ja wieder mal eine sehr gewählte Ausdrucksweise!"

Darauf unser Freund, in bedeutsamem Ton: *„Herr Loebner, Sie sind mit einer Dichterin verheiratet".* . . und dann. . . haben wir natürlich alle gelacht.

Bis heute bin ich vorsichtig geblieben mit der Bezeichnung *Gedicht*. Ich habe inzwischen viel Spürsamkeit für meine Texte entwickelt und weiß um den Maßstab: Wann ist ein Text *gewollt* oder gar *verkopft*. . . wann aber ist er *mir zugekommen*, und dadurch wirklich ein Gedicht.

Am 1. Dezember 1983 sandte ich an Frau Dr. Walwei auf einer Karte einen kurzen geistlichen Text. Es ging hier um mein Mitgefühl für einen sehr großen Kummer einer Freundin. Ich schrieb:

> „Du Weh der Welt/ wie Stein in mir
> bist mein Beschwer.
> Im Flüchtigsein / ich treib dahin.
> Gib Halt, oh Herr
> Mein Kraft vermehr
> Bin willig Dein."

Fast postwendend kam von Frau Walwei-Wiegelmann eine Karte, darauf zu lesen: *Das ist's!* Bald darauf wurde mir zu diesem kleinen gelungenen Text ein Gegengewicht geschenkt, mit dem ich dieses Kapitel beschließe:

> „Freude mich trägt / trägt mich hinauf
> Lauf Freude, lauf
> Freude, steig himmelan / schlag tausend Saiten an
> Sing, Freude, sing
> Nicht zerspring, Freude / Du freudig Ding"

Mein geistig Kind

In mir und mit mir wächst es heran
Nur wenige wissen von ihm
von dieser Gabe des Himmels und seiner Gnade
dass ich die Prüfungen bestehen sollte
die mir mein Weg durch die Welt der Träume gebracht
bis hin zu *den hundert Texten* und *meiner schwärzesten Nacht.*

Ich liebe dies Kind
Es gehört nicht nur mir
Es gehört mir und dem Himmel.
Es teilt meinen Alltag, geht mit in die Schule
und schenkt mir Ideen fürs Musizieren
Mit uns und mit mir geht es auf Reisen: Mallorca, Ischia, Sizilien
die Rhön, Wien und der Neusiedler See.
Es begleitet mich auch nach Franken zur Mutter und Schwester . . .
Es genießt mit mir mein Zuhause
das rundum umsonnte Heim
mit dem geschützten Balkon, um mittags
dort, Sommer wie Winter
mit einem Blick in die Pappeln. . . auszuruhen.

Das Kind jätet mit mir die Beete
pflückt mit mir Blumensträuße
zupft Beeren und sorgt sich mit mir um das Obst
Es liebäugelt mit meinem Mann.
 - Ohne *ihn* wäre das Kind niemals zu uns gekommen -
ohne *seine* Großzügigkeit und Herzenswärme für mein Leben
und seiner Hingabe an unser gemeinsames Werk. . .

hier auf dem kleinen Hof mit der freien Sicht
bis zu den hohen Bergen, den Alpen.

Das Kind geht auch mit in die Kirche.
Dort treffen wir die Flötenkinder
den Gottesdienst mit zu gestalten
Das Kind wacht für mich, wenn ich schlafe
ist besorgt um das, was ich träume
Es möchte mit mir erwachsen werden
um mit mir dieses Buch zu schreiben
für alle, die den Mut haben
in die eigene Tiefe zu dringen
um danach wieder im Licht zu sein
Für alle, die eine Neigung spüren, zu erfahren
wie es dazu kam, zu *dem* Dichten, und wie es mir
damit ging . . . bis heute. Mir . . .
in Freude und Trauer und allem Wohl und Wehe
dem Leben und meinem Gott ergeben

Diese Zeilen an mein geistig Kind
flossen mir zu wie ein Lied
Dies ist nun der Ausklang von all dem *Unerwarteten*
das mir zukam, für die Freunde meiner Texte und
die späteren Leser meiner Erinnerungen.

Mein geistig Kind

In mir und mit mir wächst es heran
Nur wenige wissen von ihm
von dieser Gabe des Himmels und seiner Gnade
dass ich die Prüfungen bestehen sollte
die mir mein Weg durch die Welt der Träume gebracht
bis hin zu *den hundert Texten* und *meiner schwärzesten Nacht.*

Ich liebe dies Kind
Es gehört nicht nur mir
Es gehört mir und dem Himmel.
Es teilt meinen Alltag, geht mit in die Schule
und schenkt mir Ideen fürs Musizieren
Mit uns und mit mir geht es auf Reisen: Mallorca, Ischia, Sizilien
die Rhön, Wien und der Neusiedler See.
Es begleitet mich auch nach Franken zur Mutter und Schwester . . .
Es genießt mit mir mein Zuhause
das rundum umsonnte Heim
mit dem geschützten Balkon, um mittags
dort, Sommer wie Winter
mit einem Blick in die Pappeln . . . auszuruhen.

Das Kind jätet mit mir die Beete
pflückt mit mir Blumensträuße
zupft Beeren und sorgt sich mit mir um das Obst
Es liebäugelt mit meinem Mann.
 - Ohne *ihn* wäre das Kind niemals zu uns gekommen -
ohne *seine* Großzügigkeit und Herzenswärme für mein Leben
und seiner Hingabe an unser gemeinsames Werk . . .

Lesungen unter dem Motto: *„Sprache und Klang"* mit den Themen:
„Gefordert zur Melodie" , *„So blüh doch mit"* und *„Wenn das Eis aufbricht."*
Damit luden wir in den Vortragsraum unserer Musikschule ein.
Und die Abende. . . sie waren immer gut besucht.
Der Aufbau blieb immer der gleiche.
Das Programm hatte stets zwei Teile.
Die Pause war wichtig für Erfrischung und Austausch.
Sie war auch nötig für die Musizierenden, meist Kollegen und
gewandte Schüler, die den Abend nicht nur eröffneten,
sondern auch zum Abschluss brachten.
So wurde dem Zuhörer nach jedem Abschnitt des Vorlesens
meiner Texte ein Nachschwingen geschenkt.
Jahr für Jahr lud ich ein zu *Sprache und Klang.*
Stets verhalf uns dieses Muster zu einem guten Gelingen.
Mein Freund Hans Gärtner war oft unter den Zuhörenden
um mich danach, mit einem Zeitungsartikel zu beglücken.

Doch mit dem möglichen Druckenlassen,
- damit eile ich dem Geschehen um etliche Schritte voraus -
das war noch ein weiter Weg.
Ganz bescheiden fing es an mit einem Eigendruck
von dem ich später noch berichten werde.
Mein Ehrgeiz, der hatte längst ein neues Kleid bekommen.
Niemals dürfte es um meine „Ehre" gehen.
Im zwölften Jahr trug ich eine Sammlung mit Frauentexten zusammen.
Dies war der Wunsch von Besuchern von Lesungen gewesen.
Ich fand niemanden, der mich drucken wollte.
Ein Leitz-Ordner voll mit Anfragen und Absagen
erzählt von so manch vergeblichem Bemühen.

Um die Jahrtausendwende dann
fand ich beim Fouqée Verlag in Frankfurt ein elementares Interesse.
„Alles Du" und „Leidvoll und wunderbar" sind dort erschienen.

Doch alles was je vervielfältigt oder im Eigenverlag gedruckt wurde,
wanderte, laut einem Gesetz, in die Staatsbibliothek.
So gab und gibt es ein übergeordnetes *Unterkommen* für mein Bemühen,
die Texte nicht in meinen Regalen versauern zu lassen.
Dies, mehr Geschäftliche, in meinen Rückblick einzuflechten,
war und ist meine Pflicht. Alle Mühe und Kraft - auch Finanzielles -
das ich den Texten schenkte, sah ich als meine Aufgabe an.
Sollte ich mich damit geirrt haben?. . . Dafür kann ich leichten Herzens
die Verantwortung tragen.

Doch etwas sei doch noch angefügt:
Das Buch „Alles Du", Gedichte und Psalmen,
dieser Band war ein Herzensanliegen gewesen.
Es fand nur wenige Leser.
Nach 10 Jahren dann wurden 400 Exemplare verrammscht.
Das tat weh.
Doch „Leidvoll und wunderbar" das wird für deutschsprachige Leser
in Nordamerike und Kanada vorbereitet. Das bedeutet Freude!

Damit beende ich meine Gedanken rund um das „Mittagslicht"
und kehre zu meiner Familie zurück, denn. . .
das Leben meiner Mutter neigte sich dem Ende entgegen.

Vom Abschied unserer Mutter

Im neunten Jahr ihrer Lähmung dachte die Mutter ans Sterben.
Sie war müde geworden vom Durchhalten und Leiden.
Wer weiß, wie lang sie noch auf dieser Erde sein würde
auch im Blick auf unsere jüngste Schwester.
So wollte sie ihr, neben den allmonatlichen Zuwendungen,
ein Stück Erbe geben. Denn. . .
Gabriele hatte auch einen Eingriff an der Brust erlitten.

Nach ihrer Scheidung war sie eigenständiger geworden
und hatte noch einmal einen Partner gefunden
den Astrologen, Don Renik.
Sie schätzten sich und zogen nach Kalifornien.
Dort verlebten sie etliche heile Jahre.
Gabriele fand Arbeit im Silicon Valley.
Einmal besuchten sie unsere Familie,
die Mutter, und auch die Familien der Schwestern.
Später - man hält es fast nicht für möglich -
ging Don Renik wieder eigene Wege.

Also kam Gabriele im Mai 1986 zu uns und nahm einen größeren Betrag
in Empfang. Deswegen hatte die Mutter ihre Mühldorfer Wohnung
verkauft.
Doch nun will ich davon erzählen,
was uns der Oktober desselben Jahres als Wichtigstes brachte.
Dieser Monat, ist bei uns schon eine Zeit des Sterbens.
Laub und Blumen, halten Zwiesprache mit dem Frost.
Auch meine Mutter fühlte schon das Kommen ihres leiblichen Endes,

denn eine Grippe hatte sie erfasst, gleich einem Frost.
Dazu kam ein Herzversagen mit Schmerzen.
Meine Schwester Brigitte sandte mir eine Nachricht.
Mein Mann und ich, wir waren für zwei Tage und Nächte in Bonn.
Wie fast jedes Jahr war dieses Mal
dort für die alten Schulkameraden ein Treffen.

Mein Mann fährt danach alleine nach Hause.
Ich nehme den Zug, Richtung Franken.
Unterwegs entwerfe ich einen Brief
an den evangelischen Pfarrer in meiner Heimatstadt Lippstadt.
Dort wartet, seit fast 40 Jahren, das Grab meines Vaters.
An einem Freitagabend dann
komme ich ins Haus von Schwester und Schwager.

Am nächsten Morgen geh ich mit Brigitte ins Heim.
Dort hatten die Schwestern zu einem Vortrag geladen.
Brigitte möchte ihn hören.
Ich. . . finde die Mutter wohl geordnet und fast schon ergeben.
Wir feiern die Stunde in Freude und Besonnenheit
bis meine Schwester beseeligt aus dem Vortrag kommt
und uns berichtet:
„Denkt Euch, was ich erlebte. Davon muss ich erzählen.
Hättet ihr doch auch zuhören können! Alles passte genau zu heute.
Das Thema war dem siebten Kapitel des Buches Jesaja entnommen
mit dem Spruch: „Ich will Euch tragen, bis ihr grau werdet.". . .

Nach einer kurzen Zeit des Berichtens, richtet die Mutter sich
innerlich auf und bittet mit lauter Stimme um einen Seelsorger.

Ja, zum ersten Mal in ihrem Leben bittet die Mutter um einen Seelsorger
für sich selbst! Ihn zu sprechen, am liebsten *gleich*.
Meine Schwester, nicht zögerlich, bricht auf ins Dorf,
den Gemeindepfarrer darum zu bitten.
Wie durch ein Wunder trifft sie ihn ganz in der Nähe vom Heim.
Er verspricht, gegen drei Uhr zu kommen,
will mitbringen. . . Brot und Wein.

Wir waren präsent, als der Pfarrer das Zimmer betrat.
Meine Mutter war „eingegittert".
Der Pfarrer legt seine Arme leicht auf das Bettgestell
beugt sich zur Mutter und beginnt zu sprechen:
„Frau Heidenhain, zu Anfang muss ich zwischen uns etwas klären:
Jesus, in eigner Gestalt, kann nicht bei uns sein. Können Sie es annehmen,
dass ich an seiner Statt da bin, Sie anzuhören, für alles, was Sie bewegt?"
Nach einem aufmerksamem Besinnen kommt von ihr ein klares *„Ja"*.

Die Mutter fängt an zu erzählen, spricht von den Eltern,
der gütigen Mutter, und ihrem klugen und so besonderen Vater.
Sie führt uns durch den traumhaften Garten bis auf die Höhe
mit dem Blick auf die Alb. Sie schwärmt von einer Schaukel und einem
sehr großen Schaukelpferd und natürlich auch von der Schule.
Sie erinnert sich an ein seinerzeitiges Bild:
Sie, mit einem Ranzen und einem ganz großen Hut.
Darunter steckte nicht nur das kleine lockige *Ruthle*.

Den Hut würde sie bald beiseite legen,
um als Wandervogel nur einfache linnene Kleider zu tragen.
Ja, bei den Wandervögeln
da traf sie auch ihren späteren Ehemann.

Sie schenkt uns ein Bild von den Hagener Jahren
und dann von den Lippstädter Zeiten.
Sie meint, dort in den westfälischen Städten, hätten sie nie
den Anschluss gefunden, der ihnen tatsächlich entsprach.
In Hagen hatten die Freunde zu viel Geld.
In Lippstadt war alles sehr bürgerlich.
So geht es dann weiter durch die Jahre
bis zum Anspruch der Nazis und dem schrecklichen Krieg,
dem sie mit etwas anderen Augen angesehen hatte, als ihr Mann.
Der Vater war *dienstverpflichtet* gewesen, gleich einem Soldat.
Befehl war Befehl. Gehorsam war *das* Gebot.
Er trug die Verantwortung für einen Betrieb in der Schwerindustrie.

Sie spricht und spricht, ihr Leben zieht noch einmal herauf und vorbei:
Das geliebte Haus in München, groß genug für die nahe Familie,
die gerne zu ihr kam; die lebendige Stadt und die nahen Seen zum Baden;
die Ausblicke ins Gebirge bei ihrem Lieblingsgasthaus in Höhenrain.

Doch das Wichtigste bleibt. . . vom Tod des Vaters zu sprechen,
von ihrem Entsetzen, von jenem Schicksalsschlag
von dem sie sich nie mehr von Grund auf erholen konnte.
War doch unser Vater *„der Mann ihres Lebens"* gewesen.
So schrieb sie es ein in das Album zu seinem Gedenken.

Und immer noch, das kommt klar ans Licht, fühlt sie sich schuldig,
etwas für ihn versäumt zu haben. . . dann hält sie inne und spricht:
„Jetzt hab ich genug gesprochen. . . Ich weiß nicht mehr weiter. . .
Jetzt müsst ihr mir helfen."
Darauf ich: *„Wie gut, dass ein Geistlicher bei uns ist.*

Er wird das Gespräch für uns übernehmen.“
Der Pfarrer richtet sich auf - hinüber zur Mutter - und dann zu uns.
Nach einem Dank für unser Vertrauen und ein paar rückblickenden
klaren Gedanken spricht er in Jesu Namen mit bedeutsamen Worten. . .
   „Der Dämon des Suizides soll für Dich und die Deinen
   für immer von Euch genommen sein.“
Danach spendet er uns das Abendmahl.

Das spielte sich ab, am 18. Oktober 1986,
ein Samstag war es, ein Tag vor dem 93. Geburtstag von unserm Vater.
Und dann:
Nach drei Tagen, am 21. Oktober um die Mittagszeit,
geht die Seele unserer Mutter zu Gott.

Was sich fortan ereignet, ist in einem eigenen Album bewahrt.
Dennoch will ich davon erzählen:
Die Bestattung war für die Mutter wie ein Heimkommen gewesen.
Alte Freunde hatten sich auf dem Friedhof eingefunden.
So schwankte die Stimmung zwischen Freude und Trauer.
Und die Mutter? Sie hatte ihr Los - neun Jahre gelähmt -
so wunderbar getragen und durchgehalten.
Nun war sie zur Ruhe gekommen.
Damit wurde die Beerdigung zu einer Erlösungs-Feier.

Wie es auf dem Friedhof nun weiterging, das passte zu dem
wie unsere Mutter den Weg in dieses Leben angetreten hatte.
An einem Rosenmontag war sie in der Neckarhalde in Tübingen
zur Welt gekommen.
Zur gleichen Zeit - so wurde es uns erzählt -
sei am Haus ein Faschings Zug vorbeigezogen.

Und heute, einem Freitag, Ende Oktober 1986,
wurde zur gleichen Zeit die Lippstädter Herbstwoche eröffnet.
Als wir uns von der Leichenhalle aus auf den Weg zum Grab begaben,
kam von der Stadt her. . . Blasmusik zu uns
so, als wolle sie unsern Zug begleiten und die Heimgekommene grüßen.

Später dann krönte ein freudiges Zusammenkommen
in einem alten Gasthof der heimatlichen Stadt diesen besonderen Tag.

Für mich und die Schwestern ging eine bedeutsame Zeit zu Ende.
Das letzte Jahrzehnt war nicht leicht gewesen.
Doch von nun an webte ein Strahlen über unserem Familiengrab.

Unsere Mutter war wie ein Baum gewesen,
der sich keinem Sturm ergeben wollte.
Und wenn der Sonnenschein die Wogen wieder geglättet hatte
dann hat sie ihn mit Herz und Sinn begrüßt.

VIII
NIE OHNE VERTRAUEN

1988 - 1997

Es gibt Jahre, die uns eine Ernte schenken
wie der September in unseren Breiten

In Freude

Für meinen Mann

Das erste Kapitel gilt Dir.
Dass Du in unsere Familie kamst, das war ein Gottesgeschenk.
Für mich und unser gemeinsames Werk hast Du den Krieg
überstehen dürfen und sollen. Des bin ich mir sicher.
Du wurdest mir zu *dem* Halt, um den ich nie zu bitten brauchte,
warst für mich *einfach da*.
So will ich davon erzählen, was für mich und die Kinder
zur Fülle des achten Jahrzehnts gehört.

Am Anfang gab es für uns eine Sorge.
Ein Eingriff an Deiner Blase war zu verschmerzen.
Doch der Befund war nicht bedrohlich.
Drei runde Geburtstage durften wir mit Dir noch feiern.
Für den fünfundsiebzigsten schafften wir sogar Platz in der Scheune,
denn Dein Beziehungsfeld war groß.
Von Verwandten, Freunden, Kriegs- und Schulkameraden,
Lions Freunden, treuen Bediensteten aus Deiner Bürgermeisterzeit,
von unserm Pfarrer bis zum Apotheker und unsern Nachbarn,
wer konnte und sollte nicht alles geladen werden.

Zu jedem Fest gab es ein besondres Ereignis.
Zu Deinem 75. Jahr ließen wir westlich vom Hof
einen Bildstock setzen, ganz nah einer Linde, die wir gepflanzt.
Das war der ideale Platz zu verweilen,
und auch an Schlesien und Westfalen zu erinnern.

In Gestalt eines Kreuzes, als ein Dank für unser Hier und unsere Erde
wurde ein Spruch eingemeißelt:
„Was austeilt die Erde an vollem Genüge
    zur Fülle wird es im Dank"

Zu Deinem 80. hatten wir eine andere Idee.
Ein Rad jenes Wagens, das den Treck aus Schlesien
mitgemacht hatte, wurde für ein Gedenken umgestaltet.
In das Holz des Reifens ließest Du bronzene Buchstaben ein
mit einem Spruch, der für Dich ebenso gültig war,
wie auch für eben dieses Rad. Sein Wortlaut:
„Bewältigt die Strecke, bewahrt seine Mitte".
Dieses Rad hängt bis heut unter dem Vordach der Scheune,
darüber ein in Holz geschnitztes Gedenken an jenes Gespann,
das den Wagen aus Schlesien bis nach Bayern brachte,
gezogen von den Pferden mit den Namen Kaspar und Mariechen,
die ihre letzte Lebenszeit noch auf dem Baihof verbrachten.

Dies war nicht die einzige Überraschung für unsere Gäste.
Die Kinder hatten sich Handwerkliches einfallen lassen.
Für den von uns angelegten Teich zwischen Haus und Hof
fertigten sie aus Holz eine etwas gewölbte Brücke an.
Mit verbundenen Augen wurdest Du hingeführt.
Gut, dass es ein Foto gibt von diesem *Augenblick* Deiner Freude.

Am Nachmittag gab es ein Drachensteigen.
Jeder der Gäste hatte einen Papierdrachen gebastelt
darauf *seine* persönliche Widmung, für Dich.
Frau Dr. Walwei hatte sich ausgedacht:

„Dem Himmel verwoben, der Erde ergeben. "

Denke ich an diese und ähnliche strahlende Tage in unserem Haus,
möchte ich unsere Freunde, die Tuchers, die Quäker, nicht vergessen.
Ohne sie war kaum eines der großen Feste zu denken
weder bei uns, noch bei ihnen in Guffelham an der Alz.
Dort waren sie erneut ansässig geworden.
Ihren Besitz und Betrieb in Feldkirchen bei München
hatten sie wegen des anliegenden Flugplatzes aufgegeben.
In Hart waren wir erneut zu Nachbarn geworden.
Unsere Freundschaft mit diesen wirklich edlen Freunden
hatte ihren eigenen Platz bei uns und unseren Kindern.

Doch nun - zwischen hinein - ein Sprung ins nächste Jahrzehnt:
Denn an Deinem 85. Geburtstag warst Du schon vom Krebs gezeichnet.
Wir saßen am Nachmittag miteinander im Hof.
Dieser war für uns inzwischen zu einem Wohnhof geworden,
denn wir hatten für uns den früheren Kuhstall
zu einer Wohnung ausbauen lassen.
Seither lebt Irene mit ihren Töchtern in unserm 1974 erbautem Haus.
Dieser Vorausblick ins nächste Jahrzehnt ist für mich wichtig,
denn ich hatte über die Zeit Deiner Krankheit, Deines Sterbens
und meiner Trauer einen kleinen Gedichtband herausgegeben.
Sein Titel: „Leidvoll und wunderbar".
Meine Aufzeichnungen aus dieser Zeit sind wie eine Ergänzung
zu diesem Gedenken an unsere Gemeinsamkeit.

Doch nun zurück in Deine siebziger und achtziger Jahren,
denn auch Du hast geschrieben.

Der Krieg, die härteste Zeit Deiner jungen Jahre
diese fünf Jahre hast Du nicht nur für uns festgehalten.
Es ist Dein persönliches Zeitdokument für jeden,
der diesem Krieg und Deinem Erleben nachspüren möchte.
In meiner Trauerzeit hab ich *Dein Manuskript* vervielfältigen lassen.
Indem ich es aufmerksam las, ergriff mich das Ausmaß
Deines Gefordertseins im Spiegel dieses weltverändernden
Geschehens in einer Zeit, die auch die meine Zeit war.
Fünf Feldzüge hast Du mitgemacht: Polen, Frankreich und Russland,
bis kurz vor Moskau in dem entsetzlichen Winter 1941;
später dann Jugoslawien und Italien. Gleich einem Wunder
bist Du unverwundet und gesund zurück gekommen.
Denn. . . als Ihr den Rückzug von Gaeta bis zum Po bewältigt hattet,
bekamst Du Urlaub nach München. Mutter, Schwester und
Schwager, die stets um Dein Leben bangten, durftest Du
zum ersten Mal seit dem Verlust der Heimat wieder sehen.
Deine Abteilung indessen, hatte genau in dieser Zeit,
unter großen Gefahren den Po zu überqueren. . .
Viele Deiner Weggefährten sind damals ertrunken.
Der große Krieg hat Dich gezeichnet, das fühlte ich stets.
Er hatte Dich wie *unumstößlich* gemacht, Dir jene einzigartige
Sicherheit verliehen, die auch mich und unsere Kindern stärkte.
So entschied ich mich für den Titel Deiner Kriegerinnerungen
für. . . „Nie ohne Hoffnung".

Auch war es Dir ganz wichtig gewesen, für unsere Kinder
ein Bild Eures Gutes in Knobelsdorf aufzuzeichnen. Ja, auf-zu-zeichnen,
denn da gab es vieles, was Du nicht nur durch die Sprache

eindrücklich machen konntest von Eurern leider nur 35 Jahre lang
erlebten und gelebten Gutsgeschichte.

1998 haben wir mit unseren Kindern, Deiner Schwester und ihrer Tochter
Eure Region besucht. Auch Deine Nichte Friederike von Frankenberg war
dabei. Sie hatte als Kind - von der Oberau aus - mit ihrer Mutter
und zwei Tanten den Treck miterlebt. Sie liebt Schlesien über alles,
kann dieses Land nie mehr vergessen. Sie weiß von damals noch viel.
Sie ist nun fast die noch einzige Lebende, die Deine Heimat kennt.
Auch gibt es Texte von dieser Reise, zum Beispiel
eine „Schlesische Elegie", die meinen Schmerz und Entsetzen festhielt:
Die Armut der Menschen, die Ausplünderung durch die Russen,
die heruntergekommenen Städte, die gähnende Leere der Läden.
Für mich war das alles unfassbar und schrecklich.
Das hatte dieses wunderbare Land - 800 Jahre von Deutschen besiedelt -
nicht verdient.

Doch etwas habe ich von dort mitgebracht,
das mich sehr dankbar macht.
Ich weiß nicht, ob wir jemals darüber sprachen.
Dort, in Deiner Heimat, in jenem „Land auf dem Löss"
mit seinem Blick auf das nahe Riesengebirge,
dort hätte auch ich sehr gut leben und arbeiten können.
Seine Weite hatte für mich etwas Heimatliches.
Eine begrenzte Weite durch ein anliegendes Gebirge,
das war mir von Kind an vertraut,
denn die Höhen des nahen Sauerlandes und des Teutoburger Waldes
umgaben die Münster'sche Bucht, darin meine Heimat lag.

Auch für uns beide war es stets etwas Beseeligendes gewesen,
wenn wir von einer erhabenen Höhe aus,
auf fruchtbares Land sehen konnten.
Das kann ich auch hier genießen, wenn ich auf das alte Innufer fahre,
für einen Blick, der mich trunken macht.
Die Sicht vom Berchtesgadener Land bis zum Karwendel. . .
davor die Ebene, die auch uns ein Stück Acker anvertraut.

Im Grund gäbe es kein Ende des Erzählens, lieber Hans.
Gerne würde ich noch immer das Leben mit Dir teilen.
Doch es sollte anders sein. Du warst fünfzehn Jahre älter als ich.
Inzwischen bin auch ich schon in *jenem* Alter, das Du erreichen solltest.
Seit drei Jahren bin ich in Ampfing in einem Heim,
einem *Haus Felizitas,* das einem großen Konzern gehört.
Ich liebe dieses Heim. Es schenkt mir alles, was ich noch brauche.
Mein Zimmer, nach Westen gelegen, ist für mich eine Oase der Ruhe.
Ich sehe von hier aus die Bäume des nahen Friedhofs.
Dort bin ich oft.

Dein Grab besuche ich, wenn ich nach Mühldorf fahre.
Und wenn ich hier auf dem Friedhof bin,
durch die geschmückten Gräber gehe,
dann denke ich stets zu Dir hin, und auch daran,
dass Dein Grab einmal unser Grab sein wird
mit jenem Spruch auf dem Stein,
den ich für uns ersann. . .
      „In der Mühe um unser Leben wohnt das Licht".

Meine jüngste Schwester
Ein Gedenken

Liebe Gabriele
Über Nacht warst Du in den Kreis Deiner Geschwister gekommen.
Am Morgen nach dem ersten Februar 1937 hing ein Zettel
an unserer Etagentür: *Anna Gabriele. . . heute geboren.*
Anna, so hieß unsere Großmutter Heidenhain,
Gabriele, dieser Name war die Wahl unserer Eltern für Dich.
Gabi, so nannten wir Dich, fast Dein ganzes Leben lang.
Niemand konnte erahnen, dass Du in Deiner frühen Zeit,
Du mit Deinen hübschen Locken und Deinem besonderen Gebaren,
gemäß Deinem Namen auch etwas Engelhaftes hattest.

So weit so gut. Manche Stelle in diesem Buch erzählt schon von Dir,
doch nun möchte ich ganz unmittelbar mit Dir sprechen.
Ganz nah möchte ich Dir sein, das ist mir wichtig.
Denn, was wir nach Mutters Tod durch Dich und mit Dir erlebten,
das sprengt den Rahmen meines Rückblicks auf diese Zeit.
So habe ich mich zu diesem Gedenken entschlossen,
will in Kürze zu fassen versuchen, was im Grund nicht zu fassen war.

Zur Beerdigung der Mutter konntest Du nicht kommen,
aber zur Festtagszeit, Ende des Jahres 1986, da warst Du bei uns.
Kamst mit vielen Geschenken und in farbigen Kleidern.
Wir trugen noch schwarz.

In Hart hatten wir frohe gemeinsame Tage,
danach gingst Du zu Dreschers.
Später reistest Du weiter zu einer Freundin nach Düsseldorf. . .
zu einer Frau *Truss*, die uns völlig unbekannt war.
Diese Freundin, das offenbarte sich rasch, war scharf auf Dein Geld.
Ende Januar rief sie mich an, dass sie für Dich in ihrer Stadt
eine Wohnung kaufen wolle, als Geldanlage oder vielleicht auch zum
Wohnen. . . Mir wurde schwarz vor den Augen. . .
Zügig verfolgte sie diesen Plan. Sie ging zu einem Notar,
eine Generalvollmacht für sich ausstellen zu lassen,
die *Du* zu unterschreiben hattest.
Dafür flog sie zu Dir nach Amerika.

Sie kam zurück und begann ihr Werk. Dein ererbtes Geld,
das ich für Dich bei der Vereinsbank verwaltete, forderte sie ein.
Nur noch für kurze Zeit konnte dies verhindert werden.
Irene und ich, wir waren völlig schockiert.
Wir fuhren nach Düsseldorf, die Sache zu klären.
Wie gelähmt und dennoch empört kamen wir zurück.
Einen Anwalt hätten wir mitnehmen sollen. . .
Wir mussten begreifen: Einer Kriminellen warst Du in die Hände gefallen.
Frau Truss hatte Dich gegen uns aufgestachelt.
Du fühltest Dich plötzlich vor allem von mir betrogen,
hättest zu wenig von der Mutter bekommen.
Sie verweigerte, uns Deine Adresse zu geben,
denn Du warst gerade umgezogen.
Bald kam von Dir ein Brief ohne Absender, darin zu lesen,
dass Du hiermit Deine Beziehung zu mir und meinem Mann „*löschst*".
Das war es, was ich zu verkraften hatte.

Ich verlor den Boden unter meinen Füßen.
Welche Ströme helfender Energien waren in den drei Jahrzehnten
von Deutschland nach Nordamerika geflossen!
Wie viel finanzielle Unterstützung, wie viel Besuche geleistet
und nicht zu zählende Briefe sind geschrieben worden.
Irene und ich hätten im April nach Kalifornien zu Euch reisen wollen.
Eine vierzehntägige Reise hatten wir mit Dir geplant.
Die Tickets waren längst bestellt.

Eine junge Freundin hat mich seinerzeit aufgefangen,
Hildegard Huber, eine Juristin, eine feinsinnige Frau um die Lebensmitte.
Ohne sie hätte ich die nächsten zwei Jahre nicht durchgestanden,
denn ich wurde von nun an von dieser Frau Truss verfolgt.
„Nimm mich wie eine Schwester", damit hatte mir Hildegard Huber
ihre Hilfe angeboten. Sie wurde mir Halt und Stütze.
Ich nahm ihre Hilfe an und muss gestehen,
dass ich sie damit zwei Jahre lang völlig überfordert habe.
Das schmerzt mich bis heute, wenn ich daran denke.
Heute weiß ich, was mich an ihr faszinierte.
Es war ihre Eigenständigkeit, die ich noch entbehrte,
zu der ich erst nach dem Tod meines Mannes erwachen sollte.
In großer Dankbarkeit denke ich deshalb an ihre Liebe und
und auch an ihre juristische Sicherheit.
Ich konnte alles mit ihr besprechen, und. . .
sie schätzte auch meine Gedichte.

Indessen Frau Truss nichts anderes im Sinne hatte,
als mich so lange in die Enge zu treiben,
bis ich mich dem Staatsanwalt in Traunstein zu stellen hatte.

Mit all dem, was mir Frau Truss zufügte,
fühlte ich mich in diesen Jahren wie preisgegeben.

Dies alles, liebe Schwester,
was seinerzeit für mich und uns zu verkraften war,
gehört nicht in dieses Buch. Darüber ist längst Gras gewachsen,
denn letztlich wurde alles gut.
Für jede von uns Schwestern war dies eine herbe Zeit.
Vielleicht gehörte Dein Aufbegehren ja auch in Dein Krankheitsbild.
Unsere Männer, Dein Schwager Hans und Dein Schwager Helmut,
haben uns mit unserer Sorge um Dich nie allein gelassen.
Das bleibt zu würdigen für immer.

Brigitte und mir wurde in dieser Zeit erst bewusst,
dass es auch Dir auf die Länge hin nicht gut gehen konnte.
So entschloss sich Brigitte, zu Dir zu fliegen.
Besorgt kam sie zurück.
Frau Truss kaufte indessen für Dich die Wohnung
mit Deinem Geld, doch, wohl bemerkt. . . auf *ihren* Namen.
Im Juni 1988 flog Frau Truss erneut zu Dir,
Dich nach Deutschland zu holen.

So kamst Du im Sommer 1988 zurück in Dein Heimatland.
Die deutsche Staatsangehörigkeit, die hattest Du aufgegeben gehabt.
Bedenklich blieb, hier warst Du *für Nichts* versichert.
Brigitte und Helmuth ebneten Dir - auch als Ärzte - den Weg,
denn einem psychisch Kranken war die Einreise nicht gestattet.
Eine Bürgschaft leisteten sie für Dich. Fünf Jahre dürftest Du bleiben.
Ich weiß nicht, ob Du ermessen konntest, was dies für sie bedeutete.

Meistens warst Du in Siegelsdorf, manchmal auch bei uns, bis. . .
ja, bis Frau Truss Dich eines Tages wieder mal nach Siegelsdorf schickte.
Was war der Grund?
Aus Amerika wurde zu diesem Zeitpunkt für Dein Konto ein großer Betrag
erwartet. Es war ein Schmerzensgeld Deines geschiedenen Mannes.
Dein Anwalt in Nürnberg konnte das Geld gerade noch retten.
Danach kam es zu einem abrupten Bruch mit dieser Frau Truss,
Von nun an *war* sie Deine Freundin *gewesen*.

Liebe Gabriele, lange habe ich überlegt, ob ich die fatale Geschichte
mit dieser Frau Truss noch einmal aufrollen sollte. Nun hab ich's gewagt.
Unfassbar, unglaublich bleibt es für mich, was Dir das Leben angetan . . .
Du - gleich einem Engel - verfällst zweimal in Deinem Leben
der *Dämonie Deines leibhaftigen Schatten*s und bist unheilbar krank.

Wie es weiterging? Meist bist Du in Siegelsdorf.
Doch Du bist angeschlagen,
lebst mit entstellenden Medikamenten.
Es ist ein Jammer um Deine wunderbare Gestalt.
Du selbst, Du hattest *einen* geheimen *großen* Wunsch:
Einmal. . . einmal noch möchtest Du freikommen von den
schrecklichen Medikamenten.
In Erlangen gab es eine psychiatrische Klinik,
sogar mit einer Station für gehörgeschädigte Patienten.
Brigitte erwirkte dort einen Platz für etwa vier Wochen.
Und. . . Du wurdest befreit.

Deine Auferstehung feiern wir mit einer Reise.
Mein Mann und ich, wir nehmen Dich mit in die Schweiz.

Seit Juni 1990, dem Tod seiner Frau, ist unser Andreas allein.
Er freut sich auf unser Kommen in seinem geräumigen Zuhause.
Als Krönung dieser Ferien geht er mit uns auf eine hohe Tour,
auf den Pizol.
Erst mit der Seilbahn. . . Das Rheintal wird immer kleiner. . .
die Sicht immer verlockender. . . dann zu Fuß bis auf 2 500 Meter.
Steinböcke seh' ich zum ersten mal, nah.
Diese Tour, anlässlich unserer Reise, sie bleibt
ein beglückender Traum unsrer Gemeinsamkeit.

Wieder zu Hause geht das normale Tagwerk an.
Du hilfst mit, wo es Dich freut. Du nähst, Du bügelst
und widmest Dich gern unserer Laura.
Ja. . . wir hatten inzwischen das erste Enkelkind.
Irenes fast einjährige Tochter war Deine Wonne.
In der Blütenfülle des Septembers saßen wir oft mit ihr vor dem Haus.
Am Tag vor Deinem *Von-uns-gehen* fragtest Du mich angesichts des
unendlichen Blühens:
„Wie war das eigentlich, als unser Vater und Lothar aus dem Leben gingen?
Wie war das für Dich und für Euch?"
Nicht ein Krume Argwohn rührte sich in mir. Ich sagte ganz schlicht:
„Das Schlimmste war eigentlich, dass keiner von beiden einen Brief hinterließ."

Liebe Schwester,
dieses Gedenken an Dich kann ich noch nicht beenden:
Du selbst weißt viel besser, wie alles kam,
was Dich bewegte und was Dich bedrückte.
Vor uns hattest Du alles verborgen gehalten,
hattest Dich eigenständig dazu entschlossen,

Dein Sein dem Jenseits anzuvertrauen.
Deine Kinder waren wohl schon erwachsen,
aber noch nicht in Lohn und Brot.
Auch das war für Dich eine Sorge.
Und die Krankheit. . . die Krankheit, das vergaß ich ganz zu erzählen,
war ein paar Tage bevor Du von uns gingst wieder gekommen.
Telefonisch musste unser Apotheker aus Siegelsdorf ein Rezept anfordern.
Ich denke, dieser Rückschlag war für Dich wie ein Ausgeliefertsein.
Die Medikamente würden Dich von Neuem entstellen.
Mit Deinem Entschluss, diese Erde zu verlassen,
beugtest Du Dich Deiner äußersten Tiefe, um erlöst zu werden.
Gott war mit Dir, des bin ich gewiss.
Und so hatten wir es hinzunehmen und später auch Deine Kinder.

Am nächsten Tag dann, nach dem Essen,
Du hattest Laura noch gefüttert und dann ins Bett gelegt.
Ich ging ans Klavier, Begleitmusik für den Unterricht einzuüben.
Nach geraumer Zeit schaute ich kurz in Dein Zimmer.
Du warst nicht darin. Deine Hausschuhe standen vor einem Sessel. . .
auf dem Schreibtisch DER Brief. . .
Mir stockte der Atem.
Mein Mann war nicht da. Laura war noch nicht wach.
Ich rief eine Freundin an, sich um die Kleine zu kümmern,
und danach Irene, die gottlob nicht in München in der Arbeit war.
Inzwischen hatte ich auch die Polizei gerufen.
Ich wäre nicht fähig gewesen, Dich zu suchen.
Die Polizei kam, doch sie war nicht recht willig,
den erbetenen Dienst zu leisten. . .
Irene fand Dich.

Bald danach kam sie ins Haus und verlangte ein großes,
weißes leinenes Tuch, Dich einzudecken,
schnitt Rosenblüten in Fülle, und streute sie über Dich.
Bevor Du fortgetragen wurdest - es war schon fast Nacht -
kam unser Pfarrer, um Dich und deinen Weg zu segnen.

Unsere Irene. . . sie trägt bis heute an diesem Geschehen und meiner
Zumutung. Hatte sie doch mir das Suchen und Finden erspart.
Für immer werde ich ihr dafür dankbar bleiben.
Gern jedoch und immer als wieder spricht sie davon, wie friedlich Du
ausgesehen hast. Damit schenkt sie mir zum Trost. . . bis heute.

Ein Jahr später schrieb ich für Dich dieses Gedicht:

„Ins Zeitlose bist Du gesunken / Schwester
als Du im vergangenen Jahr
an einem hellen Septembertag von uns gingst.
Kamst wieder / als die Kosmeen vor unserm Haus
im Überschwang blühten.
Hieltest Andacht mit mir / bis ins Zeitlose . . .
Wenn ich von hier fortgehen werde / Schwester
ins Zeitlose
Nimm mich an die Hand
Furchtlos will ich mit Dir durch die blühenden Kosmeen gehen.“

Meine zwölf Jahre jüngere Schwester, ich liebte sie auf meine Weise.
Sie war so zart und hatte etwas Holdes.
Auf eine besondere und mühsame Art musste sie das Sprechen lernen,
was uns sehr verband. Ich war ihr nah, indem ich ihr helfen konnte.

Wie nah ich ihr blieb, das weiss nur ich. Welche Sorge wir alle um sie hatten... sie, in Amerika, ohne jemanden von uns in der Nähe, das hat sie wohl nie ermessen können. Die Trauer um dies alles wird für mich bleiben.

Und ihre vier wunderbaren Kinder? Sie kamen und wir weinten miteinander. Doch es kamen auch Vorwürfe. Es war ihnen ein Rätsel, dass wir das Geschehen nicht erahnen oder gar verhindern konnten. Die Ärztin, die sie von den Mendikamenten befreite, die hatte es erahnt.

Meine Schwester Brigitte pflegt fortan einen besonderen Kontakt zu Gabrieles Kindern. Zwei Familien der neuen Generation haben uns hier schon besucht.
Wer weiß, vielleicht ist unsere jüngere Schwester für ihre Kinder und ihre zehn Enkel dennoch auf eine wunderbare Weise in Liebe präsent.

Meine Kirche

Es ist an der Zeit, von *meiner* Kirche zu sprechen. Meine Familie, auch die Vorfahren, waren protestantisch gewesen. Dieses Wort hat mir nie gefallen. Protesthaftes kann nicht der Ausdruck für eine Glaubensrichtung sein, in die die Ökumene längst Einzug gehalten hat. Ich bin evangelisch getauft, und einer meiner Vornamen beruft sich auf jene Frau, die zu den ganz Besonderen ihrer Zeit gehörte. Sie hat Jesus geboren, den ersten *neuen Menschen* im Aion der Fische. „Jesus, der Mann" (nach dem Buch von Hanna Wolf) der seinen Jüngern in einer Lichtgestalt verklärt erschien, dieses Geschehen hat mich ein Leben lang fasziniert. Jesu Worte und Gleichnisse zu verstehen, das hatte mich schon von Kind an innerlich beschäftigt.

Indem ich diesen Lebensrückblick schreibe, gehen mir die Lichter darüber auf, wodurch mich die Lehre *meiner* Kirche unfrei gemacht hatte, sodass in meiner Lebensmitte ein solcher Zusammenbruch möglich wurde, wie ich ihn erlitt und beschrieb. Das erlösendste Wort, das mir zu Beginn der Analyse durch die Jung'sche Lehre geschenkt wurde, war: *Gott ist in uns!* Das war für mich wie eine Weltenwende. Damit wuchs ein neues Vertrauen in mich selbst. Ich trug dies Wort ununterbrochen mit mir herum, bis auf den heutigen Tag. Ich wuchs in eine neue ungekannte Eigenverantwortung und später, bezüglich meiner Texte, in Eigenständigkeit und Freiheit.

Da es in dieser Betrachtung um *meine* Kirche geht, bleibt es mir nicht erspart, das eine oder andere zu erzählen, das mich an ihr befremdete. Sechzehn Jahre war ich im Kirchenvorstand gewesen und später, am neuen Wohnort Mühldorf wurde ich *Dauergast* mit meinen Flötenkindern in den Gottesdiensten. Ich gehörte einem Frauenkreis an, der idealer nicht hätte sein können. Wir haben für die Gemeinde viel auf den Weg gebracht und waren uns untereinander von Herzen zugetan. Dann gab es 1990 einen Pfarrer-Wechsel. Der neue Pfarrherr entpuppte sich als ein Charismatiker. Ich wusste erst gar nicht, was damit gemeint ist. Bald aber dämmerte es. Plötzlich war der Frauenkreis nicht mehr erwünscht, und wir spürten, dass unser Pfarrherr zu einzelnen Mitgliedern unserer Gemeinde ein besonderes Verhältnis zu pflegen begann. Er betrieb für *nur einige ausgewählte* Gemeindeglieder einen „Glaubenskurs". Eine Befremdung und Spaltung ging durch die Gemeinde. Wir Frauen wurden abqualifiziert. Meine Person mochte der Pfarrherr überhaupt nicht. Wir organisierten in den fünf Jahren fünf Adventskonzerte mit stets voller Kirche. Das war mühevoll. Einmal hieß das Thema „Advent, Gottes Frühling". Demzufolge nannte er mich deshalb eine Ketzerin, und bei einem andern Abend hat er uns die Kirche einfach nicht geheizt. Eine Schülermutter erwirkte in dieser Zeit für ihren Sohn, den Konfirmanden Unterricht in der Nachbarstadt wahrnehmen zu dürfen. Eine ganze Seite könnte ich damit füllen, was sich in diesen fünf Jahren für uns ereignete und was für die Gemeinde zu verkraften war. Ich konnte überhaupt nicht begreifen, dass dieser Mann ein Pfarrer werden durfte. Ich begann darüber nachzudenken, ob ein junger Theologe für die Gemeindearbeit und Seelsorge nicht auch durch eine besondere Probezeit gehen muss, aus der zu ersehen ist, ob er für diesen Beruf auch die nötige Begabung und Befähigung hat. Und dann, aus der Sicht eigner Erfahrung bezüglich Selbsteinschätzung und Selbsterfahrung: Es kann doch nicht sein, dass der Studiengang keine Psychologie beinhaltet. Ich hatte das Gefühl, da hatte die Gesamtkirche etwas verpasst oder stehen gelassen, was wir in Mühldorf hart zu spüren bekamen. Auch fragte ich mich, ob auf dem Weg zum Beruf des Pfarrers nicht auch die Zeit der Mystik gelehrt wird. Eine Erscheinung wie Meister Ekkehart ist aus unserem Weltbild doch gar nicht auszublenden. Und niemals hörte ich je etwas von Teresa von Avila, der Zeitgenossin von Martin Luther. War nicht auch sie eine Reformatorin? Die 1500 Jahre zwischen Jesu Erscheinen bis zur Zeit der Reformation, kann man doch nicht ausblenden.

Ich fühlte, *meine* Kirche hatte einen Nachholbedarf. Schon in der Zeit meiner Analyse träumte ich oft von meiner Kirche. Einmal wurde ich ganz überraschend aufgefordert, den Pfarrer, der mich konfirmiert hatte, rasch zu vertreten. . . weil er gerade ohnmächtig geworden war. Ich erlebte im Traum einen Tiefliegerangriff, auf ein sakrales Gebäude. In der Zeit zwischen 1990 und 1995 träumte ich, dass unsere Mühldorfer Kirche über mir einstürzte: Um mich herum Brocken, Bretter und Schotter. . . doch ich, total unversehrt. Das war für mich das Signal durchzuhalten und der Kirche treu zu bleiben. Vielleicht brauchte sie mich noch. Ich blieb ihr treu, spielte jahrelang mit unserem Organisten zu Gottesdiensten und besonderen Feiern mit der Flöte. Mehr als ein Jahrzehnt übernahmen wir mit grosser Freude die Musik zur Todesstunde Jesu, Karfeitag drei Uhr, und am Heiligen Abend nachts um elf Uhr die Musik zu einem besonderen Gottesdienst mit einer Bildbetrachtung. Heute, im Heim, bin ich in der Kapelle meinen Mitbewohnern mit meinen Flöten, dem Metallofon und der Liebe zu einem verständnisreichen Gottesdienst präsent. Es ist eine Freude auch unter anders oder skeptisch Gläubigen, auch das gibt es hier, angenommen zu sein.

Gegen Ende des Jahrhunderts wurde ein neues Gesangbuch eingeführt. Es ist ein Ungetüm indem es in keine Handtasche passt. Es ist so schwer und ungelenk, dass es mir manchmal vom Notenständer fällt. Es speichert so viele Texte von vor 300 bis 400 Jahren, die nicht mehr zeitnah sind und unser Lebensgefühl nicht wirklich treffend berühren. Wenn es darum geht, ein paar Liedverse für all die hinfälligen stärkungs-bedürftigen und einsamen Menschen hier im Heim ausfindig zu machen, um sie vorzulesen, komme ich ins Straucheln. Meist nehme ich nur die erste Strophe eines alt bekannten Liedes und dichte ein paar neue Verse dazu, die mein Anliegen erfüllen. Die Botschaft des Liedes ist dann in eine leicht aufzunehmende Sprache gekleidet, und ich spüre, so kommt das Lied an.
Ich möchte keine Umfrage in Konfirmanden-Gruppen machen, ob die Jugendlichen dieses Gesangbuch lieben, so wie ich schon als Kind mein Kindergesangbuch liebte und mich das ledergebundene mit Goldschnitt versehene Gesangbuch der Konfirmation Jahrzehnte begleitete.
In manchem ist mir meine Kirche nicht unbedingt entgegen gekommen. Das habe ich längst verschmerzt, dennoch wollte ich es hier festhalten.

Mein Gottesbild hatte sich gewandelt, das begriff ich auch durch viele meiner Gedichte und Texte, die mir zukamen. Ich war mit der Weitergabe sehr vorsichtig, spürte oft, dass ich nicht verstanden wurde. Damit fing eine gewisse Einsamkeit an, die mich noch lang begleiten sollte.

So greife ich etwas vor und blicke auf die Erscheinung meines Buches „Alles Du" im Jahr 2000 (Gedichte und Psalmen). Es fand wenig Leser. Ein ev. Geistlicher, dem ich es gegeben hatte, sagte: *„Ich lese darin, aber ich verstehe vieles nicht."* So kann es sein, wenn es um *Neues* geht. Heute, mehr als ein Jahrzehnt später, erbat sich ein katholischer Diakon von mir etliche Exemplare, um sie zu verschenken.

Noch einmal zurück zu *meiner* Kirche. Seitdem ich im Heim bin, gehe ich meist vormittags sehr oft in die stets geöffnete katholische Kirche. Für das, was ich zu bedenken auf dem Herzen habe oder besorgt bin, zünde ich gern eine Andachtskerze an. Manchmal habe ich die ganze Kirche für mich allein. Das ist ein besonderes Erleben. Kommen andere Gläubige zum Gebet, meist nur für eine Spanne, gewahre ich eine mich sehr bewegende, hingebungsvolle Andacht dieser Gläubigen. Ich erlebte auch eine Mutter, die ihr Kind in die Art einführte, wie man eine Kerze anzündet, um danach noch andächtig zu verweilen. Auch lehrte mich das letzte Jahrzehnt, wie wohltuend es für die Seele sein kann, sich dem Niederknien anzuvertrauen. Unter all den Menschen, mit denen ich andächtig in der Ampfinger Kirche verweile, fühle ich mich zuhause.

Ich glaube, das wirkliche *fromm* Sein, wie es uns Menschen bedeutsam sein kann, das habe ich erst hier begriffen und gelernt. Und, was meinen Glauben betrifft: Wenn *„Gott in mir"* ist, so darf ich ein unermessliches Vertrauen zu mir selbst haben, und das in jeder Hinsicht, sei es für Vergebung und Annahme, sei es durch Weisung und Gehorsam. Diese Reihung lässt sich unendlich fortsetzen.

Das bunte Besinnen und Reden von und über *meine* Kirche möchte ich mit zwei mich bewegenden und nachhaltigen Erlebnissen beschließen.

Bei einem abendlichen Abschiedsgottesdienst auf Burg Rothenfels, anlässlich eines literarischen Seminars, wählte der katholische Diakon vor dem Vaterunter die Anrede: *„Vater unser, der Du für uns doch auch so eine gute Mutter bist."* Diese Anrede kann in mir nie mehr verlöschen.

Ebenso nachhaltig fiel mir das Wort einer begnadeten Heilpraktikerin zu, die ich 1999 zum ersten mal erlebte. Als ich mich von ihr verabschiedete, gab Sie mir eine Ermutigung und eine Gewissheit mit auf den Weg, die ich sehr oft, mich an sie erinnernd, vor mich hin spreche, Es ist die Zusicherung: *„Die Christuskraft ist auch in Dir."*

Blühende Schatten

Seit zehn Jahren (1983) schreibe ich Texte, und meine Leser sollen erfahren, wie es mit meinem Dichten weitergegangen war. Über tausend Texte hatte ich seither aufgezeichnet. Zwischen 1986 und 1993 erstellte ich im Kopier-Verfahren sechs Zusammenfassungen. Jeder Band, unter einem eigenen Motto, umfasst etwa hudert Texte. Diese Sammlungen laufend zu bündeln, machte mir große Freude. Ich blieb gleichsam mit mir selbst und meinem Schaffen auf dem Laufenden. Die Freunde, denen ich diese Sammlungen schenkte, waren eigentlich die einzigen Gefährten, die meinen Antrieb begleiteten.

Meine Cousine Berta Heidenhain (später Dr. Berta von Böventer) war von manchen Gedichten so angetan, dass sie dazu Scherenschnitte machte. Diese Cousine war von Beruf Biologin, hatte aber von Jugend an eine große Neigung zu Scherenschnitten entfaltet. Sie war darin zu einer

Meisterin geworden, ja, zu einer Künstlerin von Rang. Sie fühlte sich durch etliche Gedichte so belebt, dass sie sehr ansprechende und reizvolle Gestaltungen dazu fertigte. Damit kam es zu unserm ersten Zusammenwirken. Sie kannte einen Hobbydrucker, der unserm Wunsch nachkam, ein Buch mit Bildern und Texten für uns zu erstellen. Das wurde die erste Herausgabe im Eigendruck und einer Auflage von 400 Stück.

Wir verschenkten dieses handsignierte Erstlingswerk mit dem Titel „Blühende Schatten" an unsere Freunde. Dies war um das Jahr 1990. Nach vier Jahren planten und verwirklichten wir schon das nächste gemeinsame Werk. Wir gestalteten einen immer während Kalender für den ganzen Dezember (31 Tage) mit dem Titel „Dezemberblätter". Leider wurden nur 500 Exemplare gedruckt. Viel zu schnell waren sie vergriffen. Durch diese Arbeit entwickelte sich zwischen mir und Berta eine besondere Beziehung. Im neuen Jahrhundert sollten nochmals zwei Textsammlungen („Wie aus einer Hand" und „Blatt für Blatt Zuversicht") durch ihre Scherenschnitte eine besondere Gestaltung bekommen. Für jeden von uns war dies ein Geschenk.

Zwei Jahrzehnte lang gab es kein Konzertprogramm in der Musikschule, keine Einladung zu einer Lesung, keinen Geschenk-Flyer mit Texten ohne einen Scherenschnitt von meiner Cousine. Diese Ausschmückung war eben etwas nicht Alltägliches und sie schenkte meinem Anliegen ein besonderes Gepräge.

Was die Freunde meiner Texte anbelangt, möchte ich auch noch einmal den Blick auf meine Mentorin, Frau Dr. Walwei-Wiegelmann richten. Sie war zu einer Freundin unseres Hauses geworden. Ebenso wie mein Mann war auch sie 1910 geboren, und sie starb im gleichen Jahr wie er. Sie hatten eine gewisse Freude aneinander. Sie hatte Geschichte studiert und gelehrt, mein Mann hatte Geschichte gelesen und erlebt. Natur und

Erde, damit waren wir alle verbunden. Acht Jahre lang kam sie jedes Jahr zu uns zu Besuch. Das war für mich ein Geschenk, denn sie hatte mein Schreiben und Dichten fest im Blick und Sinn. Unendlich viel ordnete und glättete sie für mich. Wenn ich einen Band zusammenstellte, war sie meine Lektorin. Ich habe ihr viel zu verdanken, dieser Lehrerin, für die ich als junges Mädchen geschwärmt hatte. So ist es mir ein Anliegen, diesen Abschnitt mit jenem Gedicht zu beschließen, das ich ihr zu ihrem 80. Geburtstag widmete. Es hat die schlichte Überschrift: „getreu".

„Holst die Treue vom Himmel / wie die Dauer der Sonne
Hütest jeden Samen / Heißest das Blühen willkommen
Neigst Dich dem Reifen
Kein Brief ohne Echo, kein Geschenk ohne Dank
keine Klage ohne Dein offenes Ohr

Hältst die Zügel straff auf gemeinsamer Reise
webst genau am Gewirk unseres Lebens
Es stimmen die Farben, genau

Im Reden Wohlwollen, im Lachen ein Schalk
Deine Augen erhellen, was droht zu verschatten
Holst ein Stück Himmel vom Himmel
Mitbeben im Schmerz /
Mitbeten an Gräbern,
Mitfreuen an Allem, was flügelt im Licht
Lässt die Heimgegangenen vor uns erstehen
lässt sie mit leben
Den Ungeborenen lächelt Dein Herz entgegen

Streng und mild kannst Du sein in der Treue
in kraftvoller Wärme hingebungsvoll treu . . .
IHM, uns und Dir selbst . . .
Du Treue . . ."

Die jungen Familien

Inmitten der neunziger Jahre geht es nicht mehr nur um *unsere* Familie.
Alle Kinder haben ihren Weg gefunden und angetreten. Mit Andreas
beginne ich. Er hatte den Heimgang seiner Susanne erleben müssen,
auch uns hat dies sehr ergriffen. Für mich gibt es etwas wie ein tägliches
An-sie-Denken, das ich nie mehr entbehren möchte.
Ein Kräutersäckchen, das sie mir schenkte, es etliche Zeit zwischen die
Wäsche zu legen, daraus ist ein Augentüchlein für den Mittagsschlaf
geworden. Der Stoff hat meine Lieblingsfarben. Ein nahezu unentbehrlich
gewordener flacher Glasuntersatz gehört zum notwendig Täglichen in
meinem Zimmer und eine Fotografie mit einem verheißenden
Abendhimmel über dem Inn, diesen Blick habe ich 15 Jahre lang jeden
Abend aufgenommen und für immer verinnerlicht.

Unendlich tierlieb war Susanne. Sie war der tierliebendste Mensch, der mir
je begegnete. Und das geschah mir, die ich zeitweise so einen rauhen
Umgang mit Tieren ausgeübt hatte. Susannes Urne ruht, so wie die Urne
von unserm Onkel Adolf Walther, in der Grabstätte von unserer Tante
Reni. Diese war ja auch die Patin von unserm Andreas gewesen.

Nach drei Jahren dürfen wir erneut Hochzeit feiern. Brigitta Loderer kommt in unsere Familie. Sie ist eine Schweizerin und bringt einen Sohn und eine Tochter mit, Victor und Eva. Damals waren sie noch Kinder. So konnte unser Sohn ihr ganzes Erwachsenwerden miterleben und unterstützen. 2011 haben beide schon eigene Familien, jede mit einem Jungen und einem Mädchen. Anlässlich meiner Besuche in der Schweiz erlebe ich die unendliche Freude von Brigitta und Andreas an ihren Enkelkindern. Ihre Wohnung ist so geräumig, dass diese, zur Entlastung ihrer Mütter, dort oft aufgenommen werden können. Der älteste Enkel, er geht mit den Großeltern schon Skifahren. In den vielen Jahren, in denen ich immer wieder zu Besuch sein durfte, habe ich nicht nur Brigittas große Familie kennen gelernt, ich lernte auch die Schweiz kennen. Andreas machte mit mir stets einen Ausflug in größere Höhe. Das hat schon Bedeutung, wenn man nicht mehr besonders gehfähig ist.

Andreas hat seine Arbeit seit Jahren in Zürich. Er ist sehr zufrieden in einem Unternehmen, das weltweit Kalkbrennöfen baut. Mit meiner Schwiegertochter kann ich so manches Eigene oder Familiäre gut besprechen. Und, was für mich schon oft sehr wichtig geworden ist, sie spielt mir immer wieder mal Lesestoff zu, der mich sehr interessiert. So verdanke ich auch ihr den Hinweis auf das Buch „Die Antwort der Engel" von Gitta Mallasc, auf das ich später noch zu sprechen komme. Brigitta gehört zu den Menschen, die stets gute Lösungen dafür suchen, was uns das Leben aufgibt, zu leisten, zu wagen oder zu lösen. Ihre berufliche Tätigkeit und Aufgabe verlangt ein hohes Maß an Einfühlung und Weisung für Sterbenskranke und Gefährdete samt deren Familien. Sie arbeitete im sozialen Bereich sehr lange auf einer Dialysestation im Inselkrankenhaus von Bern.

Bevor ich nun von Reinhards Familie spreche, schicke ich *etwas* voran: Beide Söhne haben das Glück gehabt, ein Haus zu finden, von dem aus sie den Blick auf ein hohes Gebirge genießen können. Andreas sieht bis zu den erhabenen Gipfeln des Berner Oberlandes, und Reinhards Familie, in München Riem, genießt vom Wendelstein bis zur Zugspitze einen unverbaubaren Blick auf die Alpen. Soeben fiel das Wort *unverbaubar*. Es ist schon bemerkenswert, dass ich für unser Anwesen in Hart berichten muss, dass die Sicht auf die Alpen *verbaut* wurde. Wir, ebenso unsere Nachbarn, empfinden dies als eine Versündigung wider unseren immer noch reizvollen ländlichen Raum. Unser Standort hat Unwiederbringliches eingebüßt.

Zurück zu Reinhards Familie: Ein Jahr nach dem Tod meines Mannes heiratete er seine langjährige Partnerin Elvira Mross. Anlässlich ihrer Hochzeit war gleichzeitig die Taufe von unserer Enkeltochter Magdalena, zu der sich zwei Jahre später Jakob gesellte. Mein Mann konnte diese Freude nicht mehr miterleben. Um so dankbarer bin ich, dass Elvira schon zu uns kam, als er noch unter uns war. Elvira ist Ärztin. Für mich ist das einfach etwas Vertrautes. Sind doch zwei meiner Geschwister Ärzte geworden und haben wir unter unseren Vorfahren doch auch etliche Ärzte. Und Elvira? . . . Sie hatte den Spürsinn und den Elan nach dem Studium die Kunst der Akupunktur zu lernen und Ihr Wissen in Richtung Naturheilkunde zu vertiefen. Damit liegt sie genau im Trend unserer Zeit.

Ihre Kinder Magdalena und Jakob sind heute 13 und 15 Jahre alt. Wenn ich an die beiden Enkel denke, kann ich nur strahlen. Elvira ist unermüdlich besorgt um Familie und Haus und arbeitet daneben in ihrer eigenen Praxis. Reinhards Wirken und Werk dreht sich um Bremsen für Züge und Stadtbahnen der Firma Knorr. Auch Elviras Familie kommt aus Schlesien.

Das bedeutete für mich Nähe, und so kam es, dass ich über eine Zeit hinweg auch einen besonderen Kontakt zu Elviras Mutter Johanna und ihrem Bruder Bernd pflegte.

Die junge Familie in München sehe ich nicht so oft wie die Familie unserer Tochter, denn Irene wohnte in Mühldorf und überraschte uns im Jahr 1990 mit dem ersten Enkelkind Laura, von dem schon die Rede war. Nach zwei Jahren kam Veronica zur Welt. Große Freude, denn nun sollte sich für Irene etwas ausrunden, weil der Vater unserer Enkelkinder, Hieronymus Köstler, bald darauf nur selten zur Stelle war. Auch er ist Geigenbauer und. . . jetzt springe ich zwei Jahrzehnte nach vorn: Unsere Enkelin Laura lebt bereits in einer Fortsetzung. Sie hat, wie auch ihre Eltern, die Lehre in Mittenwald schon abgeschlossen und bekommt ihre erste Stelle als Gesellin in der Werkstatt ihres Vaters in Stuttgart.

Irene gehört zu den Alleinerziehenden. Sie übt aber ihren Beruf voll aus. So war es nahezu ideal, dass ich doch noch die Kraft hatte, ihr zu helfen. So hatte ich ständige Nähe und Umgang mit diesen „Enkelmädchen", wie ich sie immer noch gern nenne. Wir wurden im Grund für mehr als ein Jahrzehnt eine Lebensgemeinschaft. Habe ich Lauras Weg beleuchtet, so darf ich den Blick auf Veronica nicht auslassen. Auch sie ist inzwischen großjährig und hat ihr Werden im Blick. Sie ist dabei ihr Abitur zu machen und lebt eine ganz eindeutige Neigung und Begabung für's Theater.

Noch einmal habe ich im Zusammenhang von meinen Kindern erzählt, damit alles das, was familiär bemerkenswert bleibt, in einem größeren Zusammenhang gesehen werden kann.

Leidvoll und wunderbar

Am 2. Dezember 1996, nachmittags um 17 Uhr, starb mein Mann.
Es war der sechste Geburtstag unserer Laura. Von der Sechsjährigen
bewahren wir ein ergreifendes Bild, das sie an diesem Tag malte.
Reinhard und Elvira lebten derzeit im alten Bauernhaus, und meine
Schwester Brigitte war für ein paar Tage zu uns gekommen, mich zu
unterstützen. Ich war dankbar für dieses Zusammenrücken, denn mein
Mann litt.

Kurz nach Mittag war der Arzt noch einmal vorbeigekommen,
von da ab waren wir immer um ihn. Unser Pächter und unser treuer Helfer,
Herr Daschner, kamen, sich zu verabschieden und auch Christiane, die
Tochter meiner Schwägerin Dorothee war da.
Nachdem es geschehen war, riefen wir unseren Pfarrer Benecker an und
baten ihn um eine abendliche Andacht und Segnung. Wir verständigten
unsere Nachbarn und luden sie zu uns ein. Ich stellte brennende Kerzen in
die tiefe Fensterbank. Es war dann eine Feier für meinen Mann und uns,
die uns sehr beruhigte und wohl tat. Als wir im Wohnzimmer noch etwas
miteinander verweilten, sagte Reinhard: Es wäre genau im Sinn von
unserem Vatern, jetzt noch eine Flasche Wein zu holen, um noch etwas
beieinander zu bleiben und miteinander zu sprechen. So konnte die Feier
im Gedenken an den soeben Verstorbenen verklingen. Ein jeder ging auf
seine Weise damit um. Es war das Beste, was wir tun konnten.

Ich verbrachte die Nacht, neben meinem Mann und durfte miterleben, wie
er von Stunde zu Stunde gelöster und *heller* wurde. Gegen Mittag des
folgenden Tages kam der Sarg. Meinem Mann wurde einer seiner
Lieblingsanzüge angelegt. Und die Krawatte. . ., sie war das Erfreuendste.

Reinhard hatte erst kürzlich das kleine Kunstwerk für ihn gemalt: Auf einer hellen Seide hatte er das Panorama der Alpen, das wir von uns aus sehen können, erstehen lassen.

Die Enkelmädchen brachten liebenswerte Andenken, die sie in den Sarg legen durften. Es war alles so normal und fast freudig, denn mein Mann hatte etwas Verklärtes an sich. Es ging ein spürbares Strahlen von ihm aus. Den Schmuck für den Sarg trugen wir aus Feld, Wald und Garten zusammen und brachten ihn zum Gärtner, eine Girlande daraus zu binden. Auch Weizenähren wurden hineingeflochten. Kränze für das Grab gab es nur gezählte, denn wir hatten um eine Spende für „Brot für die Welt" gebeten. Zur Beerdigung kamen sehr viele Leute von nah und fern. Die Kapelle des Friedhofs war fast zu klein. Mein Schulleiter und ein Kollege hatten die Musik übernommen. Als gemeinsames Lied hatte ich mir für uns gewünscht: „Morgenglanz der Ewigkeit". Pfarrer Beneker, der erst vor einem Jahr unsere Gemeinde übernommen hatte, hat für uns und all unsere Freunde eine unvergesslich würdigende Abschiedsfeier gehalten.

Dies wollte ich in meinem Rückblick noch gerne von meines Mannes *„Letztem unter uns"* erzählen. Wie es uns erging, zur Zeit seines schweren Krankseins und wie ich die Trauer überstand und mir ein Genesen geschenkt wurde, das ist von mir in Gedichten festgehalten.
Die Sammlung heißt *leidvoll und wunderbar*. Eine Freundin von uns, Christa Mayer, die Frau unseres Architekten Werner Mayer überließ mir zehn ihrer vielen Pastellbilder, die das kleine Werk durchlichten.
Durch-lichtet sind auch die Verse aus *leidvoll und wunderbar*, die ich fünf Monate nach meines Mannes Tod schreiben sollte und mit denen ich mein Erzählen beschließe.

„Komm zu mir zu meinen Bäumen am Hang /
das Licht zu trinken
Nicht Wein / nicht Saft
nein, Licht
Junges Ahornlaub filtert es mir in die Augen
auf dass meine Seele auch so durchscheinend werde
wie diese jung-grünen Blättchen zwischen Himmel und Erde.“

IX

VOM HERBST MEINES LEBENS

1997 - 2011

Im Abendleuchten vom Herbst unseres Lebens
kann sich noch manches klären

Allein und dennoch geborgen

Nachdem ich zu einer Witwe geworden war, fühlte ich mich in der ersten Zeit sehr verunsichert und leer. Was den Alltag betraf, machte ich einfach so weiter wie bisher. Die Enkelmädchen kamen am Morgen zu mir zum Frühstück, um dann von ihrer Mutter zum Kindergarten gebracht zu werden. Danach fuhr sie zur Arbeit nach München. Am Nachmittag waren abwechselnd zwei Tagesmütter zur Stelle, die Kinder zu leiten und zu behüten, und später auch die Hausaufgaben zu überwachen. Das war eine gelungene Lösung für unsere Lebensgemeinschaft. Veronica und Laura werden das Bild ihrer frühen und jüngeren Jahre mit diesen getreuen Frauen, Frau Garbe und Frau Scholz, nur bereichern können. Wenn die Mutter am Abend heimkam, war der Jubel groß. Später dann verlagerte die Tochter ihren Arbeitsplatz ins eigene Haus, um stets für die Mädchen präsent zu sein.

Familiär fühlte ich mich nicht mehr so verankert, wie ehedem. An meinem 75. Geburtstag war ich ohne Kinder. An „meinem" goldenen Hochzeitstag fuhr ich nach Altötting, meinem Erinnern eine gebührende Besonnenheit zu geben und kam letztlich mit kleinen aus Holz geschnitzten Engeln für meine Münchner Enkelkinder wieder nach Hause.

Ich hatte immer noch Freude daran, in meiner Kirchengemeinde, etwas mit zu gestalten. Ich übernahm gelegentlich den Kindergottesdienst und gründete unter Hinzunahme von Orffinstrumenten eine „Sing-Klang-Gruppe". Es war mein Wunsch, in den Kindern eine Freude dafür zu erwecken, wie schön es sein kann, zum Gottesdienst selbst etwas beizutragen. Die Gefährtinnen aus unserem zusammengeschmolzenen Frauenkreis verhalfen mir zu ein paar Lesungen im neu gebauten Gemeindesaal. Diese waren stets gut besuchte und belebende Abende.

Das verdanke ich ganz besonders unserer Gemeindesekretärin Frau Wackerbauer. Ohne Sie hätten wir im letzten Jahrzehnt auch nicht die Konzerte auf den Weg gebracht. Mit großem Geschick und viel Freude widmete sie sich diesen das Gemeindeleben bereichernden Festen.

Was mir in diesen ersten Jahren nach dem Tod meines Mannes einen besonderen Halt gab, das war unser Anwesen mit seinem Land rundum bis hin zum Wald. Alle die Menschen, mit denen ich durch mein Tagwerk verbunden war, ihnen fühlte ich mich nah. Davon zu erzählen, soll hier seinen Platz bekommen.

Das Waldstück in der Nähe von Pleiskirchen, das wir 1978 noch erworben hatten, gehörte zum Hof einer Familie Engelsperger in Engelsperg. Seit vierhundert Jahren war sie hier ansässig. Frau Engelsperger sollte wegen einem Rückenleiden keine schweren Arbeiten mehr verrichten. Doch die wendige und begabte Frau fand eine andere Aufgabe. Bei einer Reinigung der Gebäude des alten Vierseithofes kam so viel zu Bewahrendes aus früherer Zeit zum Vorschein, dass sie auf einem ehemaligen Getreideboden ein kleines Museum einrichtete, das sich fortlaufend vergrößern sollte. Das faszinierte mich. Vieles durfte ich zu ihr bringen, was auch bei uns schon museal geworden war. Wenn ich zu ihr kam, saßen wir oft noch in der Sonne vor dem Haus und feierten ein sehr heilsames aneinander Anteilnehmen.

Genauso ging und geht es mir auch mit unserer Nachbarin Luise Wendlinger. Oft kam sie einfach herüber, um bei mir abzuladen, was sie bedrückte. Natürlich konnte auch ich ihr manches anvertrauen, denn in *einem* waren wir uns sehr nahe, das war unser Glaube. Auch Luise spielt ein Instrument. Sie ließ sich als Zitherlehrerin ausbilden. Und heute, wo ich nicht mehr auf dem Hof lebe, ist sie meiner Tochter eine der ganz

Getreuen, und ihr Mann, unser Nachbar, weiß Sommer wie Winter für uns und auch für die andern Nachbarn mit unserem Schlepper und seinem Frontlader gut umzugehen.

Unsere Pächtersleute, die Lohrs, dürfen in diesem Reigen der Freunde nicht fehlen. Seit mehr als zwanzig Jahren halten sie Feld und Wald in Ordnung. Ein Anruf genügt, wenn Außergewöhnliches ansteht. Sie sind immer zur Stelle. Fünf Söhne und eine Tochter sind ihr Reichtum. Die Bewirtschaftung unserer Felder ist bei ihnen in besten Händen. Wann auch immer, eine Freude ist es, unsere Felder anzuschauen. Und. . . ohne die fortgesetzte Umsicht und Hilfe des alten Herrn Lohr, hätte ich das Waldstück bei Engelsperg niemals bis 2009 halten können. Auch war er der Garant dafür, dass für uns das eigene Brennholz nie ausging.

Immer wieder durfte ich auch unseren Hans Vogelmeier um seine Hilfe bitten. Dank seinem handwerklichen Geschick konnte er bei uns sehr Vieles in Ordnung bringen. Auch diese Verbindung blieb bis heute erhalten. Sehen wir doch auf ein nun schon 40 jähriges gegenseitiges Vertrauen zurück, das uns ermöglicht, auch von existentiellen Fragen und Erlebnissen zu sprechen.
Liest mein letzter Lehrling Rosmarie Kraller diese Erinnerungen, dann soll auch sie sich darin wiederfinden. Sie lebt in der Nähe von Tittmoning auf einem stattlichen Hof mit einer Milchviehhaltung. Es ist bewundernswert, was sie und ihr Mann dort leisten, denn eines ihrer zwei Kinder kam behindert auf diese Welt. Dieser Franz, ihr Sohn, ist längst ein Mann. Unendliche Energien haben sie seinem Werden und seiner Ausbildung zukommen lassen. Letztlich wurde er als Pubertierender blind und fand dennoch zu einem Beruf. Daneben sind sie unentwegt bemüht um das Tägliche und den alten Hof.

Sie modernisierten ihre denkmalgeschützte Scheune und schenkten sich die Freude, eine dem Hof zugehörige Kapelle, ohne Rücksicht auf die Kosten, stilgetreu zu renovieren. Nun fühlt man sich von diesem Kleinod, nahe dem Hof, so recht angezogen, um dort zu verweilen.

Ganz eigen für mich selbst hatte ich am Rain unseres Rundums ein Gartenhaus errichten lassen. Unser Architekt und Freund Werner Maier hatte es entworfen. Dort war Mittag für Mittag mein Platz. Hier, zwischen Himmel und Erde - denn auch das Dach hatte Glas - genoss ich den Blick über die Weite bis hin zum Gebirge. Hier schrieb ich so manches Gedicht.

Wie eh und je blieb der Garten mit dem vielen Obst mein Anliegen und meine Freude. Natürlich ließ ich mir helfen, und dafür hatten wir treue und ganz zuverlässige Leute. Mehr als ein Jahrzehnt kamen die Daschners zu uns, Frau Daschner fürs Haus, Herr Daschner für den Umgriff, so lange, bis er ein Dialyse Patient wurde. Mit ihnen waren wir einfach abgesichert. Sie vermittelten uns dann einen tüchtigen älteren Herrn aus Kasachstan. Auf unserem männerlosen Anwesen ist uns dieser Mann unentbehrlich geworden. So gehört unser Herr Hauerhof, von meiner Tochter Friedrich genannt, nun schon seit Jahren zu unsern Getreuen. Was er alles kann, und wozu er willig ist, das sprengt so manchen Rahmen. Er putzt wenn nötig sogar die Fenster am alten Bauernhaus mit einer solchen Nachhaltigkeit, dass dies für ein Jahr reicht. Genau so ist es mit allem, was den Garten und den großen Umgriff betrifft. Nichts ist ihm zu schwer, für jede Aufgabe und Arbeit ist er stets bereit und voll für sie da.

Zwischen all dem saß ich nach dem Versagen meiner geliebten elektronischen Schreibmaschine an meinem ersten Computer und brachte bis 2001 drei bebilderte Gedichtbände auf den Weg. Das erste Buch:

„Alles DU", von dem ich schon berichtete, dafür überließ mir ein Freund die Bilder. Dies verdankte ich einer Australienreise im Jahr 1992. Ich hatte mich dazu entschlossen, unsere Freunde, die Ziemers, in Australien zu besuchen. Dort lernte ich diesen Künstler Klaus Zimmer kennen, dessen Schaffen mich sehr beeindruckte. Klaus Zimmer war, so wie unsere Freunde Harald und Dodo Ziemer, nach dem zweiten Weltkrieg nach Australien ausgewandert und hatte seine Glaskunst dort so entwickelt, dass er sich damit über seine neue Heimat hinaus einen Namen machen konnte. Sein Schaffen galt sakralen Räumen. Das bewegte mich, das passte zu meinen Texten. So brachte ich aus Australien nicht nur die Erinnerung an den *erlebten* fernen vielgestaltigen Kontinent mit und die wunderbare Gastfreundschaft der Ziemers sondern auch meine Zuneigung zum Schaffen dieses Künstlers. Es entstand zwischen uns bis zu seinem Sterben ein stets bereichernder und verständnisreicher Briefkontakt. Post aus Australien kam für mich nie ohne neue Ideen für Glasfenster oder Fotografien von schon Geschaffenem. Klaus Zimmers letztes großes Werk war die Ausgestaltung einer kleinen alten Kirche mit 70 Glasfenstern. Dazu schrieb er mir, dass der Besucher dort in einem *„Rausch von Farben und Harmonie"* verweilen kann, der sich *„mit jedem Lichteinfall ändert"*. Letztlich hatte ich aus Australien noch etwas Bedeutsames für mich selbst mitgebracht. Zehn Tage allein in einem Bus unterwegs bis in die Mitte des fremden Kontinents und auf der Rückreise Aufenthalt in Bangkok, das Gold der buddhistischen Welt zu bestaunen, das beschenkte mich seinerzeit mit einer Eigenständigkeit, die ich bis dahin in dieser Form noch nicht erlebt hatte.

Eine systemische Familienaufstellung

Wieder war es die Schweiz, die mir etwas Neues für das *Heil* meiner Seele zukommen ließ. Anlässlich eines Besuches bei meinem Sohn Andreas und meiner Schwiegertochter Brigitta erfuhr ich von Bert Hellinger und seinen „Familienaufstellungen". Sie sind eine Möglichkeit, generations-übergreifende Zusammenhänge offen zu legen, in die wir *systemisch* verstrickt sind und deren Klärung und Erhellung uns von Beschwernissen und Beschattungen befreien können. Ich horchte auf, als mir die Kinder erzählten, dass sich jeder von ihnen auch schon einer solchen Aufstellung anvertraut hatte. Ich spürte den Antrieb, es ihnen gleich zu tun. Der Grund? Eine Erklärung für das Warum der Suizide in unserer Familie. Meine Bedenken? Ob ich dafür vielleicht schon zu alt sein könnte. Das aber wurde vehement entkräftet. Meine Schwiegertochter ging in ihr Zimmer und kam mit einer abgelichteten Einladung zu einem Familienstellen in Dinkelsbühl zurück. Sie sagte, eine Freundin wäre soeben sehr zufrieden von einer solchen Aktion aus München zurück gekehrt. Zum ersten Mal hörte ich den Namen jener Therapeutin, deren Seminare für mich sehr bedeutsam werden sollten: Nora Henke-Mayer, die zusammen mit ihrem Mann Dr. Norbert Mayer das Zentrum Metafor leitete. Dies ist ein Platz, Selbsterfahrungen zu machen oder ein mögliches seelisches Problem in ein heilendes Licht zu rücken, um zu einem neuen inneren Gleichgewicht zu finden. Nora Henke-Mayer, im folgenden Nora genannt, würde das viertägige Seminar leiten. Ich konnte die Reise nach Dinkelsbühl, Anfang Februar 1999, kaum erwarten.

Wir waren zwanzig Teilnehmende. Nora kam mit zwei Assistentinnen. Von ihr ging eine Gestaltungsintensität aus, die ich bislang kaum erlebt hatte. Sie wusste genau, was sie mit uns und für uns vorhatte.

Von Anbeginn an hatte ich das Vertrauen, dass jeder von uns erleichtert, erlöst oder gewandelt in sein familiäres Umfeld zurückkehren würde. Ihre Art mit uns zu arbeiten war gestrafft und gezielt. Den ersten Tag möchte ich als einen Tag der Reinigung und Klärung bezeichnen. Erst wenn jeder der Teilnehmer sein Problem kurz formulieren konnte, würde er sein familiäres Bild aufstellen dürfen. Das bedeutete für jeden von uns eine wichtige Annäherung an sich selbst. Da ich genau wusste, was mich an diesen Ort geführt hatte, war ich eine der ersten, die aufstellen durfte.

Für den „freiwillig gewählten" Heimgang von Vater, Bruder und meiner jüngsten Schwester ersehnte ich eine erklärende und mich versöhnende Sicht. Nora gab vor, wen ich aufzustellen hatte. So wählte ich aus den Teilnehmern meinen Vater, seinen gefallenen Bruder Lothar und meine Mutter, meine drei Geschwister und mich selbst. Uns Geschwister stellte ich gegenüber den Eltern auf und zuletzt Vaters Bruder Lothar. Ihn platzierte ich *neben* meinen Vater. Danach hatte ich mich zu entfernen. Kaum hatten sich die gewählten Personen in den ihnen zugewiesenen „Angehörigen" befinden können, erklärte der gefallene Bruder meines Vaters, er könne auf diesem Platz unmöglich bleiben. Zwischen den Brüdern hatte sich spontan ein Unbehagen eingestellt. Merkwürdigerweise kam der *gefallene* Lothar dadurch etwas mehr in die Nähe von meinem *Bruder* Lothar, der ja seinen Namen trug. Er fühlte sich jedoch durch den gefallenen Onkel sehr belastet. Dieser wiederum kam sowohl zu meinem Bruder hin, wie auch zu meiner jüngsten Schwester Gabriele in einen Sog. Die Frau, die ich für meine Schwester Gabriele gewählt hatte, das sei auch noch erwähnt, meldete sich fast entsetzt: *„Und ich habe keinen Boden mehr unter den Füßen".* . .
Indem ich diese Situation, meinen Aufzeichnungen folgend, hier niederschrieb, wurde mir das Ausmaß der Verkettungen erneut bewusst.

Ich spürte wie „echt" die gewählten Personen in meinen Angehörigen angekommen waren.

Nora hatte alles verfolgt und befragte alle gestellten Personen, wie sie sich fühlten. Danach ordnete Nora das *Familienbild* so an, wie es zu sein hatte. Der gefallene Bruder Lothar bekam mit einem Abstand von allen anderen einen *einzelnen* Platz. Indem Nora in die *geordnete* Runde schaute und sich uns dann zuwandte, hörte ich sie in einem mitfühlenden und bedauernden Ton sprechen:

„So viel Unheil kann sich ereignen, wenn der Tod eines Familienmitgliedes ungewürdigt bleibt, nicht von ihm gesprochen wird und er seinen Platz in der Familie verloren hat. Er zieht einen anderen nach sich. Dieser Andere ist dann nicht beziehungsfähig! (Diese letzte Feststellung war für mich kaum fassbar) Nora sprach erklärend weiter:

„Man muss die Trauer leben. Wird sie nicht gelebt, springt ein anderer ein, (muss für ihn herhalten), *ohne dass er es weiß, und wird dann in dessen Bann gezogen...*"

Vielleicht konnte ich *diese Folgenschwere* in jenem Augenblick noch nicht begreifen. Durch eine spätere Aufstellung einer anderen Kursteilnehmerin, erlebte ich Ähnliches. Das schenkte mir ein Vertrauen in das, was sich in unserer Familie ereignet hatte.

Ich hatte mir die Aufstellung gewünscht. Ich wollte Klarheit und Beruhigung für das nicht zu Fassende von drei Suiziden in allernächster Familie. So wurde *ich* statt *meiner Vertreterin* in die Runde gestellt. Was ich nun erlebte, möchte ich genau und wörtlich berichten. Ich hatte das ganze Ritual kurz danach schriftlich fest gehalten. Von diesem Erleben habe ich noch niemandem Näheres erzählt. Ich bin dankbar, dass ich es hier nachholen kann.

Ich bekam von Nora alles vorgesprochen, was ich den Verstorbenen gegenüber zu beteuern, zu würdigen und zu leisten hatte. Dadurch erklang

alles Gesprochene zweimal. Das bedeutete eine enorme Nachhaltigkeit.
Für das, was sich gegenüber meinem Vater und meiner Mutter abspielte,
wählte ich hier die originale ausführliche Form. Für den Onkel und meine
drei Geschwistern bringe ich lediglich das Wesentlichste.

„Lieber Vater, ich komme, um Dich zu würdigen. . . Ich verneige mich tief vor
Dir. . . Ich achte deine Entscheidung. . . Du bist der Große, ich bin die Kleine. . . Es
muss schlimm für dich gewesen sein, Deinen jungen Bruder fallen zu sehen. . .
Lieber Vater, mit Dir soll das Unglück ein Ende haben". . . Danach gebietet
mir Nora, mich vor meinen Vater nieder zu knien. Das Sprechen zum Vater
geht weiter: *„Du hast einen festen Platz bei uns. . . Ich danke dir für das Leben,*
das durch dich auf mich gekommen ist. . . Ich will es weitergeben an meine Kinder
und Enkel. . . Ich will etwas daraus machen, das verspreche ich dir. . . Lieber
Vater, segne mich.". . . Nach dem Segen half mir Nora, mich zu erheben, um
meinen Vater zu umarmen.
Zu meiner Mutter sprach ich am Schluss, bevor ich mich erhob und sie
umarmte: *„Das hast du großartig für uns gemacht mit deiner Treue zum Vater*
über all die vierzig Jahre hinweg.". . .
Zu meinem Bruder: *„Es muss schlimm für dich gewesen sein, so früh zu gehen. . .*
Ich achte deine Entscheidung. Gutes soll daraus erwachsen.
Du hast einen guten Platz bei uns.". . . Umarmung.
Zu meiner jüngeren Schwester Gabriele, sprach ich das Ähnliche wie zu
meinem Bruder. . . zu meiner Schwester Brigitte: *„Ich will dich nicht*
verlieren.". . . Umarmung.
Zu meinem gefallenen Onkel, dem Bruder des Vaters, die wichtigste Person
in dem folgenreichen Familiengeschehen: *„Ich komme, um dich zu würdigen.*
Es muss schlimm für dich gewesen sein, so früh zu sterben. Ich verneige mich tief
vor dir. Du hast einen guten Platz bei uns. Sende gute Gedanken auf unser
Leben.". . . danach auch eine Umarmung.

Und was verstand Nora unter dem Würdigen eines Gefallenen oder Verstorbenen? Sie übermittelte es mir und allen, die diese Aufstellung vielleicht auch bewegt hatte, mit folgenden Einfällen: Einen Gedenktag feiern und von dem Verstorbenen sprechen. . . Eine Messe lesen lassen und ein Bild von ihm aufhängen. . . In der nun folgenden Zeit ganz oft eine Kerze für ihn anzünden und ihm ein andächtiges Gedenken schenken.

Nun habe ich ausführlich und offen von diesem meinem ersten nachhaltigen Ereignis einer Familienaufstellung berichtet. Was ich im Blick auf das Erlebte versäumte. . . Auch den älteren Bruder meines Vaters, Adolf Heidenhain, den er 1937 durch eine Lungenentzündung wie über Nacht verloren hatte, hätten wir in diese Aufstellung noch mit hineinnehmen können. Er gehörte eher dem Widerstand gegen Hitler an. Ebenso dessen Sohn, der 1946 tödlich abstürzte. Diese Einsicht kam mir erst nachträglich.

Da mein Rückblick auch nach meinem Tod noch gelesen werden wird, ist dies fast ein Zeit-Dokument für eine Aufstellung aus einer Zeit, da diese Art von systemischer Arbeit noch neu war.
Tief beeindruckt von dem, was ich erfahren durfte, kehrte ich heim. In jedem von uns war etwas zum Aufbruch gekommen, das unsere Mentorin mit einem hohen Maß an Einfühlung und Hingabe aufnahm, um es einer Lösung zuzuführen.
Ich hatte das Gefühl: *Ich war der Liebe in den Arm gelaufen.* Ich erspürte in Nora ein Christ-Sein, das uns nicht täglich begegnet. In einem Gedicht, das ich am Tag nach Dinkelsbühl im Namen aller schrieb, heißt es am Schluss: „Gott schenkte uns Sein Wirken durch eines Menschen Mitgefühl und Liebe, der dem Mysterium Leben zutiefst verbunden ist."

Initiatische Atem- und Leibarbeit

Nach dem Erlebnis des Familienstellens wusste ich, dass ich Nora auf's Neue aufsuchen und begegnen wollte, denn ich sehnte mich in dieser Lebenszeit nach Wesentlichem, wodurch ich ein Mehr für mein Leben und Sein erfahren könnte.

Was mein seelisches Befinden betraf, fühlte ich mich vereinsamt. Über meine Verflochtenheit mit der Lehre von C.G. Jung, konnte ich im Grunde mit niemandem sprechen. Hatte ich doch seit jenen Jahren, da mir diese Lehre ein gewisses Selbst-Verständnis schenkte, das Bedürfnis, mich fortlaufend verstehen zu lernen und in Ordnung zu halten. Nun war ich einer Frau begegnet, die genau *das* offenbarte, was mir fehlte, eine Daseinssicherheit zwischen Himmel und Erde, Körper und Geist, wie ich sie überzeugender nicht hätte antreffen und erleben können.

Indem ich die Angebote des Zentrums Metafor studierte, entschloss ich mich zum Kennenlernen einer „Leibarbeit". Was ich an diesem Tagesseminar erlebte, hatte ich nicht für möglich gehalten. Unsicher, fragend und befangen war ich hingekommen. Wie durchlichtet und beglückt fuhr ich heim. Die Leibarbeit hatte meine Schultern gelockert. Mir waren „Flügel" gewachsen. So kam es, dass ich mich zu einem Lehrgang anmeldete, der mich über etliche Monate hinweg mit eben dieser Initiatischen Atem- und Leibtherapie bekannt machen würde. (Initiatisch bedeutet,Tor zum Geheimen öffnen). Nora und ihr Mann hatten diese Therapie bei Karlfried Graf Dürckheim gelernt. Sie hatten den Wunsch, dass seine Heilkunst eine Zukunft behalten möchte. So hatten sie diese Art der Therapie in ihr Programm aufgenommen. Ich kam ohne jeden Anspruch und fühlte mich unter den zukünftigen Atem-Leib-

Therapeutinnen angenommen und wohl. Nora leitete diesen Lehrgang in einem Zusammenwirken mit Getrud Förtsch und Beatrix Albrecht. Indem wir fundamental mit Aufbau, Hergang und Ablauf dieser Therapie bekannt gemacht worden waren und die ersten Auswirkungen an uns spüren konnten, wurde mir klar, wie wichtig es für mich war, sowohl über die uns umgebenden Lichtkörper und die in unserem physischen Körper angesiedelten Chakren so viel zu erfahren, wie es nicht nur für diese Art der Therapie unabdingbar erforderlich ist. So beginne ich mit den Lichtkörpern. Diese Schulung hatte Nora übernommen. Sie brachte ein Buch mit, darin sieben farbige Bilder der uns umgebenden Lichtkörper zu sehen sind. Dieses Buch der Verfasserin Maud Nordwald Pollak, einer Forscherin und Heilerin, hat den Titel „Vom Herzen in die Hände". Das Anschauen der großformatigen Bilder und die dazugehörigen Erklärungen machten mich fast benommen. Ich will versuchen, das, wozu ich für mich selbst eine intensivere Vertiefung brauchte, so zu umreißen, dass meine Leser meine Reaktionen, meine Erfahrungen und auch meine Ergriffenheit verstehen können.

Ich wurde belehrt, dass jeder von uns von *sieben* Lichtkörpern umgeben ist. Jeder Lichtkörper ist eine Wesenheit für sich. Hellsichtige können diese Lichtkörper mehr oder weniger sehen und auch erfühlen. Eine der im Augenblick begabtesten Seherinnen ist die Nordamerikanerin Barbara-Ann Brennan, die ihre Erfahrungen an und mit ihren Patienten in ihrem Buch „Lichtarbeit" dokumentiert hat. Ann Brennan kann alle sieben Lichtkörper sehen und konnte auch als Erste den uns ebenso zugehörigen freistehenden achten, den „Himmlischen Lichtkörper", als solchen benennen.

Zur Verdeutlichung reihe ich, in Anlehnung an das oben genannte Buch von Maud Pollok, die sieben Lichtkörper auf und benenne ihren jeweiligen

Abstand zu unserm physischen Körper. Jeder Lichtkörper ist ein Organismus für sich. Ich brauchte lange, um leibhaftig zu ermessen, dass ich letztlich mit einer energetischen Ausdehnung von 16 Metern auf dieser Erde gegenwärtig bin. Das soll nun verständlich gemacht werden.

Der Äther-Körper, auch Aura genannt, umgibt uns mit 3 bis 5 cm.

Der Gefühlskörper durchdringt uns mit 30 cm Abstand.

Der Mentalkörper steuert das Denken. Er erreicht etwa 75 cm.

Der Astralkörper durchdringt alle bisher genannten Körper.
  „Er bringt höhere geläuterte Gefühle zum Ausdruck", sein Abstand: 150 cm.

Das Kobald-Ei, mit Abstand von etwa 3 m, ist *aus Prana, jener Kosmischen Lebenskraft beschaffen, die in jedem Lebewesen fließt.*

Der Kausalkörper, der sechste Lichtkörper, umgibt uns mit einem Abstand von 6,5 m. Er birgt die geläuterten abgeschlossenen Erfahrungen von Gefühlen (Karma), die die Seele im Laufe ihrer Geschichte gesammelt hat.

Der Buddhische oder der Allwissende Körper durchdringt alles, *„ist Sitz der Seele"*, umgibt uns im Abstand von 8 m. Ann Brennan soll die einzige sein, *„die diesen Lichtkörper bisher definiert hat."* Sie sagt, er bestehe aus *goldenen Lichtfäden* und ist der Raum *„höchster Intuition".*

Und unser Physischer Körper?. . . Er ist das Wenigste von unserem Sein.

Jeder Lichtkörper ist mit dem physischen Körper durch ein *„System von Lichttrichtern verbunden"*, die Chakren genannt werden. Jedes Chakra *„funktioniert als Energietransformator und Energieverteiler".* So lernte auch ich mit meinen guten siebzig Jahren, wie unser Leib in so geheimnisvoller Weise mit den göttlichen Energien verbunden ist. Mir wurden

Zusammenhänge eröffnete, durch die mir eine noch unbekannte Seinswelt aufging. Die Erspürbarkeit der Chakren, etwa 2 bis 3 cm über dem Körper, wurde mir durch die Arbeit in diesem Lehrgang als ein phänomenales Erlebnis zuteil.

Nun folgend möchte ich von ein paar Erfahrungen aus der Leibarbeit erzählen, die mir unvergesslich bleiben. Zur Situation: Der „Patient" liegt auf einer Massageliege. Um ihn bemühen sich zwei „Helfer". Der Patient wird zu einem tiefen, wie schon geübten reinigenden Atmen aufgefordert. Die Helfer geben, an den Füßen beginnend, bis zur Brust Stütze und Gegendruck, um das Atmen zu verstärken und zu ertasten, wo sich im Körper etwas gestaut hat, oder sich etwas lösen möchte. . . Dazu nun ein Text, den ich am nächsten Morgen notierte unter dem Gesichtspunkt, „Was das Atmen bewirken kann. . .

Ich hatte es nicht für möglich gehalten, dass durch die Füße entweichen kann, was sich bis in die Beine hinein „erdwärts" geatmet hatte.

Ich fühlte mein rechtes Bein wie eine prall gefüllte Tube, die sich zu entleeren drängte. Wie mit „Feuerzungen" trieben meine Begleiterinnen hinaus, was sich da angesammelt hatte, und die „modrige Paste" entwich wie ein unguter Geist!" . . . Ein anderes Mal schreibe ich:

„Vielleicht war ich ein Baum, atmend im Wind.
Kam ins Schwingen, ins Schlagen, ins Bäumen.
Erlitt ein Erbeben und ein geschüttelt Werden. . .
Verkrustetes wollte auf-brechen, Verharztes sich lösen
.Ich ächzte wie in einem Ansturm - von außen und innen -
frei zu werden, von dem, was jahrelang Bürde gewesen . . .
Am anderen Morgen waren meine Schulterblätter so wunderbar locker."

Als Letztes will ich noch von einem Erlebnis erzählen, das ich bis jetzt nur meiner Freundin Heike anvertraut hatte. Ich nehme es bewusst hier auf, weil es ein besonderes Zeugnis dafür ist, was die Wirksamkeit einer souverän geführten Initiatischen Therapie bewirken kann.

An diesem Seminartag ging es um das Herz als unsere Mitte. Gertrud Förtsch führte uns anhand einer Geschichte in unsere Herzregion und forderte uns auf, über *etwas* nachzusinnen, das wir als Kind - drei bis fünf Jahre alt - entbehrt hatten oder sich in uns verhärtet hatte. Dem entsprechend sollten wir aufschreiben, was wir uns *dafür* wünschten. Dies, so gebot sie uns, sollten wir mit der linken Hand auf ein Blatt schreiben. (Links schreiben bedeutet, intuitiv ohne Intellekt zu schreiben.) Jeder von uns machte einen Entwurf, dem Gertrud ihre Aufmerksamkeit schenkte. Da ich mein Blatt noch aufbewahrt habe, ist mein Erinnern wortgetreu. In einer Handschrift, die erstaunlicherweise der Handschrift meiner Mutter ähnelte, schrieb ich: *„In meiner Kindheit, da war viel Strahlen, aber oft wenig Nähe. Oft war ich einsam"*. Indem Gertrud auf mein Blatt schaute, riet sie mir: *„Da schreibst du ganz schlicht: „Ich brauche Nähe und Wärme"*.

Die Initiatische Arbeit lief für uns wie gewohnt an. Ich kam, wie man es nennt, in einen Prozess, (schlicht gesagt in eine Erregung). Das ist der Augenblick, an dem aus uns und für uns *Etwas* aktiv wird. Genau das fand in diesem Text später seinen Niederschlag:

> „Atemberuhigt bebt mein Herz meiner Mutter entgegen.
> Sie, längst tot, umfängt mich, umarmt mich.
> Wärme durchströmt mich, himmlische Wärme.
> Die Wärme bleibt und befreit.
> Ich dehne mich in einen Freude durchwirkten Raum,
> den uns die Liebe bereitet, wenn das Herz verzeiht. . ."

Und mit welchem Wort hatte Gertrud den Tag mit uns begonnen? *„Die wunderbarste Qualität des Herzen ist das Verzeihen."*

Die Leibarbeit jedoch war für mich nicht das letzte im Zentrum Metafor. Ich wünschte mir auch, die Hawaiianische Tempelmassage zu erleben. Das war „Noras Antenne" bis in den fernen Osten, gekoppelt mit dem Kennenlernen der Huna-Lehre, deren kraftspendendes Ritual ich noch lange für mich pflegte.

Das Vierte, was ich mir gönnte, war die Teilnahme an einem Ahnensingen, das auch in einem Gedicht seinen Niederschlag gefunden hat. Nora hatte das Ahnensingen aus dem Westen von Nordamerika mitgebracht. Es schenkte mir eine bewegende und unvergessliche Begegnung mit meinem Ur-Ur-Urahn, der ein Jude gewesen war. Mit ihm gelangte ich bis nach Israel, wo wir einen überwältigenden Ausblick hatten: „Vor uns gebreitet eine Ebene in Fruchtbarkeit und Harmonie", ein gleichnishaftes Erlebnis. Mein Ahne mit mir die Urheimat aufsuchend, wo Jesus gepredigt und geheilt hatte; für uns beide wohl eine Erfüllung. Er mit mir, der weit entfernten Nachfahrin, für einen Augenblick vereint. Wir schauten auf jenes Land, von dem ein mögliches Heil für diese Welt ausgegangen war. Ein *Heil*, dem ich mich völlig anvertraut hatte.

Was Nora und ihre wunderbaren Therapeutinnen für mich und in mir öffneten, möchte ich mit ein Paar Sätzen noch einmal beleuchten. Was ich lernte, hatte etwas von Unermesslichkeit. Ich fühlte mich durch die Führung der Therapeutinnen an einem Platz, wo ich mich zwischen Himmel und Erde erfahren lernte. Ich erkannte, in welcher millionenfachen Vernetzung und Durchflutung von spirituellen Energien mein Sein geborgen ist.

Die Erhabenheit und Größe der Lichtkörper haben mein Daseinsbild verändert. . . Alles Geschöpfliche erscheint mir seither in einer ihr eigenen Würde. . . Von Gott wurde kaum gesprochen, doch Er war da. Noras Wort von der Liebe Gottes bleibt unvergessen: Wir sollen und dürfen bekennen: Ich *bin* geliebt. . . nicht aber. . . ich *werde* geliebt!

Nicht mehr ganz gesund

Mit dem heraufziehenden Altwerden kann ich den Blick auf meine Gesundheit nicht ganz beiseite lassen. War ich doch in dem Jahrzehnt nach meines Mannes Tod oft im Krankenhaus. Was mich aber fortgesetzt belastete, war der Darm, der das Seine nicht mehr ordnungsgemäß bewältigte. Nichts und niemand konnte mir durchgreifend helfen. Letztlich bekam ich eine Art rheumatischer Schübe, mit denen ich mich wie vergiftet fühlte. Ich kam in diesen Jahren körperlich herunter, und es war eigentlich nicht verwunderlich, dass ich im Jahr 2005, kurz nach Lauras Konfirmation, an einem unguten Tag einen schweren Unfall verursachte. Ich hatte die Vorfahrt nicht beachtet. Um Haaresbreite hätte ich mein Leben verlieren können. Gottlob blieb die Fahrerin, die durch mich verunglückte, auch vor Ärgstem bewahrt. Dieser Unfall veränderte mein Leben innerlich und äußerlich. Traumatisches, das ich zu verarbeiten hatte?. . . Dabei half mir ein Fahrlehrer, da ich nach einem Jahr wieder Auto fahren wollte. Doch für meinen Darm sollte ich erst geraume Zeit später jemanden finden, der sich meiner annahm.

Eine Fügung wies mir den Weg zu einer Heilpraktikerin Ursula Weichmann, die sich ihren Patienten mit einem breiten Spektrum von

Heilungsmöglichkeiten widmet. Auch das war wie eine Fügung, dass sie mich von heute auf morgen bei sich einreihen konnte. Meine Problematik wurde von ihr rasch durchschaut. Sie war sich ganz sicher, das Blatt für mich wenden zu können. Ich schöpfte Vertrauen und Zuversicht.

Zwei Jahre intensiven Bemühens schenkten mir Normalität. Indem sie mit einer letzten, jedoch noch sehr schmerzhaften homöopathischen Therapie eine Entgiftung von Leber und Niere bewirkte, bestätigte sich mein Empfinden, dass ich mich am Anfang zu Recht *wie vergiftet* gefühlt hatte. Ich bin Frau Weichmann unendlich dankbar, dass sich meine gesundheitliche Verfassung wandeln konnte. Inzwischen ist es so, dass mein Arzt Dr. Frühbrodt es durchaus respektiert, dass ich für die Beschwernisse von Darm und Blase zu ihr gehe.

Zu Frau Weichmann gehe ich erst wenige Jahre. Herr Dr. Frühbrodt jedoch war und ist jener Arzt in meinem Leben, der für mich von 1975 bis heute jede Gefährdung oder Krankheit begleitete und betreute. Er ist meiner nie müde geworden. Auch er hat für alle Erkrankungen eine ganz-körperliche Sicht und und ist nie ohne Zuversicht. Er hat immer Zeit. Er war und ist um mich besorgt, und dasselbe galt auch für meinen Mann. Er war und ist in der Tat unser Haus-Arzt. Auch meine inzwischen großjährig gewordenen Enkeltöchter schenken ihm ihr Vertrauen.

All die Jahre, seit meines Mannes Tod ,das war jene Zeit, in der sich zu meiner Schwester Brigitte und ihrem Mann Helmut ein unverbrüchliches Vertrauen aufbaute. Ich konnte bei meiner Schwester nicht nur mein Herz ausschütten, ich wurde auch medizinisch beraten. Es ging zwischen uns viel Post hin und her. Wir besuchten einander. Brigitte ist ja Irenes Patin, das verstärkte zusätzlich unseren Zusammenhalt. Auch für die Enkel-mädchen ist Brigitte eine wichtige Person, die, wenn sie uns besucht, stets mit vollen Taschen zu uns kommt. Da Brigitte und Helmut in ihrer evangelischen Gemeinde wirklich wunderbar eingebettet sind, hatten wir auch dadurch Freude und Gewinn, uns über Glaubensfragen auszutauschen. Kurz gesagt, Brigitte mit ihrem Mann gehörten und gehören wie eh und je zu meinen treuesten Freunden. Im Jahr 2002 ermöglichten sie mir in dem Haus der Diakonie, das zu ihrer Gemeinde gehört, eine Lesung. Wir hatten einen feierlich-festlichen Raum, der bis auf den letzten Platz besetzt war. Helmut und Brigitte sorgten mit Bruder und Schwägerin für eine umrahmende und begleitende Musik.

Meine Tochter Irene, im Haus nebenan, wurde mir in den vielen Jahren gesundheitlicher Schwernisse zu *der* Stütze. Sie wurde die Gefährtin und Freundin meiner Witwenjahre. Sie trug einfach alles mit. Jedes Unbehagen konnte und kann ich bis heute mit ihr besprechen oder abtasten. Ihre Präsenz half mir besonders in der schweren Zeit nach dem Unfall.

Zu dieser Gemeinsamkeit gehört bis heute auch die Freundin meiner Tochter, Birgit Bramer, die sie auf ihrer Reise durch China kennen lernte, und die später auch Lauras Patin wurde. Sie ist seit dem Tod ihres Mannes oft bei uns in Hart. Sie ist eine Krankenschwester, die viel weiß und gern hilft, was den Körper betrifft. Darüber hinaus ist sie eine aufmerksame Zuhörerin für jeden seelischen Kummer.
In den Zeiten meines Aufbruchs ins Heim hat sie mir viel geholfen. In der Zeit, da meines Mannes Kräfte zu versagen begannen, war sie auch für ihn eine besorgte und umsichtig Helfende.

Mit diesem Rückblicken gab ich dem Thema „*Nicht mehr ganz gesund*" seinen Platz, denn ich fühlte mich nicht erst seit dem Autounfall geschädigt. Rein körperlich hatte ich eine zunehmend nachlassende Kraft hinzunehmen. Seither gehe ich im Freien nur mit einem Stock und heute mit einem Rollator. Entscheidungen und Herausforderungen verlangten neue Konzepte. Das Alter setzt seine Grenzen. Darüber bin ich nicht mehr traurig. Ich nehme es willig an. So ging ich schon nach dem Autounfall ersthaft mit dem Gedanken um, zu guter Zeit in ein Altersheim oder, wie geschehen, in eine Pflegeeinrichtung umzusiedeln, ein Entschluss, der mir nur Gutes bringen sollte.

Mit dem Blick ins Weite

Anlässlich meines achtzigsten Geburtstages luden mich meine Kinder - das war mein Wunsch gewesen - zu einem Ausflug auf den Wendelstein ein. Dieser 6. September 2005 war ein angenehmer, sonniger Spätsommertag. Für meine vier Enkelkinder bedeutete die Fahrt auf einen Berg ein besonderes Erlebnis, und für mich war der Tag reine Freude. Ich konnte nicht nur unsere Gemeinsamkeit genießen, sondern auch den Blick rundum und in die Weite. Während Kinder und Enkel den Gipfel des Wendelsteins erstiegen, fand ich in der Nähe der Bergstation auch für mich einen Aussichtsplatz. Durch die Gratulationen, die mich schon erreicht hatten, waren von vielen Seiten Grüße und Gaben gekommen. Da gab es manches zu bedenken und auch innerlich dafür zu danken. Von ein paar Freunden, die in dieser jetzigen Lebensphase einen besonderen Platz einnahmen, möchte ich nun erzählen.

An erster Stelle steht Pfarrer Schramm aus unserer Baihofzeit, der inzwischen in Kolbermoor im Ruhestand lebte. Er war für mich in den ersten zehn Witwenjahren ein stets anrufbarer Seelsorger. Er nahm sich gerne für mich Zeit. Natürlich habe ich die Schramms auch besucht.

Woran ich mich an den inzwischen Verstorbenen besonders erinnere?
Er gehörte zu jenen Menschen, in denen das Jenseitige immer präsent war.
Er hatte eine wunderbare Gabe, auf sein Gegenüber zu hören. Fast zwei
Jahrzehnte lang war er Gefängnisseelsorger gewesen. Das hatte ihn
geprägt. Jede Antwort, die ich bekam, war in schlichte und absolut leicht
verständliche Worte gekleidet und kam aus einer Tiefe von Verständnis
und einer Glaubensgewissheit, die ihn selbst oft „lächelnd machte".

Zu meinen Freunden in Bad Lippspringe gingen meine Gedanken. Sie
bekamen durch die Initiative meiner Freundin Gisela Schlaaff, heute Prior -
Adam, meinen Kalender „Dezemberblätter" geschenkt. Das war der Anlass
dafür, dass mich von einer Frau Gisela Gorzewski ganz unerwartet ein
überschwänglicher Dank erreichte. Ich war fast etwas benommen. Diese
Frau, eine Theologin, war mir in Glaubensfragen sehr nah und würdigte
die mir zugekommenen Gedichte und Gedanken. 1999 besuchte ich das
heute über 80 jährige Paar, und in der folgenden Zeit haben mich
Gorzewskis fast jedes Jahr besucht. Die Pflege dieser Freundschaft hat mir
unendlich viel Stärkung für mein lyrisches Schreiben geschenkt.

Und merkwürdigerweise wurde mir durch meine Freundin Gisela noch
ein zweites Theologenpaar zugespielt: Brigitte und Ernst Hess aus Bad
Dürrheim, auch im Ruhestand lebend. Sie besuchten vor zwei Jahrzehnten
unsere gemeinsame Freundin Gisela in Schottland und bekamen dort
etliche Textsammlungen von mir zu lesen. Dadurch kam es zwischen uns
zu einem reichen Briefkontakt. Durch diese tapferen Prediger des uns
verheißenen „Reich Gottes" erhielt ich so manchen versöhnenden
Ausgleich für all das, was bezüglich *meiner* Kirche für mich nicht so leicht
verkraftbar war.

Auch unser Freund Peter Kriester gehört in diese Reihung. Er ist in dem Sinn kein Gottesmann, aber ein sehr guter Therapeut. Auch er ging unter anderem durch die Schule von Bert Hellinger. Eigentlich kann man mit allem zu ihm kommen, was gerade anliegt. Er greift zu und weiß die Problematik zu klären. Sein Leben war in jungen Jahren streckenweise sehr schwierig und auch gefährdet gewesen. Das hatte in ihm wohl den Wunsch geweckt, anderen Menschen nachhaltig helfen zu können.

Und vielleicht war es ganz natürlich, mich an diesem Tag in strahlender Höhe all jener Reisen zu erinnern, die mir zu bleibenden Geschenken wurden. Stets brachte ich meine Eindrücke, gleich nach dem Heimkommen, in gebundener Sprache zu Papier. Zweimal durfte ich Andalusien erleben, aber merkwürdigerweise blieb da ein Arg zurück. Die Zeugnisse all dessen, was die christliche Kirche vor vielen Jahrhunderten dort angerichtet hatte, ging mir sehr nah. Ich bin zu unwissend, um darüber zu urteilen. Die Verunstaltungen an arabischen Bauwerken beschämten mich. Jedoch das Land, dieses so vielfältige, weiträumige und auch fast grenzenlos fruchtbare Andalusien, das bleibt in der Erinnerung strahlend. Der älteste und der jüngste Sohn meines Bruders, Detmar und Frank Heidenhain, haben in Andalusien, 40 km von der Küste entfernt, hoch über Copeta, Ferienhäuser. Dorthin würde ich für eine Woche mitgenommen werden, um die Region nördlich von Malaga zu erleben. Dort kann man an besonders klaren Tagen die afrikanische Küste erahnen und bis Gibraltar sehen. Das war ein Geburtstagsgeschenk, dem ich noch entgegensah. Letztlich wird dieser Platz mein geliebtes Gartenhaus aufnehmen, das mir für meine Mittagszeit so viel geschenkt hatte. Ich konnte den Blick auf unsere Alpen genießen. In Spanien wird sich eine neue Sicht eröffnen und darüber hinaus dem beschaulichen Verweilen, dem Gespräch oder der Ruhe seinen durchlichteten Raum anbieten.

Das Andalusien fast gegenüber liegende Marokko erlebte ich zusammen mit meiner Schwägerin Dorothee. Die einzige Enttäuschung war, dass wir keine der vielen Moscheen betreten durften. Schon auf dem Rückflug über Gibraltar, mit einem Blick nach Osten, erwachte in mir der Wunsch, auch nach Istanbul zu kommen, eben wegen der Moscheen. Das sollte dann die letzte größere Reise mit meinem Mann werden, auf der uns Dorothee begleitete. Und wieder verzog ich mich nach der Heimkehr in mein Zimmer, die Fülle des Erlebten in Texte zu fassen. Vielleicht hielt das Gedicht von der blauen Moschee wirklich ein staunendes Nacherleben fest, denn unterm Schauen konnte ich in dem herrlichen Raum schon etwas aufzeichnen. . . vom Äther der Kacheln. . .

„Wir wurden so leicht im Äther der Kacheln
so licht durch das Schimmern der Gläser
beschwingt durch die freimachende Höhe
so sicher, gelehnt an die ach so mächtigen Säulen
Welches Genie trug sich mit dieser Vision
ließ sie so kundig und kunstreich vollenden?
    Der Platz auf dem Teppich?
    Durch den Beter wird er lebendig.
    Durch ihn wird Gott gegenwärtig
    erfüllt sich der Raum erst mit einem Hauch. . .
    wird Gottes Haus
Auch dem Ärmsten gehört dann der ganze Reichtum
Wir durften rasten, staunen und schauen
Wir wurden schwer von uns selbst
So wichtig nimmt uns das TIEFSTE und HÖCHSTE
wenn man sich dem überlässt, was uns trägt und bewegt"

Im Jahr 2002 erfüllte mir mein Sohn Andreas den Wunsch, die Kathedrale von Chartres zu besuchen. Dazu trafen wir uns in Paris, um von dort nach Chartres zu gelangen. Ich hatte in einem Fernsehfilm die in Stein gehauenen Gestalten rund um die Kathedrale gesehen. Diese wollte ich erleben. Heute würde ich in ihnen noch einiges mehr erkennen können. Die Begegnung mit diesen heiligen Gestalten unseres Menschseins bleibt eindrücklich. Ebenso das weltberühmte Glasbild „in einem Blau wie unser Himmel bei Föhn. . . Unsere Liebe Frau im schönen Fenster". Drei Tage lang ließen wir das erhabne Bauwerk auf uns wirken. Beseeligt kehrte ich heim, nicht zuletzt durch die Harmonie und Pracht der berühmten farbigen Fensterrosen, Zeugnisse edelster mittelalterlicher Glaskunst, durch die ich an meinen Freund Klaus Zimmer in Australien erinnert wurde.

Stichwort Australien? Fremd und dennoch fesselnd ist es für mich geblieben: Die endlosen Weiten, die Salzseen, Ayers Rock, der berühmte Felsen mitten im Kontinent. Ich bekam eine Ahnung von der Besiedlung durch die Einwanderer. Das Geschick der Ureinwohner dauerte mich. Trotz der Geborgenheit und erlesenen Gastfreundschaft meiner Freunde fühlte ich mich fremd. Ihrer lebenslangen Treue und Freundschaft verdanke ich dieses große Erleben. Doch auf dem Heimflug wurde mir bewusst, dass ich sehr wohl ins alte Europa und nach Deutschland gehöre. In diesem Jahr, so erinnere ich mich genau, schickten wir Essenspakete nach Russland, und der Golfkrieg hatte soeben begonnen. Das war eben unsere europäische Wirklichkeit. Australien war für mich, mit seinem Meer rundum, eine Welt für sich, ein in sich ganz eigener Kontinent unseres Erdballs, so schien es mir. Aber das ist eben nur der Eindruck von einem knappen Monat. Australien erlebt zu haben, ist und bleibt ein ganz besonderer Stein im Mosaik dessen, was ich an weltweiten Eindrücken in mir trage.

Sterne am Bücherhimmel

In den frühen Jahren, als ich vom Täglichen noch sehr in Anspruch genommen war, kam ich kaum zum Lesen. Das sah mein Ältester sehr real. Als er noch Pennäler war, meinte er einmal ganz gelassen: *„Mit Dir kann man sich ja überhaupt nicht unterhalten, du liest ja nicht."* Das sollte nicht ohne Folgen bleiben. In diesen Jahren sandte ihm sein Pate, unser Onkel Hans Loebner, Jahr um Jahr zum Geburtstag die neuesten Bücher des Club of Rome. Diese waren mit die ersten allgemein verständlichen Veröffentlichungen über Umweltfragen, unsere Ressourcen und die Gefährdung unserer Erde. Diese Bücher las auch ich mit großem Gewinn, was für mich eine neue Ära einläutete. Heute ist es so, dass mein Sohn mir oft sehr interessante Bücher schenkt, über die wir uns dann auch austauschen können. Romane oder Krimis waren nie das Meine. Mein Revier wurden Biografien und darüber hinaus viele Bücher, die mir etwas für meine innere Entwicklung zuspielten. Als ich im Jahr 2008 meine Wohnung auflöste, ging mir noch einmal sehr vieles durch die Hand. Nur weniges konnte verbleiben. Was hatte mich nicht alles in Atem gehalten. Das begann mit zwei dicken Bänden mit Predigten von Drewermann und dem Studium der Werke von zwei Theologinnen der zweiten Hälfte des vergangenen Jahrhunderts, Christa Mullack und Hanna Wolf. Ich lernte Erich Fromm kennen und schätzen, bis hin zu seiner „Anatomie der menschlichen Aggressivität". Dies war ich dem Hitlerregime schuldig.

Ich las vieles aus der europäischen Mystik bis zu Zeugnissen aus dem fernen Osten und Indien. Ich blieb suchend für ein tragfähiges Daseins- und Weltbild für mich selbst. So ist es angemessen, dass ich auf besondere Sterne an meinem Bücherhimmel hinweise, deren Leuchten für mich bis heute bedeutsam blieben.

Wieder war es meine Schwiegertochter in der Schweiz, die mich schon vor zehn Jahren auf eine ganz besondere Dokumentation aus der Zeit des zweiten Weltkriegs aufmerksam machte. Vier junge Künstler namens Hanna und Josef, Lili und Gitta hatten sich in der Nähe von Budapest ein Haus gemietet. Die drei erstgenannten waren jüdischer Herkunft, Gitta die einzige Arierin. Alle fühlten sich in Gefahr, denn die Verfolgung und Deportation von Juden war auch für sie bedrohlich geworden. Im Juni 1943 unterhielten sich Hanna und Gitta über persönliche Fragen, für die sie eine Lösung suchten. Hanna will Gitta gerade eine Antwort geben, da verändert sich plötzlich ihre Art zu sprechen, denn sie folgt dem Wortlaut einer gestrengen inneren Stimme. Die Frauen sind mehr als überrascht. Die Stimme dieses noch Unbekannten bleibt bis zu Hannas Erschöpfung gegenwärtig, denn sie hatte für Gitta alles übersetzt. Die Stimme verspricht wiederzukommen: *„Vielleicht in sieben Tagen"*. Und die Gestalt hinter dieser Stimme kam tatsächlich am nächsten Freitag um drei Uhr wieder. Sie offenbarte sich als Gittas „lichtere Gestalt", die man auf der ganzen Erde in dem jeweiligen Land und in seiner zugehörigen Sprache als *Engel* bezeichnet. Jeder der vier jungen Künstler durfte dann nach kurzer Zeit mit jeweils *seinem* Engel sprechen, und das hielt siebzehn Monate lang an. Jeden Freitag waren die Engel präsent, bis letztlich die drei Freunde jüdischer Herkunft in ein Todeslager abtransportiert wurden.

Gitta blieb zurück. Sie war diejenige, die die Aufgabe hatte, den gesamten Mitschrieb von den Engelgesprächen zu bewahren und in Sicherheit zu bringen. Dies gelang ihr nach fünfzehn noch schwierigen Jahren in Ungarn. Nach Frankreich übergesiedelt, konnte sie die Dokumentation veröffentlichen. Da diese in mehrere Sprachen übersetzt wurde, nahm der Schweizer Daimon Verlag das Buch „Die Antwort der Engel" für die deutsch-sprachigen Länder auf. Um die Jahrtausendwende kaufte ich mir die Dokumentation. Es war die 10. Auflage. Sie beschäftigte mich sicher ein gutes Jahr. Beim Buchbinder ließ ich das Werk in drei schmalere Bändchen umarbeiten, um gewünschte Abschnitte, wann auch immer, leicht zur Hand nehmen zu können. Doch ich war nicht reif für die Offenbarung der Engel. Mein seelischer Acker brauchte noch Vorbereitung. Mit meiner Umsiedlung ins Heim nahm ich „Die Antwort der Engel" mit, um mein Studium erneut aufzugreifen.

Hier, in der Zeit vom Schreiben meines Lebensrückblicks begleitete mich das Dokument. Es packte mich total. Ich fühlte mich zwischen den jungen Künstlern als die Fünfte im Bunde, auf die Engel zu hören. Es war mir, als ginge auch ich durch eine Reinigung. Mit ihnen wurden mir Zusammenhänge klar, die mir im Blick auf Gottes Schöpfung und die Erscheinung von Jesus Christus, den „ersten Neuen Menschen", eine unerwartete Daseinssicherheit schenkten. Es wird der Augenblick kommen, da ich von meinem Erleben durch dieses besondere Dokument eigens etwas schreiben möchte. Für mein Altgewordensein und die gewisse Einsamkeit in diesem Haus ist mir mit dem Buch ein wunderbares Geschenk zugekommen. Ein bedeutsames Wort der Engel vermag es treffen. *„Gibt es etwas Natürlicheres, als dass wir miteinander sprechen können?"* Und mein Bekenntnis? Die Antworten der Engel haben ihren Platz neben dem Neuen Testament. So kann ich fast nahtlos an jenes Buch der Bücher anschließen, das mich von Kind an begleitet und zu dem sich eine besondere Beziehung aufbaute. . . die Bibel.

Mit welchem Lied hatten wir in der Grundschule oftmals den Tag begonnen? *Jesu geh voran/ auf der Lebensbahn. / Und wir wollen nicht verweilen / Dir getreulich nachzueilen. /Jesu geh voran /auf der Lebensbahn . . .* In Briefform schreibe ich nun weiter:

Du, Jesus, Du Stern von Bethlehem
bist über's israelische Land gegangen.
Von dort hat sich Deine Botschaft fortgesetzt und verbreitet
bis in mein Klassenzimmer, mein Herz und Gemüt.
Du wurdest mein Freund, wurdest ein
Vorbild und bliebst auch ein Rätsel.
Die Bilder von Dir waren alle so ernst.
Ich hätte Dich gerne mal lachend oder lächelnd gesehen.
Du am Kreuz?
Das blieb für mich noch jahrzehntelang unverständlich.
Vor vierzehn Tagen wurde mir von meiner
Schwester Brigitte ein Bild von Dir geschenkt, Du am Kreuz.
Eine Skulptur aus dem vierzehnten Jahrhundert,
zu sehen in Urphar am Main. Du lächelst, fast glücklich.
Du hast es geschafft, Dein Werk und Deine Aufgabe so zu vollenden,
wie es Dein himmlischer Vater gewollt.
Plötzlich fühlte ich mich mit dem Wunsch, Dich auch einmal
ganz unbeschwert zu sehen, voll versöhnt.
Jetzt erst erfüllt sich für mich der Sinn dessen,
dass wir Dich auch gern unseren „Erlöser" nennen.
Alles Leiden hat sich gelohnt.
Damals als Kind fühlte ich mich noch weit weg von Dir,
Du *„sitzend zur Rechten Gottes"*. Und später dann, als ich selbst das
Neue Testament lesen konnte, blieb vieles noch unverständlich.
Doch es gab einen Augenblick in meinem Leben,
da fühlte ich mich wie ans Kreuz geschlagen. Das war mehr als Nähe.
Und einmal. . . in einer Krise. . . niemand um mich herum. . .
außer Dir.

Das Unsagbare, das nicht Ergründbare, das Geheimnis um
Deine Vollendung, das alles wird mich begleiten,
solange ich auf dieser Erde bin. So ist es gut für mich. . . bis dann,
wenn ich *sehend* werde und Dir vielleicht begegnen darf.

Zwei Sterne am Bücherhimmel sind für mich ganz dicht an Jesu Botschaft
angesiedelt. Der eine trägt den Namen Willigis Jäger, ein Benediktiner-
pater und Zenmeister, der andere ist der inzwischen weltbekannte
Weisheitslehrer Eckhart Tolle. Beide Männer haben das Rundum unseres
Seins auf dieser Erde im Blick, sind besorgt um unser Werden auf diesem
grünen Stern. Sie ankern mit ihrem Wissen, ihren Erfahrungen und der
Kraft ihrer Sprache in einem Bereich des Gültigen, so wie seinerzeit die
Jünger Jesu oder die mittelalterlichen Mystiker.

Von Willigis Jäger habe ich fast alle Bücher gelesen und mit meiner
Freundin Heike auch viel über sein Wirken gesprochen. Leider habe ich
den in Deutschland sehr bekannten Gottesmann nie gesehen oder gehört.
Vor dem, was er *die Einheitserfahrung* nennt, *jene* Gotteserfahrung, die man
möglicherweise durch die Meditation geschenkt bekommt, fürchtete ich
mich; diese könnte zu stark für mich sein.
Erst kürzlich las ich noch einmal sein Buch „Anders von Gott reden" und
kam innerlich wie in einen Jubel. Das Lesen seiner Bücher liegt schon ein
paar Jahre zurück, doch nun fühlte ich, dass ein gewisser Abstand zu
seinem Wirken und Denken kaum noch zu spüren war. So will ich aus
diesem Buch einige Gedanken zitieren, durch die ich mich für meine
eigenen Sichtweisen angenommen fühlen darf:

„Unser tiefstes Wissen ist göttlich . . . Gott möchte in uns Mensch sein . . .
Gott ist das Kommen und das Gehen selber . . . Gott offenbart sich als Mensch im
Mensch, als Baum im Baum . . . Religion soll uns sagen, wer wir sind, und was
der Sinn unseres Daseins ist . . . Man hat uns klein geredet in der Religion, man
hat uns zu viel von Sünde, Schuld und Strafe erzählt . . . Vollende Deine Geburt,
das ist die Aufgabe unseres Lebens". Das nun Folgende zu lesen und zu hören
war eine Riesenfreude: *„Maria ist zum Weiblichen in Gott geworden"*. Das
alles passte eben auch in mein Gottesbild. Wie sehr hatte doch auch C.G.
Jung die Himmelfahrt Mariens bejahen können. Für ihn war die
Würdigung des Weiblichen und damit auch alles Erdhaften sehr wichtig
im Blick auf die Vierheit, in der wir verankert sind. (Diese nennt Jung,
ergänzend zur Trinität, die Quaternität.)

Willigis Jäger verdanke ich noch etwas ganz Besonderes. In seinem Buch
„Über die Liebe" gibt es ein Kapitel mit dem Titel „Die Abwesenheit der
Liebe". Das Thema fesselte mich. Dort lese ich: *„Das Böse einzig dem*
Menschen anzulasten, hält einem kritischen Blick nicht stand. Wir müssen uns
bewusst sein, das wir das Böse nicht aus dem Bewusstsein herausnehmen können,
denn damit würden wir wieder einen Teufel, einen Widersacher, außerhalb von
Gott schaffen." In Gott aber ist alles geeint. *So* möchte ich aus diesem für
mich so besonderen Kapitel, noch ein weiteres Zitat bringen, denn über das
Böse habe ich selten ein schlüssigeres und auch mutigeres Wort gehört. Da
sich in der Liebe Gottes und durch die Liebe Gottes alles eint, *„bleibt die*
Liebe daher auch für die Menschen bestehen, die uns feindlich gesinnt sind und uns
weh tun". Etliche Zeilen weiter erklärt Willigis Jäger: *„Auf dieser Ebene der*
Einheit kann ich einfach einen anderen Menschen nicht ausschließen. Auf dieser
Ebene kann ich nicht einmal Menschenschlächter wie Hitler, Stalin oder Mao
ausschließen." Diese Worte schenkten mir ein gewisses Aufatmen ganz
eigener Art.

Im Advent 2006 wurde mir von meiner Freundin Irmgard Eichler das Buch „Eine neue Erde" von Eckhart Tolle geschenkt. Jene Freundin, die mit mir auch alles Überraschende aus dem Buch der Antwort der Engel teilt. „Eine neue Erde" las ich seinerzeit gleich zweimal, jetzt lese ich es ein drittes Mal. Dies Buch ist für Irmgard wie für mich ein exemplarisches Werk für ein Daseinsverständnis in unserer Zeit. So lernte ich über 200 Seiten hinweg Wesentliches über das Ego, das Ich. Dazu hing nach dem Erststudium in meinem Bad sehr lange ein kleiner heller Karton, darauf in klarer Schrift zwölf Weisungen für die *„Entgiftung des Ichs"* aufgezeichnet waren. Eckhart Tolle spricht den Leser mit Du an, das schafft Nähe und Glaubwürdigkeit. Damit habe ich die Gewähr, dass alles, was E. Tolle an Warnungen, Erfahrungen und Ermutigungen in den Raum stellt, aus einer großen Sicherheit kommt. Ihm verdanke ich auch das, was er unter der *Entdeckung des inneren Raumes* versteht. Ich begann zu begreifen, woher jene Gedichte kommen, die mit dem Denken nichts zu tun haben. Ich denke, dass dieser innere Raum auch von all den Energien durchflutet wird, die in unseren Lichtkörpern angesiedelt sind. In uns ist es jener „Raum", der noch keinen Namen hat, der, von mir ganz einfach ausgedrückt, mit unseres Lebens Sinn, Selbst, und Sein zu tun hat.

Die Feststellung, dass das Denken in den Bereich des Ego gehört, ist bei Tolle in folgendem Satz verankert: *„Denken und Bewusstheit sind Zweierlei. Denken muss der Bewusstheit dienen."* Das veranlasst ihn, gleich zu Beginn seines Buches ganz entschieden Stellung zu beziehen: *„Die Menschheit ist vom Denken besessen. . . Sie hat jetzt nur noch eine Wahl: Weiterentwicklung oder Tod. . . Sündigen heißt „danebentreffen" wie ein Bogenschütze, der sein Ziel verfehlt. Sündigen heißt also, das Ziel des menschlichen Daseins zu verfehlen."* Etwas später spricht er von *„Intelligenz im Dienste des Wahnsinns"*. Als Wahnsinn sieht er all das an, was das 20. Jahrhundert an Kriegen und

Morden bis hin zur Kernspaltung zeichnet. Was las ich dazu bei den Engeln? *„Gott ist nicht teilbar."* Diese Wahrheit spricht Bände. Tolle gehört in die Reihe derer, die von einer notwendigen Transformation unseres Bewusstseins sprechen. Er ist sich nicht sicher, ob wir dafür reif sind. *„Kann sich der Mensch der niederziehenden Schwere von Materialismus und Stofflichkeit entziehen?"* Diese Gedanken rühren an sehr tiefgreifende Erkenntnisse, die unser Sein auf dieser Erde betreffen.

Zu Eckhart Tolles Buch, „Eine neue Erde", leuchtet ein Gedanke von Carl Amery in mir auf, der in den siebziger Jahren sehr intensiv das alttestamentliche Wort „Macht euch *die* Erde untertan" mahnend in den Raum stellte. Dieses dreitausend Jahre alte Wort hat uns Menschen verführt. Es würde in einer andern Wortprägung auch heißen können: „Macht euch *der* Erde untertan." Das hätten wir im Grunde jetzt zu lernen.

Dieses Kapitel von den Sternen am Bücherhimmel richtete seinen Blick auf jene Schriften, die mein Suchen und Denken betreffen. Ich bin dankbar, dass mir diese Bereicherungen stets zu gegebner Zeit in die Hände gespielt wurden. Wie sinnreich sich für uns doch so manches fügt, wenn wir niemals verzagen und uns darum bemühen auf den Zeitgeist zu hören. So kann es uns gelingen auf unsere Weise mit ihm Schritt zu halten für so manches, was sich in unser Leben und Sein einfügen möchte.

Von Ferien und Alltag in den Witwenjahren

Welchen Reichtum durft' ich leben, all die Jahre mit der Tochter
und den Enkelmädchen, die mir ihr Vertrauen schenkten, und. . .
manchmal fast nur mir gehörten.
In den Osterferien gingen wir mit dem Auto auf so manche kleine Reise,
um das Schwimmen zu erlernen. Wasserburg, Inzell und Erding
lockten uns mit ihren warmen Bädern. Dies. . .
ein paar Tage, wo die Mutter Atemholen konnte.
In den Weihnachtsferien ging die Fahrt mit dem Zug nach Franken.
In dem Haus von Helmut und Brigitte gab's ein großes Gästezimmer,
und das alte Nürnberg war nicht fern, um von seiner Burg aus
auf die alte Stadt und das mittelalterliche Dächermeer zu schauen.
In den großen Kirchen dann, spürten wir einen Hauch
von der Würde alter, vielbesuchter Gotteshäuser.

Auch im Schulalltag gab es manches, was ich unterstützen konnte.
Viele Jahre war dies, mit den Mädchen, eine wöchentliche Fahrt zu
einer Stunde Unterricht, um der „Rechtschreibstörung" (Legastenie)
Herr zu werden oder auch zum Erlernen eines Instrumentes.
Laura liebte nicht nur ihren Lehrer, den Herrn Lumer. . .
gleichermassen auch die kleine Pflaum'nholzflöte mit dem hellen Klang.
Später dann, für die größeren Hände, ebenso die tieferen Flöten.
Nachmittags kam sie stets zu mir zum Üben.
Später wollte sie das Cellospiel erlernen.
Viele Jahre kam ein Lehrer dafür gern zu ihr ins Haus.

Veronica war voller Wünsche: Zuerst war's ein Versuch mit dem Klavier.
Danach wurde das Schlagzeug wichtig,

bis sie ihrer Neigung zur Gitarre lebte.
Später dann war's der Wunsch, ihre Stimme zu entfalten
und die Krönung dann von allem. . . das Theaterspielen.

Mittags saßen Mutter und die Töchter oft um meinen Tisch,
und zum Sonntag und an Feiertagen gab es Kuchen nach Rezepten
wie zu Baihofs Zeiten.
Im Advent, das war stets die Höhe aller Küchenfreuden,
holten wir die Schachtel mit den alten Modeln, Springerle zu backen.
Eine Kunst, die man fleißig üben muss, um den hellen Teig
so auszuformen, dass die Bilder klar erkennbar werden,
dass am nächsten Morgen, wenn sie ausgebacken,
als eine helle Freude zu bestaunen sind.
Dieses mehr als hundert Jahre alte Backwerk darf zu Weihnachten
nicht fehlen, sei's zum Essen und Verschenken oder auch zum Schmücken.

Seit ich meinen Garten nicht mehr pflegen kann, mangelt's dennoch
nicht an Blumen oder Früchten, an Tomaten, Kräutern und Salat,
denn Irene bringt die Beete schier zum Überquellen.
Sie kann nie in Urlaub fahren, darum holte sie sich die Entspannung
nah ans Haus. Seit geraumer Zeit gibt es hier ein blaues Becken,
das von Jung und Alt sommerlang, sehr begehrt ist.

Letztlich fing Irene an zu malen.
Seither grüßen sinn- und farbenreiche
Bilder von so mancher Wand in ihrem Haus.
Fülle wird es bleiben, an diesem, unserem Platz in Hart, auch. . .
wenn die Stadt uns immer näher rückt oder gar umkreisen möchte.

Und unser aller Sterben . . .

Unser aller Sterben
das begleitet uns ein Leben lang
Und eines Tages kommt er auch für uns
der große Übergang
So ist es nicht verwunderlich
dass auch ich mich *diesem* stellen wollte
wie es sich für mich ergab

Das hat für mich auch sehr viel mit dem Anna Hospizverein in Mühldorf zu tun, in dem mein Mann und ich 1995, im Jahr seiner Gründung, Mitglied wurden. So kam es, dass bald danach eine der ersten Hospizbegleiterinnen des noch ganz jungen Vereins jede Woche für drei Stunden zu meinem kranken Mann kam, damit ich für eine besondere Arbeit in der Musikschule präsent sein konnte. Damit war der erste Kontakt zum Hospizverein geknüpft. Ich erhielt auch nach dem Tod meines Mannes einen lockeren Bezug, indem ich zu den Gedenkfeiern für die Verstorbenen zum Musizieren eingeladen wurde.

Als ich im Jahr 2000 meine Texte zu „Krankheit, Tod und Trauer" meines Mannes mit dem Titel „leidvoll und wunderbar" zusammenstellte, erwärmte sich der Initiator und Leiter des Mühldorfer Anna Hospizvereins Dr. med Hans Dworzak für das kleine Werk und beschenkte mich mit etwas Unerwartetem. Er erbat bei der Kreissparkasse Mühldorf das Geld, um für mein Buch einen Prospekt drucken zu lassen.
Damit begann Neues. Ich gewann ein elementares Interesse an der Idee-Hospiz und entschloss mich 2001 an einem halbjährigen Lehrgang teilzunehmen, der die Grundlagen dafür vermittelte, als ehrenamtliche

Hospizbegleiterin einsetzbar zu werden. Dieser Entschluss traf für mich ins Schwarze. Zehn Frauen waren wir in diesem Kurs. Die Leitung lag in den Händen von Martha Miedl und Renate Egerz. Diese gewandten und begabten Frauen hatten schon etliche Jahre Erfahrung im Begleiten von Sterbenden und waren dafür nicht nur gut ausgebildet, sondern auch wie berufen. Der Kurs hat einen jeden von uns auf seine Weise für einen Einsatz erwärmt und aufgeschossen. Wir wurden damit - das war sehr wichtig für uns - auch zum ersten mal dem eigenen Sterben gegenübergestellt.

Ich fühlte mich im Kreis dieser Frauen sehr wohl und voll angenommen. Plötzlich wusste ich: Hier ist meine „Gemeinde". So blieb es bis heute. Inzwischen ist der Verein derart gewachsen, wie man es in jenen Jahren noch nicht für möglich halten konnte. Die Vereinsgeschichte ist beachtenswert. Dr. Hans Dworzak und der Palliativarzt Dr. Josef Hell haben ihn, zuerst mit wenigen, später mit vielen passionierten Mitarbeitern, auf eine erstaunliche Höhe gebracht. Dies konnte ich, als ein winziges Rädchen im Getriebe des Vereins, miterleben. Ich war stets die Älteste, nie voll belastbar, aber so von der Hospiz-Idee beseelt, dass ich sehr wohl meinen Platz finden konnte und ihn auch noch nicht ganz aufgegeben habe. Fast jeden Monat gab und gibt es für die ehrenamtlichen Begleiterinnen eine Supervision. Das bedeutet zwei Stunden „Besorgnis um unser Tun und Befinden". Für mich war und ist dies Reichtum pur. Im Grund kann hier jeder für jede Frage, die seinen Einsatz betrifft, Weisung bekommen. Nie bleibt der Ratsuchende ohne Lösung. Jeder kann für jeden mitarbeiten. Die Supervisoren haben nach einem Theologie- studium meist eine lange Ausbildung hinter sich. Ich habe durch die Teilnahme an den Supervisionen viel gelernt. Auch für mein jetziges Umfeld im Heim ist das für mich ein Gewinn, denn ich lebe hier unter vielen Leidenden und Sterbenden.

Bald nachdem der Verein mit seiner Arbeit in Mühldorf Fuss gefasst hatte, wurde einmal im Jahr für die Verstorbenen zu einer Gedenkfeiern in die Krankenhauskapelle eingeladen. Mir fiel es zu, mit ein paar musikalischen Beiträgen zur Feier beizutragen. Das machte mir Freude. Zum ersten Gottesdienst kam ich mit einem Schüler. Wir spielten Duos. Danach begleitete mich oftmals Dr. Hans Dworzak mit dem Cello.

Meine Freundin Heike war ebenso gern bereit, mit mir zu musizieren, wie unsere Laura, die auf der Flöte schon recht fortgeschritten war. Besonders wohl fühlte ich mich mit unserm Organisten Heinz Bartos, der 2010 verstorben ist. An einem Sonntag soll er, so wie immer, zum Gottesdienst noch die Orgel gespielt haben. Am Dienstag darauf verstarb er. Auch er gehörte zu jenen Gottesmännern, die nie in einer strengen Art Kritik übten. Ging es z. B. um eine ungute Entscheidung für die Städtische Musikschule, konnte er ganz gelassen sagen: „Ich hätte es anders gemacht." Mit Heinz Bartos hat nicht nur seine Familie, auch die Evangelische Kirche und das ganze Mühldorfer Umfeld einen Meister seines Fachs verloren. 36 Jahre lang verband uns die Musik.

Als die Verstorbenenziffern für den Anna Hospizverein auf über 100, später auf über 300 stiegen, suchten wir für unsere Gedenkfeiern einen größeren Raum und fanden ihn in Waldkraiburg im Bereich vom Haus Sudetenland. Dreimal im Jahr würden wir nun dorthin einladen. In ein paar Wintermonaten erarbeiteten wir einen schlüssigen Ablauf für unsere Feier. In der Mitte würde das Verstorbenenritual seinen Platz finden. Unser Krankenhausseelsorger Martin Kuhn übernahm Gebete, Ansprache, Fürbitten und Segen. Musik in vielfältiger Art und Ausformung blieb zu jeder Feier eine Überraschung. Es fanden und finden sich immer wieder Gruppen, die uns gerne unterstützen. Heute findet die Feier dreimal im

Jahr in Ampfing statt. Ich freue mich sehr darüber, denn ich kann mit bescheidener Kraft immer noch etwas beitragen.

Werde ich auf den Anna Hospizverein angesprochen, komme ich rasch ins Schwärmen. Was bewegt mich? Durch die Einsätze am Sterbebett oder in der Trauerbegleitung ist eine Vertiefung in die Lage des Betroffenen geboten, besonders wenn es darum geht, das Unerledigte - wie es Elisabeth Kübler-Ross nennt - anzuschauen. Dies begleiten zu dürfen ist ein Geschenk des Vertrauens. Eine Erleichterung oder gar eine Lösung miterleben zu dürfen, wird für beide Teile wie zu einer Gottesgabe. Wir Hospiz-Begleiterinnen sind uns gegenseitig alle Freund. Viel Vertrauen und Verständnis zeichnet unser Miteinander. Dieses Jahrzehnt war und bleibt für mich dadurch in vielfältiger Weise ein Gewinn.

Im Folgenden möchte ich noch auf Etwas zu sprechen kommen, das mich im Zusammenhang mit dem Sterben sehr interessiert und auch sehr berührte. Es ist ein mich kundig machen über „Nahtoderfarungen". Da der Mann von meiner Heilpraktikerin Frau Weichmann ein ganz besonderes Interesse dafür hat und auch Vorträge darüber hält, war es naheliegend sie zu fragen, auf welche Art ich mich mit dieser Forschung vertraut machen kann. Sie meinte ganz schlicht: *„Fangen Sie damit an, womit das Forschen begann, mit dem Buch von Rymond A. Moody, das 1975 um die ganze Welt ging."* Diese Dokumentation verschlang ich in kürzester Zeit und musste ununterbrochen davon sprechen. Fast alles, was ich erfuhr, hatte etwas Erlösendes. Wie eine Ahnung stieg es in mir auf, dass ich 1977 durch Elisabeth-Kübler Ross und den deutschen Theologen Christoph Hampe schon einmal davon gelesen hatte. Das hatte seinerzeit bei mir aber noch nicht gegriffen. Nun, nach zehn Jahren Hospiz und Heim, wo so viel Siechtum ist und alle dem Sterben entgegengehen, da sollte mich die

Botschaft packen. Ich las in kurzer Zeit sieben weitere Dokumentationen die sich vorwiegend mit dem Namen des Autors Bernard Jakobi verbinden.

Man muss es wollen, die Botschaft dieser Forschung aufzunehmen: Drüben werden wir von unseren Verstorbenen schon erwartet. Eine Lichtgestalt wird uns durch einen dunklen Gang begleiten, um in „das klare Licht" Gottes zu kommen, das von einer unbeschreiblichen nie gekannten Liebe erfüllt ist.
Mit geklärten Augen werden wir uns selbst gegenüberstehen, zu erkennen, *wer wir sind und wie wir waren*. Wie gut, dass ich dies alles erfuhr, um die letzten Jahre meines Lebens furchtlos zu durchwandern.

Dieses Kapitel will ich mit zwei Zitaten meiner „Sterne am Bücherhimmel" beschließen. Willigis Jäger sagt in seinem Buch „Anders von Gott reden": *„Leben kann nicht sterben. Es wird weitergehen. Sterben ist das Tor in die Erkenntnis unseres wahren Wesens."* Und Eckart Tolle schenkt uns die Zusicherung: *„Ich bin Leben und kann es nie verlieren."*

Bis sich alles rundet
Zu meinem Aufbruch und Einstieg ins Heim

Seit meinem Autounfall 2005 war in mir der Wunsch erwacht, in ein Heim zu gehen. Drei Jahre ging ich mit diesem Wunsch um. Als ich erneut in eine fast beängstigende gesundheitliche Situation kam, war der Entschluss klar. Wieder ging ich einer Lähmung entgegen, die dem nur erst langsam gesundenden Organismus zuzuschreiben war. So wurde ich rasch schlüssig, das Kursana Domizil, Haus Felizitas in Ampfing zu wählen. Dieser Ort,

15 Kilometer von Mühldorf entfernt, ist leicht zu erreichen und gefiel mir. So lebe ich seit Ende Oktober 2008 in einer erst sieben Jahre alten modernen Pflegeeinrichtung in einer Gemeinschaft von noch Rüstigen bis zu Sterbenden. Die Wahl war ein Volltreffer. Ampfing ist eine übersehbare Gemeinde und hat fast alles; nicht nur einen Bahnanschluss nach Mühldorf und München auch einen nahe gelegene Autobahn. Der Ort hat eine hervorragend arbeitende Verwaltung und einen Bürgermeister, der wohl sehr umsichtig wirtschaftet. Es gibt einen reizvollen Ortskern mit Gasthäusern, Banken, Geschäften und einer barocken Kirche, die ich gerne aufsuche. Seit ein paar Jahren bereichert die Ortschaft sogar eine neue, sehr gelungene evangelische Kirche, denn Ampfing hat Zuzug. Der Friedhof ist für mich zum „letzten" Garten meines Leben geworden. Ich denke, auch im Auge Gottes ist er ein Juwel.

Schon im März 2008 durfte ich im Kursana Domizil ein Zimmer auswählen. Das Haus war seinerzeit noch nicht voll besetzt. So hatte ich Zeit, die Einrichtung des Zimmers zu planen und mich dafür zu entscheiden, was günstig und sinnreich ist, mitzunehmen, bis hin zu Kleidern, Büchern, Akten und notwendigen Utensilien. Drei lieb gewordene Bilder schmücken meine Wände, und da und dort winkt mir auch so manches Andenken zu.

Das Zimmer liegt nach Westen, eine für mich sehr heilsame und wohltuende Lage. Auch bin ich darin wirklich ganz ungestört. Ich fühlte mich bald zu Hause. Ich bin hier nicht nur gerne, sondern ich fühle: Hier gehöre ich hin. All die Mitbewohner in ihrer abnehmenden Kraft, mit ihrem oft gar nicht mehr Können oder auch einer Vereinsamung, sind mir nah. Täglich bin ich dankbar, dass ich noch bei Kräften bin. Wer weiß, wie lange noch. Dann werde auch ich auf Hilfe und Wohlwollen angewiesen sein.

Erst als ich hier eingezogen war, räumten wir meine Wohnung in Hart. Sie wurde vermietet. Ich konnte mir in unserem alten Bauernhaus ein Zimmer einrichten für jenes Hin und Her, das ich mir, dank meines kleinen Autos, noch leisten kann. Unserem Bauernhaus mit seiner Gäste-Wohnung im ersten Stock und seinem großen Hausboden wurde so manches anvertraut und eingegliedert, was wir vorerst noch für unsere nahen Familien bewahren wollen. Das Ganze war anstrengend. Ohne Irene und ohne unseren Friedrich hätte ich den Auszug aus meiner Häuslichkeit nicht geschafft.

2009, schrieb ich für unsere Hospizzeitung einen Beitrag mit der Überschrift: „Bis sich alles rundet". Er passt zu diesem Kapitel im Blick auf das erste Jahr im Heim. Seither habe ich so viel erlebt und gelernt und so manches in einer Art Tagebuch festgehalten, dass ich darüber sicher noch einmal etwas Eigenes bündeln werde. So beschließe ich mein Buch mit dem Zeitungsbeitrag vom Dezember 2009:

BIS SICH ALLES RUNDET

Nach einem arbeitsreichen Leben ging ich in ein Heim,
wählte einen Platz, der mir alles schenkt, was dem Alter nottut.
Kann hier bleiben, wohlgeborgen, bis ich abgerufen werde.

Losgelassen hab ich Vieles. Gerne hab ich's losgelassen0. . .
all das längst genug Gelebte. So auch Heim und Hof,
dem ich mich 60 Jahre lang verschrieben hatte.

Jene Gaben, die mich prägten, hab' ich mitgenommen

voller Dank für jene Fülle, die das Leben mir geschenkt,
um mich nun, einmal noch, wie von Neuem zu beglücken.
Seit dem Sterben meiner Mutter und von meinem Mann,
weiß ich,was uns aufgegeben ist, bis sich unser Leben
vollends rundet. Was ich seinerzeit durch die Allernächsten
miterlebte, wird mir hier zu Halt und Weisung.

Achtsam muss ich hier den Tag angehen. Hinter jeder Türe gibt's
ein Ach. Umsicht ist mir aufgegeben, nicht nur für die Mitbewohner,
auch für alle die hier für uns schaffen. Manches Wort kann zu
einem Zuspruch werden, manches Lob ein Strahlen schenken.
Viel zu wenig „danke" hört man hier im Haus für die Langmut,
die so mancher hier empfängt.

Alle, die hier pflegen und bedienen, sind sich einig, Freude auszuteilen.
Hier ist jeder jedem willig zugewandt. Hat doch jeder seine Würde,
durch das jeweils Eigene, das ihm aufgegeben ist und war.

So bin ich in ein Haus verwoben, das uns schätzt und uns alten
Menschen eine Heimstatt bietet. Feste werden für uns ausgerichtet.
Gottesdienste schenken das, was für manchen lebenslang eine
Stärkung war. Was mich traurig macht, ist die Einsamkeit zu spüren,
die so mancher hinzunehmen hat.

Meinen Platz daheim habe ich geräumt, einen Platz gefunden,
der mich angenommen hat, jene Freude zu erleben, die der Himmel
schenkt, wenn wir voll Vertrauen bleiben hin auf jenen Tag,
bis sich alles rundet.

Zwei Jahre habe ich gebraucht, um diesen, meinen Lebensrückblick zu schreiben. Das Tägliche, hier im Heim, lief daneben wie ein Uhrwerk weiter. Doch während ich mein Leben noch einmal ins Licht rückte, bin auch ich zwei Jahre älter geworden. . .

> Und plötzlich fühle ich,
> ich habe keine Eile mehr
> Indem ich neun Jahrzehnte
> noch einmal lebendig werden ließ,
> hab' ich mich selbst wie eingeholt
>
> Nun kann ich ganz gelassen sein.
> Dennoch muss ich achtsam bleiben
> mit meinem Blick aufs GANZE.
> Das bleibt mir aufgegeben
> bis an mein hiesig Ende